从耶利米哀歌看希伯来诗歌的诗节结构

李颖婷 著

中文简体版权 © 贤理·璀雅

作者 / 李颖婷
审校 / 苏非
中文书名 / 从耶利米哀歌看希伯来诗歌的"诗节结构"

本书部分经文引自《和合本》,版权属香港圣经公会所有,蒙允准使用。

策划 / 李咏祈
内页设计 / 冬青
封面设计 / 冬青
出版 / 贤理·璀雅出版社
地址 / 英国苏格兰爱丁堡
网址 / https://latreiapress.org
电邮 / contact@latreiapress.org
中文初版 / 2022年1月

ISBN:978-1-913282-41-7

目录

李序 1
张序 3
致谢 5
前言 7
缩写表 9

01/ 文献综述 17
1.1 希伯来诗歌特点的研究 22
1.2 耶利米哀歌特点的研究 57
1.3 总结 99

02/ 耶利米哀歌一章的诗节结构 101
2.1 经文中译 103
2.2 学者的分段结构 115
2.3 诗节结构的建议 134
2.4 总结 149

03/ 耶利米哀歌二章的诗节结构 151
3.1 经文中译 153
3.2 学者的分段结构 165
3.3 诗节结构的建议 182
3.4 总结 200

04/ 耶利米哀歌三章的诗节结构......203
4.1 经文中译......205
4.2 学者的分段结构......214
4.3 诗节结构的建议......240
4.4 总结......257

05/ 耶利米哀歌四章的诗节结构......259
5.1 经文中译......261
5.2 学者的分段结构......267
5.3 诗节结构的建议......284
5.4 总结......301

06/ 耶利米哀歌五章的诗节结构......305
6.1 经文中译......307
6.2 学者的分段结构......311
6.3 诗节结构的建议......325
6.4 总结......339

07/ 结论......341

参考书目......349

李序

哈佛大学犹太学者 James Kugel (The Idea of Biblical Poetry: Parallelism and Its History 1981) 曾指出：希伯来圣经中没有格律分明的诗词歌赋；平行对句亦常见于叙述文体。记得毕业前一次导修课后，旧约老师告诉我，他在返回爱丁堡火车上读完这册博士论文，认为这将是二十世纪影响圣经研究最重要的十本著作之一。我那时不懂他在说什么，回首当年，今天我才明白他的真知灼见。

中国神学研究院储备师资李颖婷校友在本院完成的这篇博士论文，是融会自八十年代以来，当代西方学者对诗节结构（strophic structure）的深入探讨，详尽透彻剖析了《耶利米哀歌》五首"字母诗"。她又以明快流畅的笔触，进而有条不紊地论证：旧约希伯来诗章确实蕴含着结构工整、却非单调重复的决定性特色；为诠释圣经诗歌文学，致力开拓出曲径通幽、尔雅隽永的璀璨新天地。

李思敬

中国神学研究院院长

日林高杰德教席圣经科教授

庚子立秋前

张序

李颖婷博士的论文是一篇野心不小的研究,但透过严谨的研究方法,合适的选材,慎密的思维,行文成理,论证有力。本研究旨在探讨旧约圣经中希伯来诗歌的本质,综述了近代对希伯来诗歌的定义,涉猎丰富资料,评论精到。李博士尝试论证希伯来诗歌的诗节结构乃是这类体裁的重要特征,并以耶利米哀歌中的五首诗歌为例,验证她的论题。论文仔细推敲五首哀歌的诗节结构,充份表现出作者扎实的原文释经功夫,不为追求工整结构而强解经文内容,但又不会为理顺诗歌的繁杂内容而错失了诗歌中的结构提示,而其结果既能呈现哀歌的优雅文学特质,亦清晰勾勒诗歌的重点主题。

对于有兴趣认识希伯来诗歌的特性,或是深入理解耶利米哀歌的读者,阅读本文均能有所裨益。另外,在以中文撰写的圣经研究文献中,以希伯来诗歌或耶利米哀歌为题的皆不算多,近年虽有一些相关的中文著作或译作出现,但以诗节结构为研究主题的可说是绝无仅有,而如此精细探讨耶利米哀歌的文学特色,亦可说是罕见。本论文的出版,定必能提高华文读者对研读圣经的兴趣,对哀歌的神学信息亦会有所体会。深幸本论文能顺利付梓,以飨广大读者。

张智聪博士

中国神学研究院许书楚教席副教授

致谢

2016年9月，我开始在香港中国神学研究院修读哲学博士课程，回想起来，这真是一件难以想像的事，然而，因着上主的恩典与带领，以及在众多师长前辈、家人友伴的帮助下，我终于战战兢兢地走过这段路程！

整个历程中，我最感激的是论文指导老师李思敬院长，在我最初毫无头绪时，老师引导我订定研究方向、撰写研究计划，循循善诱逐步指导我完成论文。老师不单教导我写作论文之法，更以身作则，让我体会严谨治学之道。深知院长工作繁重，而且身体抱恙，但却一直尽心竭力地教导，每次见面也花上不少时间与我讨论研究所得，更不忘关心我的健康与家庭，能得恩师如此，实在蒙福！

此外，感谢中国神学研究院一众师长的关怀鼓励，不时乐意解答我在学习上的疑难，还有中神的职员、图书馆管理员，在研究过程中提供了不少帮助，让我得以有效善用学校的资源与设施。

还有，感谢 Overseas Council 及美国肯塔德州阿斯伯里神学院（Asbury Theological Seminary）让我在 2018 年上半年在当地交流学习，并得旧约教授 Dr. John Cook 就论文研究给予宝贵意见；感谢英国剑桥 Tyndale House 于 2019 年 9 至 10 月期间提供了丰富资源与舒适环境，使我可以专心完成论文写作，并结识了来自不同地方的圣经学者，获益良多。此外，也特别感谢香港灵风基金支持我出版论文，给予我莫大的鼓励！

最后，要感谢我的神学院同学（2013 年中神道学硕士班）、母会（宣道会活石堂）与事奉教会（真理基督教会协英堂、播道会泉福堂）的肢体、朋友与家人，在这四年不断鼓励与代祷。不能少的是，感谢丈夫（廖亦勇牧师）的厚爱，在我身边一直默默守护与支持，更陪伴我到美国学习，与我经历人生中的高低起跌，使我深深感受到天父所赐的配偶是何等宝贵！

回首四年，一步一步，全是恩典之路，而执笔之际，香港却正处于风雨飘摇的日子，从来没有想过会在这样动荡之时局下挣扎地完成论文，但或许，这也是上主的怜悯，让我在艰难中借着哀歌更深学习要全然仰望、呼求上主。愿上主记念我城！

前言

虽然"诗节结构"(Strophic structure)的概念早于十九世纪初已出现,但以此作为希伯来诗歌主要特点的研究相对较少,因过去学者在讨论希伯来诗歌主要特点时,均较集中于格律与平行体,纵二十世纪后期开始关注诗歌的句法与修辞,也涉及结构的分析,然而在一般介绍希伯来诗歌特点的书籍中,对诗节结构仍着墨不多。因此,这篇论文主要透过耶利米哀歌探讨圣经旧约中希伯来诗歌"诗节结构"的特点与作用,了解诗节结构对研究希伯来诗歌的重要性。

于八十年代,Pieter van der Lugt 著书 *Strofische structuren in de bijbels-hebreeuwse poëzie* (Strophic structuren in biblical Hebrew poetry) 提出了诗节结构对分析希伯来诗歌有一定价值。因此,本文参考 van der Lugt 提出的原则,包括:转折标记、重复字眼及定量结构,以耶利米哀歌作为切入点,研究当中诗节结构的规律性，以及诗节结构对于理解诗歌主题的作用。由于耶利米哀歌五首诗歌均是字母诗或仿字母诗，相较于其他诗歌体的书卷，分句的界线较明显，每首均有22个单元，可以看到在相同数目的单元中，诗节结构的规律、变化与组合。此外，过去学者研究耶利米哀歌时，较多从书卷的历史背景、字母诗结构、哀告诗体裁、多重声音或文本互涉等方面，以探讨其神学主题，而以诗节结构的角度研究并不多，故本文尝试从这方面分析五首诗歌的主题，并阐明诗节结构对希伯来诗歌研究的重要性。

本文先就学者对"何谓希伯来诗歌"及诗节结构的研究，并一些与耶利米哀歌结构相关之研究，包括字母诗、哀告诗体裁及多重声音三方面作文献综述（第一章），以了解过去研究希伯来诗歌及耶利米哀歌结构的主要方法。继而在此基础上逐一分析耶利米哀歌五首诗歌的分段结构，借比较近代学者的分段，探讨以工整的诗节结构分析如何有助反映诗歌的过渡标记、重复字眼，并呈现全诗的发展脉络及主题（第二至六章）。由此显示在五首诗歌中均可发现工整诗节结构的存在，而且有关诗节结构的分析对解释希伯来诗歌有一定贡献。

总括而言，从本文对耶利米哀歌五首诗歌的研究，我们可尝试提出"诗节结构"是识别及理解希伯来诗歌一个重要关键的特点（第七章）。

缩写表

AB	Anchor Bible
ABCS	Asia Bible Commentary Series
ACCS	Ancient Christian Commentary on Scripture
AG	Analecta Gorgiana
AOTC	Abingdon Old Testament Commentaries
Aq	Aquila
ArBib	The Aramaic Bible
AS	Assyriological Studies
ATD	Das Alte Testament Deutsch
BDB	Brown, Francis, S. R. Driver, and Charles A. Briggs. *A Hebrew and English Lexicon of the Old Testament*
BEATAJ	Beitrage zur Erforschung des Alten Testaments und des antiken Judentum
BHK	R. Kittel (ed.), *Biblia Hebraica* (3rd ed; Stuttgart, 1937)
BHQ	*Biblia Hebraica Quinta* (Stuttgart, 2004)
BHS	W. Rudolph and H. P. Ruger (eds.), *Biblia Hebraica Stuttgartensia* (Stuttgart, 1967-77)

Bib	*Biblica*
BibI	Biblical Intersections
BibInt	*Biblical Interpretation*
BibOr	Biblica et Orientalia
BilTo	*The Bible Today*
BJL	The Bible of Judaism Library
BKAT	Biblischer Kommentar. Altes Testament
BRBS	Brill's Readers in Biblical Studies
BRev	*Bible Review*
BS	Biblical Series
BSac	*Bibliotheca Sacra*
BST	The Bible Speaks Today
BZAW	Beihefte zur Zeitschrift für die alttestamentliche Wissenschaft
CBC	Cambridge Bible Commentary
CBQ	*Catholic Biblical Quarterly*
CBQMS	Catholic Biblical Quarterly Monograph Series
CCS	Communicator's Commentary Series
ConcC	Concordia Commentary
CorBC	Cornerstone Biblical Commentary
CorCT	Corpus Christianorum in Translation
COT	Commentary on the Old Testament
Cur	*Currents in Research*
CurBR	*Currents in Biblical Research*
DissS	Dissertation Series
DSBS	The Daily Study Bible Series
EAJT	*East Asia Journal of Theology*

ECC	The Eerdmans Critical Commentary
ErIsr	*Eretz-Israel*
FAT	Forschungen zum Alten Testament
FOTL	Forms of the Old Testament Literature
GBS	Guides to Biblical Scholarship
GroBS	Grove Biblical Series
GTS	Gettysburg Theological Studies
HAT	Handbuch zum Alten Testament
HBM	Hebrew Bible Monographs
HCOT	Historical Commentary on the Old Testament
HOTC	Holman Old Testament Commentary
HSAT	Die Heilige Schrift des Alten Testamentes
HSM	Harvard Semitic Monographs
HThKAT	Herders Theologischer Kommentar zum Alten Testament
HTR	*Harvard Theological Review*
HUCA	*Hebrew Union College Annual*
HvTSt	*Hervormde teologiese studies*
IBC	Interpretation: A Bible Commentary for Teaching and Preaching
IBS	*Irish Biblical Studies*
ICC	International Critical Commentary
Int	*Interpretation*
ITC	International Theological Commentary
ITQ	*Irish Theological Quarterly*
IVPBDS	IVP Bible Dictionary Series
JAET	*Journal of Asian Evangelical Theology*

JANES	*Journal of the Ancient Near Eastern Society*
JBL	*Journal of Biblical Literature*
JBQ	*Jewish Bible Quarterly*
JETS	*Journal of the Evangelical Theological Society*
JNES	*Journal of Near Eastern Studies*
JNSL	*Journal of Northwest Semitic Languages*
JOTT	*Journal of Translation and Textlinguistics*
JR	*Journal of Religion*
JSOT	*Journal for the Study of the Old Testament*
JSOTSup	Journal for the Study of the Old Testament. Supplement Series
JTS	*Journal of Theological Studies*
K	*Kethib*
KAT	Kommentar zum Alten Testament
KHC	Kurzer Hand-Commentar zum Alten Testament
LBC	The Layman's Bible Commentary
LHBOTS	Library of Hebrew Bible/ Old Testament Studies
LXX	Septuagint
MC	Mesopotamian Civilizations
MenCom	Mentor Commentary
MLBS	Mercer Library of Biblical Studies
MS(S)	Manuscripts(s)
MT	The Masoretic Text
NAC	New American Commentary
NBBC	New Beacon Bible Commentary
NCB	New Century Bible Commentary

NCBC	New Collegeville Bible Commentary
NEchtB	Die Neue Echter Bibel
NIBCOT	New International Biblical Commentary on the Old Testament
NIV	New International Version
NIVAC	NIV Application Commentary
NRSV	New Revised Standard Version
NSKAT	Neuer Stuttgarter Kommentar, Altes Testament
OTE	*Old Testament Essays*
OTG	Old Testament Guides
OTL	Old Testament Library
OTM	Old Testament Message
OtSt	*Oudtestamentische Studiën*
OtSt	Oudtestamentische Studien
P	Peshitta
PreCom	The Preacher's Commentary
PreW	Preaching the Word
Proof	*Prooftexts*
Q	*Qere*
RB	*Revue biblique*
RCS	Reformation Commentary on Scripture
REB	Revised English Bible
RelSRev	*Religious Studies Review*
ResQ	*Restoration Quarterly*
ResS	Resonate Series
RSV	Revised Standard Version

SAIS	Studies in the Aramaic Interpretation of Scripture
SBEC	Studies in the Bible and Early Christianity
SBT	Studies in Biblical Theology
SemeiaSt	Semeia Studies
SES	Sixteenth-Century Essays and Studies
SJOT	*Scandinavian Journal of the Old Testament*
SouRev	*Southern Review*
SSN	Studia Semitica Neerlandica
StBibLit	Studies in Biblical Literature
STL	Studia Theologica Lundensia
StPB	Studia Post-biblica
StTh	Studies in Theology
SubBi	Subsidia Biblica
Sym	Symmachus
SymS	Symposium Series
T	Targum
TBC	Torch Bible commentaries
TBS	Tools for Biblical Study
THOC	Two Horizons Old Testament Commentary
ThS	Theology Series
TOTC	Tyndale Old Testament Commentaries
TSTS	Toronto Semitic Texts and Studies
UBSHT	UBS Helps for Translators
UTPSS	University of Texas Press Slavic Series
V	Vulgate
VT	*Vetus Testamentum*

VTSup	Supplements to Vetus Testamentum
WBBC	Wiley-Blackwell Bible Commentaries
WBC	Word Biblical Commentary
WesBC	Westminster Bible Companion
WisCom	Wisdom Commentary
ZAW	*Zeitschrift für die Alttestamentliche Wissenschaft*
ZBK	Zürcher Bibelkommentare
ZDMG	*Zeitschrift der deutschen morgenländischen Gesellschaft*

01
文献综述

《新标点和合本圣经》的说明第二项提出"原文是诗的体裁就用诗体的排法",[1] 但在现存的希伯来圣经原文抄本中,除了小部分经文句子间留有空白位置,其实并无明确"诗歌体"的格式,[2] 甚至关于希伯来圣经中是否存在"诗歌体",以及如何识别仍有很多争议。[3] 即使自从1753年,Robert Lowth 的《希伯来宗教诗歌讲义》(*Lectures on the Sacred Poetry of the Hebrews*) 出版后,平行体已普遍被认为是圣经希伯来诗歌的主要特点,但以平行体识别诗歌体仍有一定限制,如 Delbert R. Hillers 指出在耶利米哀歌共266个诗行中有104句(占百分之三十九)并无展现出平行体特性,[4] 所以,关于何谓希伯来诗歌及其关键特点,尚有值得讨论的空间。

就希伯来诗歌特点的讨论,过去主要集中于"格律"及"平行体",至近代则较多关注行文修辞,而

---

[1] 《圣经:新标点和合本》,新标准修订版(香港:香港圣经公会,1989),页四。
[2] Silviu Tatu, "Graphic Devices Used by the Editors of Ancient and Mediaeval Manuscripts to Mark Verse-Lines in Classical Hebrew Poetry," in *Method in Unit Delimitation*, ed. Marjo C.A. Korpel, Josef M. Oesch, and Stanley E. Porter (Leiden ; Boston: Brill, 2007), 100.
[3] Urmas Nommik, "The Idea of Ancient Hebrew Verse," *ZAW* 124, no. 3 (2012): 400.
[4] Delbert R. Hillers, *Lamentations: Introduction, Translation, and Notes*, AB 7A (Garden City: Doubleday, 1972), 34.

有关"诗节结构"（strophic structure）的讨论却相对较少。虽早于十九世纪初，Johann F. B. Köster 已提出诗节与平行体的关系，而且提供了一些划分诗节的准则，[5] 不过，一般介绍希伯来诗歌特点的书籍却未必提及诗节结构，或只是略略带过，较少视诗节结构为重要特点；[6] 至八十年代，荷兰学者 Pieter van der Lugt 再次提出诗节结构对分析希伯来诗歌的价值，[7] 但仍未

---

[5] Johann F. B. Köster, "Die Strophen, oder der Parallelismus der Verse der hebraischen Poesie," *Theologische Studien und Kritiken* 4 (1831): 40–114. 另外 Bellermann(1813) 及 Saalschütz(1825) 亦曾提及希伯来诗歌有"诗节"的存在，参 Charles F. Kraft, *The Strophic Structure of Hebrew Poetry : As Illustrated in the First Book of the Psalter* (Chicago: University of Chicago Press, 1938), 1。

[6] A. Fitzgerald, "Poetry of the Old Testament," in *New Catholic Encyclopedia*, ed. Catholic University of America (New York: McGraw-Hill, 1967), 461–465; B. Hrushovski, "Prosody, Hebrew," in *Encyclopedia Judaica*, vol. 13 (New York: Keter Publishing House, 1971), 1196–1240.

[7] Pieter van der Lugt, *Strofische structuren in de bijbels-hebreeuwse poëzie* (Kampen: Kok, 1980).

广泛引起对诗节结构的关注。[8] 因此，本文希望在这基础上继续探讨诗节结构的重要性，及当中是否存在工整诗节结构的可能，并分析它在理解希伯来诗歌上可发挥怎样的作用。

本文以耶利米哀歌作为研究范围，故文献综述主要分两大部分：第一部分有关希伯来诗歌特点的研究，主要包括格律节奏、平行体、行文修辞及诗节结构四方面，第二部分则有关耶利米哀歌形式上的主要特点，包括字母诗格式、哀告诗体裁及多重声音的运用。

---

[8] 如 Berlin 在 *The New Interpreter's Bible* 介绍希伯来诗歌的条目中未有提及诗节结构，参 Adele Berlin, "Introduction to Hebrew Poetry," in *The New Interpreter's Bible*, ed. Leander E. Keck, vol. 4 (Nashville: Abingdon, 1996), 301–315；Petersen 及 Richards 将希伯来诗歌特点分为三个范畴——平行体、节奏与诗歌风格，而关于诗节的讨论只占诗歌风格中的一小部分，参 David L. Petersen and Kent Harold Richards, *Interpreting Hebrew Poetry*, GBS (Minneapolis: Fortress Press, 1992), 60–62；Gillingham 在讨论希伯来诗歌特点时也是以格律及平行体为主，没有特别提及诗节结构方面，参 S. E. Gillingham, *The Poems and Psalms of the Hebrew Bible* (Oxford ; New York: Oxford University Press, 1994)；另近年吴仲诚在说明希伯来诗歌特点时，亦主要关注平行体、格律及喻象语言 (figurative language)，虽在讲解诗歌组成单位中提及诗节和诗章，但并不视此为重要特点，参吴仲诚《希伯来诗歌诠释：理论与实践》（李梅、洪淑君译）（香港：天道，2015；圣经诠释系列）。

1.1 希伯来诗歌特点的研究

首先，关于旧约是否存在"诗歌体"，至今仍有争议，其中大致有以下三种看法：

第一种看法认为不宜以"诗歌体"之名界定文类。 James L. Kugel 指出将希伯来圣经分为"散文"与"诗歌"两类文体，是借用了其他语言的文学分类，其实圣经只用"赞美诗"、"祷告"、"歌谣"、"箴言"等字眼来表达特别功能的体裁，若将这些文体一律归为"诗歌体"，可能会扭曲对这些经文的理解。[9] 而 Kugel 亦认为若放下对"诗歌体"及"散文体"的二分，可以发现经文的差异并非见于两种表达模式，而是其中所包含多种提升风格（elevate style）及提供形式

---

[9] James L. Kugel, *The Great Poems of the Bible: A Reader's Companion with New Translations* (New York: Free Press, 1999), 9.

（formality）与严谨组织（strictness of organization）的元素。[10] 由此可见，这种看法表面上虽不同意以"诗歌体"之名界定文类，但实际上并没有否定圣经中存在着有别于一般散文的体裁，[11] 亦同意当中可以存在一些较富组织形式、具较高层次风格的文体。如此，Kugel 实际的看法与以下论及的第二种看法亦相似，认为文体之间没有截然二分的界线。

第二种看法认为虽以"诗歌体"与"散文体"命名，但两者界线模糊。两者之间并非种类（kind）上的差别，而是程度（degree）上的差异，[12] 换句话说，"诗歌体"与"散文体"可被视为"光谱"的两端，越具备严谨的结构与节奏、明显连续的平行体、丰富的修辞和意象，就越倾向"诗歌体"的一端，反之亦然，故有可能出现混合两者特色的体裁，如"诗化的散文"（poetic prose）或"散文诗"（prosaic poetry），以致"诗

---

[10] James L. Kugel, *The Idea of Biblical Poetry: Parallelism and Its History* (New Haven: Yale University Press, 1981), 83, 85.

[11] Landy 认为 Kugel 所言"圣经没有诗歌体，而只有其他特别标明的体裁"，可以理解为圣经存在一些有特别标明的文本 (marked text)，以突出与其他没有标明的文本 (unmarked text) 的分别，参 Francis Landy, "Poetics and Parallelism: Some Comments on James Kugel's *The Idea of Biblical Poetry*," *JSOT*, no. 28 (February 1984): 69nor does it serve to distinguish its poetry from its prose. Instead parallelism is an all-pervasive rhetorical trope. The author agrees with Kugel's position, but with the following reservations: 1。

[12] Gillingham, *The Poems and Psalms*, 19, 36.

歌"与"散文"之间缺乏清晰的区分界线。[13] 这种看法虽然指出有难以分类的经文，但也不代表文体类别的概念模糊，因为是先有明确的文体类别，才能决定某段文字在什么程度上符合某类的文体。

第三种看法认为旧约中有诗歌体，并相对于散文体而存在。不过，对于哪些经文属诗歌体，相关研究仍在进行中，如诗篇及雅歌，因为与音乐有密切关系，故在较早期已用诗歌体断句的形式编排。其后，约伯记、箴言、耶利米哀歌都被纳入诗歌体，至于先知书则在较后期才有部分被考虑为诗歌体。[14] 近代，学者更尝试从叙事文体中找出诗歌体的部分，如列王纪下十九章14至19节，[15] 以冀按文体特点进一步理解经文涵义。[16]

---

[13] Patrick D. Miller, "Meter, Parallelism, and Tropes: The Search for Poetic Style," *JSOT*, no. 28 (February 1984): 106.

[14] Theodore Henry Robinson, *The Poetry of the Old Testament*, StTh (London: Gerald Duckworth, 1947), 11; Robert Alter, "The Characteristics of Ancient Hebrew Poetry," in *The Literary Guide to the Bible*, ed. Robert Alter and Frank Kermode (Cambridge, MA: Belknap Press, 1987), 611.

[15] 王下十九 14~19 在 BHS 及中英文译本均以散文体编排，而 Cloete 则提出当中 15b~16 节及 19 节为诗歌体，原因在于 16 节有明显的平行体，参 Walter T. W. Cloete, "Distinguishing Prose and Verse in 2 Ki 19:14-19," in *Verse in Ancient Near Eastern Prose*, ed. Johannes C. de Moor and Wilfred G. E. Watson (Neukirchen-Vluyn: Verlag Butzon & Bercker, 1993), 31–40。

[16] Watson 认为理解散文体与诗歌体的方法有别，因此需要先分辨出经文中诗歌体的部分才能理解当中所用的象征、比喻及歧义之表达，参 Wilfred G. E. Watson, *Traditional Techniques in Classical Hebrew Verse*, JSOTSup 170 (Sheffield: Sheffield Academic Press, 1994), 15–16。

综观而言，虽然第一及第二种看法对于诗歌体的存在并不确定，但两者均没有否定旧约中存在一种与散文体有所分别的体裁，只是对其名为"诗歌体"未有共识，且如何界定亦未有定案，如过去曾以"格律"及"平行体"识别希伯来诗歌，而近代则尝试从行文修辞找出专属诗歌体的特色，因此，以下将就这些特点的研究作综述，并由此了解"诗节结构"作为希伯来诗歌特点可有何贡献。

1.1.1 格律

就诗歌体的辨识，最早期是以"格律"为准则，其中可追溯至教父时期希腊及罗马古典诗歌的"定量格律"，而其他格律理论，则在十九世纪相继出现。[17] "格律"一般可理解为"听觉上可以感知的语言模式"及"诗句中有系统地安排及量度的节奏"，[18] 根据计算单位，大致分为"定量格律"（quantitative meter）、"重音格律"（accentual meter）、"音节计算"（syllable count）、"字词计算"（word count）。

---

[17] George Buchanan Gray, *The Forms of Hebrew Poetry : Considered with Special Reference to the Criticism and Interpretation of the Old Testament* (New York: Ktav, 1972), 10–11.

[18] Donald R. Vance, *The Question of Meter in Biblical Hebrew Poetry*, SBEC 46 (Lewiston: Edwin Mellen, 2001), 13; Lynell Zogbo and Ernst R. Wendland, *Hebrew Poetry in the Bible: A Guide for Understanding and for Translating* (New York: United Bible Societies, 2000), 36.

a. 定量格律

定量格律以长短母音所组成的小节（feet）为单位，本来是指希腊及罗马古典诗歌的格律，意思是每个诗句包含固定的小节，当时经文会以希腊诗歌格律用词来描述，如称摩西的诗歌是"六步格"（hexameter）、大卫的诗歌是"三步格"（trimeter）或"五步格"（pentameter），反映格律曾被用于区分诗歌体。[19]

不过，早期教父运用希腊术语表示格律是一种很宽松的概念，旨在提升希伯来诗歌在希罗文化中的地位。[20] 到了十六至十八世纪，对定量格律的研究，除了参照希腊古典诗歌，亦有参照拉丁语及阿拉伯语诗歌的格律。[21] 然而，因希伯来文的发音至今已难以考证，故以定量格律研究希伯来诗歌颇有限制。[22]

b. 重音格律

重音格律以重音音节为单位，一般认为诗句有固定数目的重音音节。[23] Sigmund Mowinckel 提出希伯

---

[19] Vance, *Question of Meter*, 47; Gray, *The Forms of Hebrew Poetry*, 10–11.

[20] Gray, *The Forms of Hebrew Poetry*, 14; Kugel, *The Idea of Biblical Poetry*, 301.

[21] 研究定量格律的学者包括 S. Archivolti (1515-1611), F. Gomarus (1563-1641), M. Meibomius (1630-1711), Sir William Jones (1746-1794), C. G. Anton (1770), E. J. Greve (1754-1811), 参 Vance, *Question of Meter*, 62–88。

[22] Sigmund Mowinckel, *The Psalms in Israel's Worship*, vol. 1 (Oxford: Basil Blackwell, 1967), 162.

[23] 关于非重音音节的规律，较早期的传统派认为是不受规限；但另一派则主张非重音音节亦有规限，而且是与重音音节交替出现的，参 Douglas K. Stuart, *Studies in Early Hebrew Meter*, HSM 13 (Missoula: Scholars Press, 1976), 7。

来诗歌的语言结构显示了其节奏具备重音，而 Wilfred G. E. Watson 亦认为重音是希伯来文的"音素"（phonemic），故只有以重音为基础的理论适用于希伯来诗歌的格律。[24] 类型方面，按每两个短句（colon）为一个组合表达，可以有 3+3, 2+2, 4+4, 3+2, 4+3, 3+4, 3+2 等格律，最普遍出现的是 3+3，而 3+2 或 4+3 这种首句比次句长的诗句，称为"挽歌格律"（qinah meter）。[25]

不过，由于重音计算主要根据马索拉抄本的发音标注，但这套发音系统乃后人在希伯来文已不通用时制作，故所标注的发音未必反映诗歌写作时的情况，[26] 换句话说，诗句原初重音数目难以准确判断，要找出重音格律的模式并不容易。

---

[24] Mowinckel, *The Psalms*, 1:162; Wilfred G. E. Watson, *Classical Hebrew Poetry: A Guide to Its Techniques*, 1984. 2nd ed., JSOTSup 26 (Sheffield: JSOT Press, 1986), 103–105.

[25] Karl Budde, "Poetry (Hebrew)," in *A Dictionary of the Bible: Dealing with Its Language, Literature, and Contents, Including the Biblical Theology*, ed. James Hastings (New York: Scribner, 1898), 5；但 Hoop 提出"挽歌格律"实际上并非只用于哀歌，在其他主题的诗歌体亦有出现，如先知书宣告盼望的诗歌、爱情歌及智慧诗都有这种格律，参 Raymond de Hoop, "Lamentations: The Qinah-Metre Questioned," in *Delimitation Criticism: A New Tool in Biblical Scholarship*, ed. M. C. A. Korpel and J. M. Oesch (Assen: Van Gorcum, 2000), 103。

[26] Mowinckel, *The Psalms*, 1:161–162.

c. 音节格律

音节是语言中最基本的节奏单位，音节格律就是以"音节"作为计算单位，[27] 以量度诗句中包含音节的数目为主，因不拘重音或非重音，故无需考虑重音标注，亦不受重音演变的影响。[28] 因此，Douglas K. Stuart 认为只要找到在特定范围内音节数目的规律，就可凭音节格律识别诗歌体，[29] 不过，他的研究结果只确认了大部分诗歌中对句（couplet）和三重句（tricolon）是平衡的，却找不到可辨别的排列模式。[30]

另外，David Noel Freedman 从诗节层面统计音节数目，并以耶利米哀歌的字母诗为例，指出多个诗节中音节的数目平均为 39，超过百分之七十的诗节包含 36 至 42 个音节，故从诗节层面而言，音节数目是相

---

[27] Tremper Longman, "A Critique of Two Recent Metrical Systems," *Bib* 63, no. 2 (1982): 248.F. M. Cross, and W. F. Albright nor the 'syntactical-accentual' method of A. M. Cooper and J. Kurylowicz yields unequivocably positive results. The syllable counting method falls short because a

[28] Stuart, *Early Hebrew Meter*, 16; Robert C. Culley, "Metrical Analysis of Classical Hebrew Poetry," in *Essays on the Ancient Semitic World*, ed. John William Wevers and Donald B. Redford, TSTS (Toronto: University of Toronto Press, 1970), 15.

[29] Stuart 认为 MT 重音符号不可靠，故音节格律是较理想的选择，因无需依赖任何重音理论；他按每句包含音节的数量，将诗句分为三类，分别是 8 至 13 个音节 (l)、3 至 5 个音节 (b)、6 至 7 个音节 (l 或 b)，然后判断诗句所属类别，找出有关模式，参 Stuart, *Early Hebrew Meter*, 12, 38。

[30] Ibid., 215–217.

近的。[31] 不过，从他的分析，亦见诗句长度不一，没有明确重复模式。故计算音节仍未反映出希伯来诗歌中诗句有固定规律，不过，从他的研究可以看到字母诗中诗节长度相近，显示在诗节层面的节奏性。

d. 字词格律

字词格律是以"字词"为计算单位，实际上，这已涉及听觉以外的范畴，考虑视觉与语法方面的规律，其类型包括四字的"2:2"、五字的"2:3"或"3:2"、六字的"3:3"或"2:2:2"、七字的"4:3"或"2:2:3"，亦有可能再加一个短句成为"3:3:3"格律。[32] 但按字数计算，除某些诗歌较为工整外，如诗十四、诗五十三、赛二及弥四，一般诗歌诗句包含的字数并无固定规律。[33]

另外，Tremper Longman 提出以"词组"（word-complex）作计算单位，将语法及重音上较不重要的字词（如助

---

[31] David Noel Freedman, "Another Look at Biblical Hebrew Poetry," in *Directions in Biblical Hebrew Poetry*, ed. Elaine R. Follis, JSOTSup 40 (Sheffield: JSOT Press, 1987), 19；Freedman 用的字眼是"诗章"（stanza），但本文根据 Fokkelman 称诗句以上层级为"诗节"，参 J. P. Fokkelman, *Reading Biblical Poetry: An Introductory Guide*, trans. Ineke Smit (Louisville: John Knox Press, 2001), 30。

[32] Robinson, *The Poetry*, 25–30；Robinson 是同意诗歌有语音的规律，但碍于"重音"、"节拍"等用字有误导成分，故他维持以"字词"作为希伯来诗句中最小的元素，并以此计算格律。

[33] Hans Kosmala, "Form and Structure in Ancient Hebrew Poetry (1964)," in *Poetry in the Hebrew Bible: Selected Studies from Vetus Testamentum*, ed. David E. Orton, BRBS 6 (Leiden ; Boston: Brill, 2000), 10.

词或介词）与较重要的字词（如名词或动词）组成"词组"计算,[34] 虽然这种处理可在经文不作修订下获得较为贯彻的结果，然而，如何决定字词的重要性或涉及主观成分，故需要订明较仔细的规则保持计算上的一致性。

小结

从上可见，就格律方面，不论是从定量、重音还是从音节计算来看，研究上仍有一定的限制，因为参照的抄本与诗歌原创时期相距多个世纪，语音系统无从稽考，难以准确计算，即使尝试将文本还原至口述时期，所作出修订的准则亦不易拿捏。[35]

此外，"格律"一词在理解上存在的分歧，也是以格律来分析希伯来诗歌的困难之一。一方面，有学者认为"格律必须有可预计的规律，而非对已写成作品之描述"，故格律应是"一套客观的写作准则，可

---

[34] Longman, "Two Recent Metrical Systems," 239–241.F. M. Cross, and W. F. Albright nor the 'syntactical-accentual' method of A. M. Cooper and J. Kurylowicz yields unequivocably positive results. The syllable counting method falls short because a

[35] 由于经过正典编修，且相距较长时间，现存文本未必能反映诗歌最初写作的格律，故 Longman 不同意 Stuart 将诗歌还原到所假设的口传状态以找出格律，因修订并无足够佐证，参 Ibid., 236F. M. Cross, and W. F. Albright nor the 'syntactical-accentual' method of A. M. Cooper and J. Kurylowicz yields unequivocably positive results. The syllable counting method falls short because a。

由其他人重复而产生一致的结果"。[36] 另一方面，有学者则认为格律是"无意识的自由节奏"，容许不规则的存在，并非一成不变，故可谓"自由格律"（free meter）。[37] 基于对格律的理解不一，前者一般倾向认为希伯来诗歌并无格律，而后者则认为希伯来诗歌存在自由的格律。事实上，上述双方虽看法不一，但对实际情况的观察是相近的，两者均看到希伯来诗歌在诗句韵律上有节奏性，但同时有不规律的情况，故没有"可预计的规律与原则"，因此，这也显示了以格律作为希伯来诗歌特点的限制。

1.1.2 平行体

自从Lowth提出以"平行体"辨识经文中的诗歌体，"平行体为圣经希伯来诗歌的主要特点"这观点渐见普遍。[38] 近代，除了从语义角度分析平行体外，亦有

---

[36] Michael Patrick O'Connor, *Hebrew Verse Structure* (Winona Lake: Eisenbrauns, 1980), 37; Vance, *Question of Meter*, 15.

[37] Theodore Henry Robinson, "Some Principles of Hebrew Metrics," *ZAW* 54, no. 1–2 (1936): 28–29; Watson, *Classical Hebrew Poetry*, 91–92；这两种对格律的看法，可作为格律的两种分类，前者是"艺术性诗歌"，要求较大的规律性，后者是"自然格律诗歌"，倾向原始感觉的节奏，而希伯来诗歌应处于自由格律的一端，可算是"自由诗歌"（free verse），参 Mowinckel, *The Psalms*, 1:160; Ronald L. Giese Jr, "Strophic Hebrew Verse as Free Verse," *JSOT*, no. 61 (March 1994): 34–36。

[38] J. Kenneth Kuntz, "Engaging the Psalms: Gains and Trends in Recent Research," *Cur* 2 (1994): 81; Petersen and Richards, *Interpreting Hebrew Poetry*, 21–26.

从文学、释经及语言学等不同方向的研究，以及重新定义与理解平行体的内涵，从而探讨平行体与希伯来诗歌的关系。

a. 从语义角度

Lowth 是从语义方面理解"平行体"，他指出每个诗句成分中有一定的相等（equality）、相似（resemblance）与平行（parallelism），当中大致分三类：同义平行（synonymous parallelism）、反义平行（antithetic parallelism）及综合或结构性平行（synthetic or constructive parallelism），而第三类平行"既不是同一意象或情感的重复，也不是对比事物的对照，而纯粹是结构形式上的对应"。[39]

事实上，Lowth 关于平行体的论述旨在证明先知书属诗歌体，[40] 他以诗篇解释希伯来早期诗歌是用于公共崇拜，圣诗因由两个诗班以交替形式对唱，故出现分段、分行、分句，以及诗章、短诗、平行体与韵律（cadence），由于先知书中也有具备平行体的经文，故以此证明先知书中某些部分属于诗歌类别。[41]

由此可见，Lowth 对平行体的理解与诗歌韵律有

---

[39] Robert Lowth, *Lectures on the Sacred Poetry of the Hebrews (1787)* (Hildeshein: Georg Olms Verlag, 1969), 2:34.

[40] Lowth 对希伯来诗歌特点的讨论其实不只有平行体，他认为希伯来诗歌的修辞风格不能以一个简单清晰的句子形容，故其讲义中分三个方面说明，分别是简炼的 (sententious)(5 章)、形象化的 (figurative)(6 至 13 章) 和崇高的 (sublime)(14 至 17 章)。

[41] Lowth, *Lectures on the Sacred Poetry*, 2:10, 24–32, 85.

关,由于希伯来诗歌的正确发音早已失传,音节数目及长度难以考究,格律不易求证,故需要以其他可反映韵律的特点来辨识希伯来诗歌体。[42] 另外,16世纪犹太拉比 Azariah de' Rossi 也有相似的概念,在探讨希伯来诗歌的格律时,尝试以"思想的数目"(number of ideas)为单位以表达诗歌韵律,[43] 换句话说,是从以"语音"为单位转为以"语义"为单位,令平行体成为了语音格律以外另一个辨识希伯来诗歌的特点。[44]

b. 从文学角度

除语义角度外,Robert Alter 强调平行体可带出诗歌体的文学效果,而两句平行诗句或短句并非重述,从首句到次句是"动态的移动"(dynamic movement),因希伯来诗歌的平行体,首句通常用较普通字眼,次句则以较特别的用词(specific instance)或比喻将首句独特化(specification)或加强化(intensification),故此,Alter 指出平行体有趋向聚焦、提升、具体化的发展,在两句之间有流动,带动句与句之间、行与行之间的推进,最后形成整首诗的结构。[45]

因此,Alter 认为平行体是希伯来诗歌的重要特点,

---

[42] Ibid., 1:61-65.

[43] 关于平行体的说法,可以追溯 Azariah 背后的犹太的释经传统,其渊源可早至公元960年,参 Aelred Baker, "Parallelism: England's Contribution to Biblical Studies," *CBQ* 35, no. 4 (1973): 435。

[44] Adele Berlin, "Azariah de' Rossi on Biblical Poetry," *Proof* 12, no. 2 (May 1992): 178.

[45] Robert Alter, *The Art of Biblical Poetry*, 1985. New and revised ed. (New York: Basic Books, 2011), 14, 20-21, 31.

是由于诗歌叙事因平行体产生一气呵成的行动记述，在没有停顿下能营造紧凑效果，不像散文叙事容许叙事者介入而产生时间上不均等的跳跃。[46]

c. 从释经角度

与 Alter 相似，Kugel 认为平行体两个短句之间并非真正的平行，但他关注的是平行体在释经上的用意，[47] 他认为所谓平行体的两个短句可以是纯粹分句、引用、连续行动或从属句，首句与次句可以包含对应元素，但也可以是次句只等于首句其中一部分，因此两句之间从"全无对应"（zero perceivable correspondence）到"几乎全无分别"（near zero differentiation）

---

[46] Ibid., 29, 44–46, 76；此外，Alter 指出平行结构"加强化"(intensification) 的效果，带动发展及提升，可突出主题所在，而在先知书中，平行结构并非单为便利记忆，更是借以营造紧凑气氛、产生一种"必然成就"的想像，以致更有力表达连串事件必然发生的效果，参 Ibid., 92。

[47] Kugel 曾指出 Alter 著作 *The Art of Biblical Poetry*(1985) 中的一些内容与他的 *The Idea of Biblical Poetry*(1981) 相似，包括解说平行体两句之间的关系并非相等的观点，以及 Alter 所用的例子，故 Kugel 认为 Alter 是挪用了他书中的内容而不申明，参 James L. Kugel, "A Feeling of Déjà Lu," *JR* 67, no. 1 (1987): 66–73。但其后，Alter 证明他于 1970 年代已经提出书中的理论及相关例子，可以证明他观点之原创性，另 Gammie 认为 Kugel 的著作是以历史批判角度写，而 Alter 是从文学批判来分析诗歌，故两本著作是不同目的、不同焦点、不同范围的。两人同样否定过去学者对"同义平行"的理解，认为两句平行并非重述，然而，Gammie 指出 Alter 在演绎这个观点上比 Kugel 更进一步，参 John G. Gammie, "Alter vs. Kugel: Taking the Heat in Struggle over Biblical Poetry," *BRev* 5, no. 1 (1989): 29–33author of The Idea of Biblical Poetry (New Haven, 1981。

的情况都有可能，较确切地说，"次句是首句的延续，是超越首句的意义"，不是纯粹的重述。[48]

Kugel 参考早期犹太拉比对于"平行体"的释经方向，指出拉比着重两句差异多于相同，基于他们相信所有经文字词都有意义，故次句的重复与对应是重要信息而非纯粹重述，因此他指出所谓的"平行体"，焦点不在于两句的平行，两句的意思亦非真正的平行，次句往往才是经文信息的核心。[49] 由此可见，按 Kugel 的说法，平行体是表达经文进深意思的一种手法，这种情况不只用于诗歌体。

d. 从语言学角度

此外，Adele Berlin 以语言学角度提出平行体的效果是由语法、语义、语音三方面对等（equivalence）的互动所产生，故她不会集中讨论语义平行，亦不将平行体约化为一条"公式"——"次句的意思是超越首句"，从而扩阔平行体的涵义。[50] 语法方面，平行体包括字词之间形态及句法的平行；[51] 语义方面，则

---

[48] Kugel, *The Idea of Biblical Poetry*, 4–8.
[49] Ibid., 102–108.
[50] Adele Berlin, *The Dynamics of Biblical Parallelism*, Revised and expanded. (Grand Rapids; Dearborn: Eerdmans; Dove Booksellers, 2008), 29–30.
[51] 形态上的平行又可再分为不同词类或相同词类的平行，不同词类可以包括名词与代词、名词与关联句 (relative clause)、介词片语与动词、名词与动词的平行，虽然二者为不同词类，但语法功能一样，故可作为形态上的平行；而相同词类则可包括时态、变位 (conjugation)、人称、性别、数目、限定性 (defintiveness) 及格 (case) 之间的对比，来表达两句在形态上的平行关系，参 Ibid., 51–58, 62。

见于"对应词语"(word pair)的出现,对应词语是源于词语关联(word association)的语言心理现象,不一定是刻意地运用既定的词组;[52] 语音方面,则主要观察平行体中的"对应声音"(sound pairs),其中包括"双声"及"叠韵"的运用,并以前者为主。[53] 由此可见,平行体是由众多层面的对等与对比所交织,不是纯粹以某一个字眼或意思的重复来决定。

至于平行体与诗歌的关系,Berlin 认为诗意功能(poetic function)是以"对等原则"(principle of equivalence)来表达,而平行体正启动了语言不同方面的对等。换句话说,"诗意功能"可借平行体来达到,因为散文是线性发展(linear character),而诗歌则是非线性的(non-linear character),故诗歌句子间的对等与对比借由平行结构所加强,从而发挥"诗意功能"。不过,这里所指的"诗意功能"不完全等于文体中的"诗歌体",因为散文体中也可运用"诗意功能"的表达。[54]

e. 平行体与跨行连续

虽然平行体与诗歌体关系密切,但有些诗歌却非全然以平行体表达,其中一些诗句中两个短句并没有明显平行关系的情况,反而是一气呵成表达一个完整意思,可称为"跨行连续"(enjambment),[55] 如哀二 2a、9c:

---

[52] Ibid., 65–67.

[53] Ibid., 102–105.

[54] Ibid., 4–8, 13–16.

[55] F. W. Dobbs-Allsopp, "The Enjambing Line in Lamentations: A Taxonomy (Part 1)," *ZAW* 113, no. 2 (2001): 220.

原文直译

哀 2a	主吞灭并不顾惜 所有雅各的牧场
	בִּלַּע אֲדֹנָי וְלֹא חָמַל אֵת כָּל־נְאוֹת יַעֲקֹב
哀 9c	并且她的先知找不到 从上主来的默示
	גַּם־נְבִיאֶיהָ לֹא־מָצְאוּ חָזוֹן מֵיהוָה

不过，上述情况也可能会被归入 Lowth "综合平行"类别，但 F.W.Dobbs-Allsopp 认为跨行连续的诗句实际上不具平行性质，因为从语义、语法、语音也不易找到短句之间互相对等呼应的元素，[56] 由此可见，如将这些情况都视作平行体，则散文体中很多被分成上下半句的句子，也有可能被归为"综合平行"，这样，平行体的定义可能会变得过于宽松，以致失去作为辨识的效果。

小结

综观而言，现在"平行体"的意义已不单停留在语义上的平行，更有加强文学效果、深化经文意思、反映语言学不同层面对等互动的作用，从中亦可见它与诗歌韵律、文学结构、诗意功能有密切关系。

不过，以平行体作为希伯来诗歌的主要特点或辨识准则仍有一定限制，如 Kugel 所言，平行体不但出现在诗歌体，亦常见于非诗歌体之中，同时，诗歌体

---

[56] Ibid., 220–223, 238.

中也有一些并非平行对称的句子，故单以平行体的出现未必能断定经文是否属于诗歌体。[57] 因此，Kugel 指出"一种较形式化及具严谨组织、上乘风格（elevated in style）的文字，才可以从一般散文体中区分出来"，[58] 而 Berlin 亦提出"某种意义上的平行体才是诗歌的本质"，以及"诗歌体是一种具备精炼简洁与平行特色的句子在文本中广泛地出现"，[59] 从这些论述可见，"较精炼及有组织的平行体"更充分表达希伯来诗歌体的特点。

1.1.3 行文修辞

如前所述，"精炼简洁及有组织"与希伯来诗歌体有密切关系，而此特点可见于其行文修辞，包括句子结构、成分、修辞运用等，故近代学者尝试从这方面找出专属诗歌体的句型及风格，以助辨识及分析希伯来诗歌。

a. 句子结构

Terence Collins 以完整的句子形式作为分析单位，因诗歌的句子结构一般以"单句形式"（line-form）出现，较少从属句子，故他运用现代语法的理论找出诗歌体中的基本句型（basic sentence types）及特殊句型（specific line-type），以冀归纳诗歌体中句型的

---

[57] 如创廿一1、6、18 及廿二12、17，申廿二5，出二1~7等叙事文体中出现平行体，而诗廿三，诗一一九89~90 则出现非平行体，参 Kugel, *The Idea of Biblical Poetry*, 59–65。
[58] Ibid., 85.
[59] Berlin, *The Dynamics*, 4–6.

特色，突显诗歌体性质。然而，结果他发现诗句创作（verse-making）虽有一定传统，但同时充满弹性自由，这说明了"规律的模式与变化的技巧并存"，不易找出纯粹属于诗歌体的"典型句型"。[60]

此外，Michael P. O'Connor 亦研究诗歌体的句子结构，不过其重点是计算诗句的成分，以找出诗句成分上的限制；他以语法成分作为计算单位，提出一个短句（colon）中常见有 1 个"子句谓词"（clause predicator）、2 个"句子成分"（constituents）、2 至 3 个"单位"（units），因此，诗句在每个层次的数值都受规限，透过将诗句按所含成分的数量及句型分类，可统计出不同句型在诗歌中出现的频率。[61]

由此可见，Collins 及 O'Connor 均集中对诗歌体句型进行分类，以找出常见的句子结构，但却没有针对它们与散文句型之别。而 Nicholas P. Lunn 则较重视比较诗歌体与散文体在句型上的差异，结果发现诗歌句子较多不按"典范词序句型"（"动词-主语-宾语"）的情况，而这种现象能令诗歌体产生"陌生

---

[60] Terence Collins, *Line-Forms in Hebrew Poetry: A Grammatical Approach to the Stylistic Study of the Hebrew Prophets* (Rome: Biblical Institute, 1978), 10, 276, 282.

[61] 诗句中可用三个层次理解，最高的层次"子句谓词"(clause predicators) 是中心的谓词，如动词、分词等，可以有 0 至 3 个；其次"句子成分"(constituents) 是句子的表面结构，包括名词、动词、形容词等，可以有 1 至 4 个；"单位"(units) 是指构成谓词或名词的多个单位，可以说是"实词"的数目，可以有 2 至 5 个，参 O'Connor, *Hebrew Verse Structure*, 138, 306–314, 317–318。

化"(defamiliarization)效果,增加阅读及理解时的难度,从而加强诗歌的艺术性,故可视为诗歌体的识别标记。[62] 下表列出两类文体句型的统计:[63]

	句子总数	典范句型	非典范句型
散文体	1,190	1,017 [85.5%]	173 [14.5%]
诗歌体	1,243	821 [66.0%]	422 [34.0%]

以上数据反映诗歌中词序变化(非典范句型)是散文体的两倍,但同时也看到虽然诗歌体呈现较大程度的变化,大部分的句子(占百分之六十六)仍是以典范句型为主。因此,在词序方面,诗歌的确是较散文不规律,然而由于两类句型均出现在诗歌与散文中,单靠句型典范与否不足以辨识诗歌体。

b. 句子成分

由于诗歌的句子体现精炼简洁风格,其基本成分为"主语－宾语－动词－状语",故出现较多"省略"情况,以减少句子中冗赘的成分,只尽量保留必要的字眼来表达意思,如在平行体的第二句,通常会省略主语或动词。[64]

---

[62] Nicholas P. Lunn, *Word-Order Variation in Biblical Hebrew Poetry : Differentiating Pragmatics and Poetics* (Milton Keynes ; Waynesboro: Paternoster, 2006), 2-4, 8.

[63] Ibid., 8.

[64] Gillingham, *The Poems and Psalms*, 23; Adele Berlin, "Reading Biblical Poetry," in *The Jewish Study Bible*, ed. Adele Berlin and Marc Zvi Brettler, 2nd ed. (Oxford ; New York: Oxford University Press, 2014), 2185.

另外，诗歌体一般较少使用助词（particles），如关系助词、宾语标记、定冠词等。Freedman 归纳了四个关于助词出现的情况：一、助词比例少于 5% 大致属于诗歌体；二、助词比例高于 15% 大致属于散文体；三、助词比例在 5 至 10% 之间倾向属于诗歌体，且较大机会是先知言说及部分诗意的演说；四、助词比例在 10 至 15% 之间倾向属于散文体，但包含一些诗歌的元素。[65]

虽然，从计算的角度，诗歌体较少运用助词，但出现助词比率高的情况仍存在。在 252 篇经文中，助词比例在 15% 或以上的，有 248 篇是散文，4 篇是诗歌体，[66] 换句话说，有些诗歌助词的出现比率像散文体般高。再者，由于将散文体中的助词删掉，并不等于其可变成诗歌体，故可见助词多寡并非决定诗歌体性质的特点。[67]

c. 句子修辞

此外，Luis Alonso Schökel 就声音、意象、语言三方面阐述希伯来诗歌特色：[68] 声音方面，除了格律节奏外，语音修辞包括头韵（alliteration）、押韵（rhyme）、拟声（onomatopoeia）及相关语（paronomasia）等，

---

[65] Freedman, "Another Look," 17.
[66] Ibid., 13.
[67] T. David Andersen, "Problems in Analyzing Hebrew Poetry," *EAJT* 4, no. 2 (1986): 83.
[68] Luis Alonso Schökel, *A Manual of Hebrew Poetics*, SubBi 11 (Rome: Editrice Pontificio Istituto Biblico, 1988), 19-28, 95-99, 107-33.

有助于背诵与保持人们在聆听时的敏感度;意象方面,句子中常运用丰富意象,配以含蓄的表达,带来视觉感官的效果,而当两个意象同时出现,更可借两者相似之处产生诗意的意象(poetic image);语言方面,诗歌除了以"引用、典故"引起联想,还会用不同语气,如问句、感叹句、祈使句及格言,以及使用讽刺与幽默、省略与夸张以加强诗歌的效果。[69]

的确以上修辞技巧虽在诗歌出现的频率是较散文为高的,且对于加强诗歌表达效果亦是不可或缺,但 Schökel 也表示这些修辞技巧同样可以出现于艺术性的散文或一般语言中,因此,不是每逢出现这些修辞就代表是诗歌体,还需要考虑它们出现的频率、密度等情况,故难以归纳出纯粹属于诗歌的特色。[70]

小结

由此可见,从句子结构、成分、修辞上可突显希伯来诗歌体具备精简化、陌生化、音乐化、形象化等特色,而这些特点的多寡疏密亦有助识别诗歌体,进而理解诗歌内容。然而,由于这些行文修辞的技巧可以是不规则、随机地分布在诗歌不同位置,且并非诗歌体所独有,故运用它们识别诗歌体仍有一定的限制。

---

[69] "讽刺幽默"的表达,包括反讽,就是作者先将自己与描述对象保持一定距离,然后把角色塑造成很荒谬的样子。而"省略"是指修辞性的省略,即省略了一些本来有需要出现的词语,作用是借隐晦的表达而突出更深刻的意思,参 Ibid., 143–167。
[70] Ibid., 19.

1.1.4 诗节结构

如前所述，诗歌体特色是精炼及有组织，相对以上三方面的特点，"诗节结构"应是较能反映希伯来诗歌具组织方面的特性，有助识别希伯来诗歌体。以下将略述有关诗节的研究、诗节结构定义、划分准则、规律性，并阐述 van der Lugt 诗节结构的理论，由此探讨诗节结构作为希伯来诗歌特点的意义。

a. 有关诗节结构的研究

J. J. Bellermann 在 1813 年首先提出"希伯来诗歌诗节包含 3 至 8 个诗句，以某种平行的方式互相连系"，[71] 到 1825 年，Jos L. Saalschütz 开始就"诗节"建立相关理论，当时研究旨在证明诗篇中的"细拉"可以作为诗节分段的标记，并以此显示诗节有均等的长度，不过此研究不获学界关注。[72] 直至 1831 年，Köster 指出除了诗句之内的平行，希伯来诗歌更有诗句之间的平行，以此带出希伯来诗歌有诗节的特性，Köster 称诗节内的平行为"诗节的对称"（*strophische symmetrie*）以表示诗句外在的对称，并将诗节分为四类：同义诗节（*synonymisch strophen*）、反义诗节（*antithetische strophen*）、综合诗节（*synthetische*

---

[71] J. J. Bellermann, *Versuch über die Metrik der Hebräer: eine Beilage zu den hebräischen Sprachlehren und zu den Einleitung in die Schriften des Alten Testaments* (Berlin: Maurerschen Buchhandlung, 1813), quoted in Kraft, *Strophic Structure of Hebrew Poetry*, 1.

[72] Lugt, *Cantos and Strophes*, 4–6; Jos L. Saalschütz, *Von der Form der Hebräischen Poesie: Nebst einer Abhandlung über die Musik der Hebräer* (Konigsberg: A.W. Unzer, 1825), 114–119.

strophen）及相等诗节（*identische strophen*），同时，亦提供划分诗节的标记，如副歌、逻辑内容、感叹词及"细拉"，此外，Köster 提出诗节对研究希伯来诗歌的重要性，认为诗节有助理解希伯来诗歌的性质，甚至影响对圣经诗歌体的解释，此番论述可说成了早期研究诗节的基础；还有，他在文中选取诗篇及先知书的诗歌体为例，划分诗节，提出诗节不一定划一，因为诗歌的优美结构建基于在规范里有自由。[73]

虽然在 Köster 之后陆续有学者进行有关诗节的研究，[74] 其中引起较多关注的有 Heinrich Ewald, David Heinrich Müller, Johannes Konrad Zenner, Hakan Möller 等，[75] 但并未带来广泛深入的讨论。直到 1938 年，

---

[73] Köster, "Die Strophen," 47–54, 114.

[74] Van der Lugt 已详细整理了过去希伯来诗歌诗节的研究，参 Lugt, *Cantos and Strophes*, 24–33。

[75] Ewald 提出最常见的诗节结构是诗节长度相同，即使出现不平均的诗节也不代表是诗人随意安排，参 Heinrich Ewald, *Die Dichter des alten Bundes* (Göttingen: Vandenhoeck & Ruprecht, 1866), 154–155; Müller 透过分析先知书中的诗歌体，解释"呼应" (responsion)——即第二个诗节在语义上会逐行呼应上一个诗节，参 David Heinrich Müller, *Die Propheten in ihrer ursprünglichen Form* (Wien: A. Hölder, 1896), 1–2, 191; Zenner 以"诗节、反诗节、转诗节" (*strophe, gegenstrophe, wechselstrophe*) 的概念解释诗节之间的关系，他最初意图找出一致的诗节，但后来他否定了这种没有弹性的假设，参 Johannes Konrad Zenner, *Die chorgesänge im buche der Psalmen: ihre existenz und ihre form* (Freiburg im Breisgau: Herder'sche Verlagshandlung, 1896), 13–20; Möller 提出扇形的诗节结构 (*chiastischer strophenbau*)，认为诗歌中所有诗节相等情况是罕有，反而较多是"a. b. b'. a'"及"a. m. a'"的模式，参 Hakan Möller, "Strophenbau Der Psalmen," *ZAW* 50, no. 1 (1932): 245。

Charles F. Kraft 以诗篇第一卷为范围研究希伯来诗歌的诗节结构，就诗节的定义、划分及规律性作出了较仔细的讨论，提出了诗篇中的诗节主要是两句为一节，才再次引起对诗节及其规律性的探讨。[76]

近代，较多探讨诗节结构的主要有 Freedman (1974), van der Lugt (1980), J. P. Fokkelman (1981), Paul R. Raabe (1990) 及 Samuel L. Terrien (2003) 等。Freedman 提出诗节与音节计算有密切关系，并以"红海之歌"（出十五）为例，说明在诗节层面计算音节，可找到一定格律。[77] 同样，Fokkelman 亦重视诗节与音节之间的关系，在分析撒母耳记中的"哈拿之歌"与"大卫的哀歌"时提及诗节的运用，关注短句所包含音节的数目，以此作为断句的参考，发现每个诗节中包含相若的音节数量。[78]

其他研究则较多关注诗篇中的诗节结构，如 Raabe 主要从诗篇的副歌入手，希望找出诗篇中的基本分段以及诗节的长度，当中也提出副歌以外的分段

---

[76] Kraft, *Strophic Structure of Hebrew Poetry*, 106；不过当时也有对诗节的存在及规律性提出怀疑的学者，如 Sievers, Cobb 及 Gray 等，参 Lugt, *Cantos and Strophes*, 36–41。

[77] David Noel Freedman, "Strophe and Meter in Exodus 15," in *A Light unto My Path: Old Testament Studies in Honor of Jacob M. Myers*, ed. Howard N. Bream, Ralph D. Heim, and Carey A. Moore, GTS 4 (Philadelphia: Temple University Press, 1974), 163–203.

[78] J. P. Fokkelman, *Narrative Art and Poetry in the Books of Samuel: A Full Interpretation Based on Stylistic and Structural Analyses*, vol. 1, 4 vols., SSN 20 (Assen: Van Gorcum, 1981).

准则。[79] Terrien 也提出一般翻译分段是按语言内容的逻辑，但其实诗节结构对理解希伯来诗歌的神学十分重要，故他的诗篇注释是以诗节分段。[80] 此外，van der Lugt 对诗节结构研究最为详尽，他仔细整理了过去学者有关诗节的研究，并提出分段准则，再从诗节结构角度找出诗歌主题。[81]

b. 诗节结构的定义

关于诗节的定义，Bellermann 所言"诗节包含 3 至 8 个诗句"已反映了诗节属于诗句之上的一个层级，而 Köster 的看法"诗节是由平行的诗行所组成，就如诗行是由平行短句组成"，也反映他已有"短句－诗行－诗节"三层的概念。[82] Fokkelman 则更全面地提出了诗歌各层级的关系，说明在一般情况下"每短句（colon）有 2 至 4 个重音，每诗行（line）有 2 至 3 个短句，每诗节（strophe）有 2 至 3 个诗行，每诗章（stanza）有 2 至 3 个诗节"。[83] 因此，本文会根据 Fokkelman 描述的层级及其著作中译本的翻译，**称由

---

[79] Paul R. Raabe, *Psalm Structures: A Study of Psalms with Refrains*, JSOTSup 104 (Sheffield: JSOT Press, 1990), 164–65.

[80] Samuel L. Terrien, *The Psalms: Strophic Structure and Theological Commentary*, ECC (Grand Rapids: Eerdmans, 2003), 6.

[81] Lugt, *Strofische structuren*, 528–537.

[82] Kraft, *Strophic Structure of Hebrew Poetry*, 1; Köster, "Die Strophen."; Köster, "Die Strophen," 48–50.

[83] Fokkelman, *Reading Biblical Poetry*, 37；不过，Watson 指出由于不同学者会运用不同字眼，出现了"诗节"(strophe) 与"诗章"(stanza) 互用的情况，参 Watson, *Classical Hebrew Poetry*, 160。

诗行组成的层级为"诗节",而由诗节组成的层级为"诗章"(stanza),而诗章之上可以有"诗段"(segment)。[84]

至于 van der Lugt 认为"诗节"与"诗章"(他称此为 cantos)之间,在某些情况下应再加一个层级"小曲"(canticles),作为组成诗节与诗章之间一个修辞桥梁;而所谓的"诗节结构"(strophic structure)不单是指诗节的层级,可以泛指诗节或以上层级(包括小曲及诗章)的组成结构,因此,他在分析诗篇的诗节结构时,不单考虑到诗节所包含的诗句数目,也分析诗章所包含的诗节数目,以及诗章的划分,[85] 而本文亦会采用这个理解,**将"诗节结构"定义为"诗节或以上的层级所组合的结构"**。

c. 诗节结构的划分

虽然就个别诗歌而言,诗节的划分不易有一致的结论,但基本仍有一些原则可循,大致可归为四类:

第一类是"根据内容逻辑",以内容的意义划分(divisions of sense),考虑思想是否符合逻辑,类似于散文分段的段落,不过,这个准则有较强主观成分,甚至已涉及对诗歌的诠释,如过于侧重以内容判断,而最后又以诗节作为诗歌主题的根据,就较易落入循

---

[84] 福克尔曼 [J. P. Fokkelman]:《圣经诗歌导读》(Reading Biblical Poetry),李隽译(香港:天道书楼,2008,文学释经系列),页 297–298。

[85] Lugt, *Cantos and Strophes*, 72.

环论证的情况。[86]

第二类是"根据外在标记"，包括副歌、"细拉"以及字母诗的字母排列等。[87] 这些都是与内容没有直接关系的标记，而且都是显然易见，相对客观，故能较明确地划分诗节；而诗歌中的副歌一般都会在固定篇幅内重复，从结构上可容易分辨出来，也可作划分诗节的标记，不过，并非所有诗歌体都有这些标记。[88]

第三类是"根据文法转折"，包括在诗节开始时会用呼告格（vocative），特别是向神的呼告，还有疑问词、语气助词、指示代词、人称代词，动词则会多用祈使的语气等，这些标记带出人称或语气转换，有助划分诗节。[89] 由于文法转折是较客观并明显，且不会只集中于某些诗歌，故可普遍地作为划分诗节的工具，[90] 然而，这些标记亦无绝对性，因人称代词、语

---

[86] Charles F. Kraft, "Some Further Observations Concerning the Strophic Structure of Hebrew Poetry," in *A Stubborn Faith: Papers on Old Testament and Related Subjects Presented to Honor William Andrew Irwin*, ed. Edward C. Hobbs (Dallas: Southern Methodist University Press, 1956), 65–66.

[87] Lugt, *Cantos and Strophes*, 26.

[88] Raabe, *Psalm Structures*, 164–165；诗篇中"细拉"出现了61次，而具明显副歌的篇章，诗篇有18篇、以赛亚书有4章、阿摩司书有3章；字母诗在诗篇中只有9篇、耶利米哀歌有4章、那鸿书有1章，因此，外在标记只能用于一小部分的诗歌，参 Kraft, "Some Further Observations," 65。另 Robinson 认为若诗歌中的副歌作为诗节的分段标记，可能会得出不平均的诗节，如诗四十二至四十三，同样，"细拉"也有类似的问题，参 Robinson, *The Poetry*, 43–45。

[89] Lugt, *Cantos and Strophes*, 51–53, 79–80.

[90] Fokkelman, *Reading Biblical Poetry*, 161.

气助词也可出现于诗节中间或最后。

第四类是"根据重复字眼"，重复字眼可以反映诗歌的平行结构及扇形结构，及诗歌在诗句的"外在平行"（external parallelism）或"距离平行"（distant parallelism），因重复字眼可以有固定距离，又或分布在诗歌不同位置，另亦可透过头韵、对应词语（word pair）表达诗节对应与平行关系，故有助诗节划分。[91] 不过，在众多重复字眼中，需要判断哪些重复较为重要可用作分段的基础。

Van der Lugt 认为过去学者对希伯来诗歌的分段过于倚赖内容的描述，因此，就上述四类划分诗节的准则，他较倾向运用第二至四类，因有相对客观的参考。[92]

d. 诗节结构的规律性

关于诗节结构的规律性，学者有不同的看法，大致可分三类：

第一种看法是"诗歌中的诗节是固定的"，早期学者较倾向支持这个观点，都认为在一首诗歌中每个诗节包含的诗行数目基本上相同。[93] Charles F. Kraft 也认为诗节结构有一定规律，可分为两类："两个诗行"（couplet）与"三个诗行"（triad）；他认为在诗篇

---

[91] Lugt, *Cantos and Strophes*, 82; Pieter van der Lugt, *Cantos and Strophes in Biblical Hebrew Poetry III : Psalms 90-150 and Psalm 1*, OtSt 63 (Leiden ; Boston: Brill, 2014), 5.

[92] Lugt, *Cantos and Strophes III*, 6.

[93] 赞成这个观点的主要有 Saalschütz(1825), Ewald(1866), Bickell(1880), Meier(1853), Condamin(1901), Briggs(1906), Albright(1922)，参 Lugt, *Cantos and Strophes*, 3 – 17, 26, 42。

第一卷中，主要是以"两个诗行"为主，其次是"三个诗行"，当中几乎没有混合形式出现，如有一些诗篇出现从两行转为三行的诗节，很可能是出于不同诗人的缘故。[94]

第二种看法就是"诗节未必包含固定诗行，但仍可找出一定的规律"，van der Lugt 引述 J. Schildenberger 与 E.J. Kissane 的说法，指出在整首诗歌中，诗节包含相同数目诗行的情况是不常见的，较多出现的是"相等诗行数目的诗节，再加首尾的元素"或"诗节中诗行数目不等，但会出现对称的模式"，[95] 以及"诗节模式可以有两大类，一是每个诗节长度相等，二是诗节内诗行数目单双交替出现"。[96]

另外，亦有提出诗节的规律需要参考短句或音节的数目，如 Raabe 认为诗节最常见的是包含两个诗行或四个短句，但不能期望有固定相等长度的诗节模式出现，反而在诗章的层次上，若以短句的数目来计算，会出现对称的情况。[97] Fokkelman 则从音节数目考虑，认为诗节包含音节的数目有一定规律，因为层级结构的起点在于音节，故计算音节是断句的第一步，也是

---

[94] Kraft, *Strophic Structure of Hebrew Poetry*, 106；但 Ridderbos 不同意 Kraft，质疑诗人对诗节是否有规律的意识，参 N. H. Ridderbos, "The Psalms: Style-Figures and Structure," *OtSt* 13 (1963): 49。

[95] Lugt, *Cantos and Strophes*, 47.

[96] Ibid., 46–47. 另外，Gerlach, Möller 及 Lund 提及诗节有呈扇形结构的情况，参 Ibid., 31–33。

[97] Raabe, *Psalm Structures*, 161, 175.

诗节划分的参考。[98]

第三种看法是"诗节并非必然有规律性"，如 Theodore Henry Robinson 及 Watson 等认为即使有部分诗歌反映诗节结构有一定模式，但整体而言，不固定或不规则的诗节结构占大多数。Robinson 提出有些学者为维持诗节长度一致而在没有充分证据下修订经文，如删除诗廿三 4，因此，他对诗节有固定或规律的长度存疑；[99] Watson 则指出诗节或诗章可能呈现一定的规律，但那并非必要元素。[100]

从以上三种看法可见，关于诗节结构的规律性并未有定案，但过去的研究亦反映出希伯来诗歌的诗节既不会是完全固定相同，亦不是全然没有规律，就如希伯来诗歌虽然没有严谨固定的格律，但基本上有一定的节奏模式。换句话说，**诗节结构是有一定规律性，但又不能以刻板的规格限定于某一种固定的模式**。然而，近代学者基于难以归纳诗节结构的规律性，认为

---

[98] 他分析诗篇一一三篇，发现差不多每个诗行均是 14 个音节，而一一四篇每个诗节包含约 30 至 32 个音节，参 J. P. Fokkelman, *Major Poems of the Hebrew Bible* (Assen: Van Gorcum, 1998), 16–17. 另 Schökel 认为诗节需要考虑节奏，因音节是诗歌最基本的单位及节奏元素，第一层次是音节，第二层次是诗节，故他提出要以节奏理解诗节，参 Schökel, *Hebrew Poetics*, 34–35, 40。

[99] Robinson, *The Poetry*, 41–45.

[100] Watson, *Classical Hebrew Poetry*, 162；另外，van der Lugt 引述 Häveruick 提出希伯来诗歌诗节结构可以分三类，分别是有规律的 (regular)、加上开首 (opening) 的及没有规律的 (irregular)，以及 Budde, Zenner, Begrich 等亦不同意诗节结构有一定的规律，参 Lugt, *Cantos and Strophes*, 14–21。

研究诗节结构是徒劳无功，或因对于诗节的划分常有分歧而放弃找出诗歌的诗节结构，转而按诗歌内容随意分段，结果，忽略了诗歌结构上韵律与内容之间的关系，也轻视了诗节结构在诠释希伯来诗歌上的作用。[101]

e. Van der Lugt 的诗节结构理论

不过，van der Lugt 认为诗节结构对研究希伯来诗歌有一定的重要性，他提出过去学者在分段上过于倚赖内容，较少注意一些形式上的设置（formal devices），包括转折标记（transition marker）、重复字眼（verbal repetition）及定量结构（quantitative structural aspect）。[102] 然而，他指出根据这三方面分段，与纯粹按内容随意进行分段（verse paragraphs）有一定的分别，前者是关注诗人在创作诗歌时所设置反映诗歌内在结构的提示，而后者则倾向按诗歌表面呈现的内容分成不同部分。[103] 故此，他在划分诗篇段落时会着重考虑诗歌中转折标记、重复字眼及定量结构。

■ 转折标记

Van der Lugt 指出诗篇中有一些标示开始的转折标记，包括名词呼告格，特别是用于对神的呼告，如"主啊"、"神啊"、"上主啊"等；疑问助词，如疑问词"ה"、"什么？"（מָה）"为何？"（לָמָה）及"谁？"（מִי）；特定"强调"的助词，如"诚然"

---

[101] Van der Lugt 指出现代学者对于诗节结构功能没有很大的信心，虽然他们关心诗歌的结构，但却认为诗节和诗章是过时与人工化的产物，参 Lugt, *Cantos and Strophes*, 59。
[102] Lugt, *Cantos and Strophes III*, 2.
[103] Ibid., 6.

（כִּי）、"看哪"（הִנֵּה）、"现在"（נָא）及连接词"ו"；特定指示代词，如"这些"、"这"或人称代名词"我"、"你"；动词命令式（imperative）或用作表达祈使、呼吁的语气（cohortative及jussive）；特定的动词形式，如"我说"、"我知道"、"上主是有福的"等。[104]

另外，亦有表示诗节完结的转折标记，包括特定"强调"的助词，如"而且"（גַם）、"非常"（מְאֹד）、"因为"（לְמַעַן）及"更多"（עוֹד）；人称代词，如"我们"、"我"、"他"、"她"、"他们"或指示代词"这"；表示"很长时间"的字眼，如"永远"、"世世代代"（דֹּר וָדֹר）、"所有日子"及"常常"（תָּמִיד）；以及意思尚未确定的"细拉"。[105]

不过，这些标记虽可作为分段的提示或参考，但没有绝对性，换句话说，并非每逢出现这些字眼就必须划分新段落，反之亦然。

■ 重复字眼

Van der Lugt认为重复字眼的分布是反映希伯来诗歌结构的重要特色，在同一个诗节或诗章内，重复字眼可以反映相连诗行之间的密切关联，甚至是该诗节或诗章的重点所在；但同时，重复字眼可以分布在不同的诗章，表达诗章之间的呼应，故此即使重复的字眼出现在连续两个诗行，也不一定代表这两行是同一个诗节，而有机会是表达高一个层级的联

---
[104] Ibid., 2–4.
[105] Ibid.

系（concatenation）。[106] 虽然，未必所有重复字眼都是诗人刻意安排及分布，尤其是一些介词及连接词，不过，一些在诗歌中多次出现的动词或名词，在分段时则值得留意它们之间的分布与呼应。

■ 定量结构

虽然诗节结构没有固定的模式，但基于希伯来诗歌节奏性的特质，诗节很有可能具备一定的规律性，van der Lugt称此为"定量结构"（quantitative structural aspects），而他在研究诗篇时，列出所有诗节所包含的诗行，以及诗章所包含诗节的数目，以观察其中的规律，并了解其中是否有"有意义的中心"（meaningful centre）、关键诗行（pivotal verseline）或关键短句（pivotal colon）。[107] 另外，他更提出不单在诗行的层面，甚至字词的层面，字数可能也有一定的规律性，如诗九十一，诗章有8个诗行，每行有7个字，每诗章有56个字。[108]

虽然他并无提出希伯来诗歌必然具备"工整规律的诗节结构"，但就其研究所得，他将诗篇诗节结构归纳为三大类型：第一、每个诗节的诗行数目完全相等（接近相等）；第二、有一定设计的诗节；第三、同心圆（concentric）的设计。[109] 从这三个类型可见诗节结构倾向有一定的规律性，同时，由于考虑到希伯

---

[106] Lugt, *Cantos and Strophes*, 81–84; Lugt, *Cantos and Strophes III*, 5.
[107] Lugt, *Cantos and Strophes III*, 6–7.
[108] Ibid.
[109] Ibid., 598–606.

来诗歌形式与主题的结合，研究定量结构对探讨诗歌组织与主题有一定的作用。

因此，**本研究也尝试在van der Lugt的"定量结构"原则的基础上，提出希伯来诗歌存在"工整规律诗节结构"的假设**，而所谓"工整规律"并非指所有诗节（诗章）长度划一，而是指它们有一定的设计，可以呈现平行、对称等模式。

小结

总括而言，虽然过去两个世纪已有关于诗节的研究，提出了诗节的存在以及归纳了划分诗节的准则，亦曾探索诗节编排的规律，不过，由于在归纳诗节规律模式及对个别诗歌的诗节划分上常有分歧，故容易令人感到徒劳无功，因此，相对于其他希伯来诗歌特点，诗节结构的作用得到的重视亦较少。

然而，就这部分关于希伯来诗歌特点的讨论可见，"格律"碍于发音系统失传难于考究、"平行体"与"行文修辞"特色亦并非只见于诗歌体，因此，上述三者虽然对诗歌研究有一定参考作用，但作为识别诗歌体的特点仍有限制。如前所述，单就平行体并未足以辨识诗歌体，而需要"较精炼及有组织的平行体"，**故诗节结构作为展示平行体的进一步组织，在辨识诗歌性质上应有一定的重要性。**

另外，虽然学者对于诗节的规律性未有共识，但基于希伯来诗歌的节奏性，以及字母诗的存在，关于"工整规律诗节结构"的假设仍是值得考虑的；而且在韵律与意义可以互相吻合的前提下，关于"工整规律的诗节结构对理解诗歌意思可发挥什么作用"，仍有颇多的讨论空间。

过去关于诗节结构的研究较着重找出规律的模式，或作出统计以找出最常见的情况，如 Kraft, Freedman, Raabe, van der Lugt 等，对于诗节结构在诠释内容主题的作用及重要性上则较少着墨，故本研究会多比较诗节结构与其他分段与诠释方法的效果，从而了解诗节结构的重要性。因此，下文将以耶利米哀歌五首诗歌为例，参考 van der Lugt 提出的转折标记、重复字眼及定量结构的原则，探讨以工整规律的诗节结构分析耶利米哀歌是否可行，并透过比较其他研究方向（如哀告诗体裁），以及不同的分段结构，阐述诗节结构对理解这五首诗歌的主题思想有何作用，从而观察诗节结构作为希伯来诗歌特点的重要性。

本文选取耶利米哀歌为研究范围，主要在于此书卷较诗篇及其他智慧书为短，故可在限定的篇幅中就每首诗歌作较深入的分析，而且基于当中四首是字母诗及一首是仿字母诗，其诗歌体属性较少争议；另因每首诗歌均有 22 个单元（诗行或诗节），在断句方面有较明确的界线，可便于讨论及分析，有助观察在相同数目的单元中，诗节结构的变化与组合。

1.2 耶利米哀歌特点的研究

一般认为耶利米哀歌写于接近耶路撒冷亡国后的时期,[110] 传统相信作者是先知耶利米,这可能是受七十士译本序言影响,但因马索拉抄本并未注明作者,加上书中内容主题及风格均与耶利米书有异,故近代学者倾向作者不一定是耶利米,甚至提出五首诗歌出于不同作者,由后人集结编辑,但至今仍未有定论。[111] 不过,相较其他书卷,耶利米哀歌有一些明显特点,

---

[110] 关于写作日期的讨论,可参考 Claus Westermann, *Lamentations: Issues and Interpretation*, trans. Charles Muenchow (Edinburgh: T & T Clark, 1994), 54–55; Iain W. Provan, *Lamentations*, NCB (Grand Rapids: Eerdmans, 1991), 7–19; Robert B. Salters, *A Critical and Exegetical Commentary on Lamentations*, ICC (London: T & T Clark, 2010), 7–8。

[111] 关于书卷一体性的讨论,可参 Robert B. Salters, "The Unity of Lamentations," *IBS* 23 (2001): 102–110; Elie Assis, "The Unity of the Book of Lamentations," *CBQ* 71, no. 2 (April 2009): 306–329。

包括字母诗、哀告诗体裁及多重声音的表达，这些特点均与诗歌结构有密切关系，因此，在探讨诗节结构对理解耶利米哀歌的作用前，会先综述有关这三方面的研究。

1.2.1 字母诗

耶利米哀歌其中四首诗歌是明显的"字母诗"（alphabetic acrostic poem），所谓"字母诗"是指诗歌每句首个字母均按希伯来字母顺序排列，[112] 由于希伯来字母共有 22 个，因此，一首完整的字母诗会有 22 句。在旧约圣经中共有八首字母完整且分布平均的字母诗，分别是诗篇一一一、一一二及一一九篇、箴言卅一章 10~31 节及耶利米哀歌一至四章。

另外，还有一些诗歌句首字母大体上顺序排列，但字母不全或分布不平均，如诗篇九至十章（七十士译本视作一首诗）缺了 ד、מ、נ 与 ס、诗篇廿五与卅四缺了 ו 及最后重复出现 פ、诗篇卅七字母分布不平均、[113] 诗篇一四五缺了 נ、[114] 那鸿书一章 2~8 节只有上半部分字母出现（א 到 כ），[115] 但它们一般也被称为"字母诗"。

---

[112] 除了是每句首字母，亦可以是以每两句、每三句或每段落的首字母按顺序排列。
[113] 诗卅七基本上每四个短句为一个单元，但 ח－行则有六个短句，נ－行有五个短句。
[114] 诗一四五在马索拉抄本中缺了 נ－行，但七十士译本则包含了 נ－行。
[115] 对于鸿一字母诗涵盖的范围，有认为应扩展到鸿一 10，而 Gunkel 更尝试从鸿一 2~二 1 找到完整的 22 行字母诗，不过这种处理需要对马索拉抄本作出颇多的修订，故此说引来较多的质疑，参 Aron Pinker, "Nahum 1: Acrostic and Authorship," *JBQ* 34, no. 2 (April 2006): 99。

a. 字母诗的性质与排列

旧约圣经中的字母诗是属于"离合体"（acrostic）的一种。所谓"离合体"，希腊文是 akrostishis，由 akros（意思是"顶端"）及 stichos（意思是"诗歌中的诗行"）两字所组成，是指作者运用诗句或段落的第一个字母，组成有意义的排列模式或信息的一种写作技巧。[116]

离合体可以分为两大类，第一种是"序列离合体"（sequence acrostics），即诗句首个字母或符号可组成一连串"顺序排列的字母或数字"；第二种是"信息离合体"（message acrostics），即指每句首个字母可组成一个"有意思的信息"。出现在旧约希伯来诗歌的"字母诗"（alphabetical poem），由于是每句或每段首字母按顺序排列，故属于"序列离合体"，又被称为"字母序列离合体"（alphabetic sequence acrostics）或"字母离合诗"（alphabetical acrostic poem）。[117]

另外，旧约中有一些句首字母并非按顺序排列的

---

[116] J. B. Payane, "Acrostic," in *The Zondervan Encyclopedia of the Bible*, ed. Merrill Chapin Tenney and Moisés Silva, Rev. ed. (Grand Rapids: Zondervan, 2009), 42.

[117] 由于一般认为希伯来诗的离合体均为序列性的字母诗，因此，亦有直接称字母诗为"离合诗"，参 John F. Brug, "Biblical Acrostics and Their Relationship to Other Ancient Near Eastern Acrostics," in *Bible in the Light of Cuneiform Literature: Scripture in Context III*, ed. William W. Hallo, Bruce William Jones, and Gerald L. Mattingly (Lewiston: Edwin Mellen, 1990), 283–284。

诗歌，但由于包含 22 句，即诗句数目与希伯来字母的数目相同，故亦被称为"仿字母诗"、"仿离合诗"（quasi-acrostic poem）或"非离合体字母诗"（non-acrostic alphabetic poem），以表示这类诗歌诗句数目上有字母诗特色，如：诗卅三、卅八、一零三及哀五等。[118]

关于字母的排列，顺序字母可以分布在每短句、每诗行或每诗节的开首，亦有连续数行出现同一字母的情况（如诗一一九及哀三）。[119] 而字母的次序大致是相同的，除了在哀二至四及箴卅一 10~31（七十士

---

[118] O. Palmer Robertson, "The Alphabetic Acrostic in Book I of the Psalms: An Overlooked Element of Psalter Structure," *JSOT* 40, no. 2 (December 2015): 236–237；另外，Assis 认为诗人是否刻意模仿字母诗结构，抑或纯属巧合，仍有待讨论，但从哀五置于四首字母诗之后，刚好又是 22 句的情况来看，实在不能排除诗人是有意模仿字母诗的结构来写作，参 Elie Assis, "The Alphabetic Acrostic in the Book of Lamentations," *CBQ* 69, no. 4 (2007): 711；还有 Gottwald 也称哀五为字母诗 (alphabetic)，参 Norman K. Gottwald, *Studies in the Book of Lamentations*, SBT 14 (London: SCM Press, 1954), 24。

[119] Hurowitz 提出箴廿四 1~22 及廿九 22~27 都包含了字母诗的特色，参 Victor Hurowitz, "An Often Overlooked Alphabetic Acrostic in Proverbs 24:1-22," *Revue Biblique* 107, no. 4 (October 2000): 526–540; Hurowitz, "Proverbs 29.22-27: Another Unnoticed Alphabetic Acrostic," *Journal for the Study of the Old Testament*, no. 92 (March 2001): 121–125; Brug, "Biblical Acrostics," 286。

译本）出现 ע 与 פ 次序互换的情况。[120] 从内容考虑，未能确定 ע 和 פ 换位的原因，较有可能是当时这两个字母的次序还未有固定版本，因一些刻有字母表的碑文中，也发现 פ 先于 ע，故推测这是西面闪族字母的排列次序。[121] 而于 1977 年出土的陶片（Izbet Sartah Ostracon，估计属于主前 1200 年），上面所刻的原始迦南文字（Proto-Canaanite script）亦包含 22 个字母，且是 פ 先于 ע。[122] 由此可见，ע 与 פ 的次序互换可能由于当时字母次序尚未固定。

b. 字母诗的目的及作用

虽然在旧约诗歌中字母诗所占比例不高，但其独特格式不似出于偶然，较可能是诗人刻意安排，但就字母诗的目的则众说纷纭，一般有以下的假设，主要包括

---

[120] 一般希伯来字母排列是 ע 先于 פ，但上述字母诗则是 פ 先于 ע。First 运用 פ 与 ע 次序来决定诗歌写成日期，认为诗篇第一卷的字母诗原本是 פ 先于 ע 的，参 Mitchell First, "Using the Pe-Ayin Order of the Abecedaries of Ancient Israel to Date the Book of Psalms," *JSOT* 38, no. 4 (June 2014): 478–480。

[121] 在公元前八世纪，于 Kuntillet Ajrud 发现一个不完整的字母表，当中包含了 פ 先于 ע 的次序排列，这是较有力的证据，证明当时有不同的字母次序排列，而在乌加列地区也找到这个次序的写法，参 Brug, "Biblical Acrostics," 287–288。Heater 引述 Grotius 所言认为当时字母的次序并未非常固定，参 Homer Heater, "Structure and Meaning in Lamentations," *BSac*, no. 595 (1992): 313。

[122] C. J. Fantuzzo, "Acrostic," in *The IVP Bible Dictionary Series: Dictionary of the Old Testament: Wisdom, Poetry, Writings*, ed. Tremper Longman (Nottingham: Inter-Varsity Press, 2008), 3.

帮助记忆、带有法力、用于教学、表达主题及反映结构。

■ 帮助记忆

首先，较普遍的看法是以字母诗帮助记忆（mnemonic aid），特别是在教学、训诲及礼仪情况下，可以借每句首字母的次序，帮助学生避免遗漏及犯错。[123]

■ 带有法力

其次，是认为字母诗带有法术及神秘力量，因在希罗时代，人们认为希腊与闪族著作中连串字母是具神秘与法力的性质，可以象征神明来击退魔鬼，不过，这种理解在旧约时期应仍未出现。[124]

■ 用于教学

此外，P. A. Munch 认为字母诗与智慧文学有关，有可能是文士为课堂教学而创作的，用于学习字母与写作训练，[125] 而对于一些非训诲教导的诗歌，如哀一至四，则可能是用于向学生介绍某种写作风格。[126] 同样，Anthony R. Ceresko 认为字母诗与智慧文学有关，但他却没有肯定它在教学方面的用途，反而提出

---

[123] Nafiian M. Sama, "Acrostic," in *Encyclopaedia Judaica*, vol. 2 (Jerusalem: Keter Publishing House, 1972), 230.

[124] Ralph Marcus, "Alphabetic Acrostics in the Hellenistic and Roman Periods," *JNES* 6, no. 2 (1947): 109–110.

[125] P. A. Munch, "Die alphabetische Akrostichie in der jüdischen Psalmendichtung," *ZDMG* 90, no. 3–4 (1936): 708–710.

[126] 不过，Hillers 并不认同这个说法，尤其对于耶利米哀歌，他认为不可能是来自学校课堂习作，参 Hillers, *Lamentations*, 28。

诗人是以字母诗作为一种从"无序"的日常语言中，获取"有序"观感的写作方式。[127]

■ 表达主题

William Michael Soll 认为字母诗是用来表达主题，[128] 他以巴比伦的离合诗为参考，指出将诗歌中每段首字母串连起来，一般可组成有意义的名称或句子，有时甚至将每句最后的字母串连起来，也可以组成一个片语或短句，而这些由字母组成的名称或短句，通常是作者名字或写作目的，故有助揭示诗歌的主题思想。[129]

不过，John F. Brug 持相反意见，认为巴比伦的离合诗与希伯来字母诗难以相提并论，因为前者是"信息离合体"，后者是"序列离合体"，而且没有证据

---

[127] Anthony R. Ceresko, "The ABCs of Wisdom in Psalm 34," *VT* 35, no. 1 (January 1985): 101–103.

[128] Soll 认为字母诗即使有助记效果，并不等于诗人是以方便记忆为目的，参 William Michael Soll, *Psalm 119: Matrix, Form, and Setting*, CBQMS 23 (Washington: Catholic Biblical Association of America, 1991), 32–34。另 Brug 也认为帮助记忆并非字母诗主要目的，因有些字母次序不规律，如诗九及十、鸿一 2~8，反而不便记忆，参 Brug, "Biblical Acrostics," 291。

[129] William Michael Soll, "Babylonian and Biblical Acrostics," *Bib* 69, no. 3 (1988): 306; Soll, *Psalm 119*, 7, 25, 32–34; 其中一首"巴比伦神义论"(The Babylonian Theodicy) 可能是现存最早的巴比伦离合体，写于主前 1000 年，甚至更早的时期，参 Ibid., 20。

显示巴比伦的离合诗对希伯来字母诗有直接的影响。[130] 另外，他提出了乌加列诗歌中虽然出现一些连续以同一字词或字母开始的诗句，然而，首字母虽重复出现，但没有特别的排列模式，故与希伯来字母诗的情况不大相同，反而，他提出埃及则有少量以一系列形式出现的诗歌，如《向神明阿孟的颂诗》（*Hymn to Amon* 录于 Leiden Papyrus I 350），当中每篇均以"与该篇章数目发音相同的字眼"作诗歌的开首及结束，相比巴比伦离合诗，较接近希伯来字母诗"序列离合体"

---

[130] Brug, "Biblical Acrostics," 292–297；然而，Treves认为诗二及诗一一零诗句的首字母，可组成信息离合体，意思分别是"你们要向雅纳斯一世(Jannaeus the First)和他的妻子歌唱"（ליני א ואשתו ענו），以及"西门(Simon)是可怕的"（מעוש אים），但Lindars则解释句子文法并不常用，故不认同有关说法，参Marco Treves, "Two Acrostic Psalms," *VT* 15, no. 1 (January 1965): 81–90; Barnabas Lindars, "Is Psalm 2 an Acrostic Poem," *VT* 17, no. 1 (January 1967): 60–67。此外，Guillaume也提出哀五中隐藏了信息离合体，他首先指出Berlger将廿二个首字母组成句子"那叛教者，一个我唾弃的人，他轻蔑地惩罚，因你的神哀告"（זנים עם בעא שנע זב ענש ע דהלא；英译: The apostates, a people I spurn, he punishes with contempt, as your God laments.)，但由于需要将דהלא之前的两个ע改成ה才能表达相关意思，故此说法未获广泛认同，因此他参考Berlger的说法，同时考虑句首及句尾的字眼(telestics)，最后将各部分字母再排列整合，得出句子"先知撒迦利亚（说）：你的神被大大高举"（זכריה יאהנב אלהך רם דמ），参Philippe Guillaume, "Lamentations 5: The Seventh Acrostic," in *Perspectives on Hebrew Scriptures VI*, ed. Ehud Ben Zvi (Piscataway: Gorgias, 2010), 327–332。

的情况。[131] 不过，由于这些埃及诗歌是以数目而非字母作排列，加上当中"双关语（pun or wordplay）的运用并没有出现于希伯来的字母诗中，故亦难以用埃及诗歌对照旧约的字母诗。由此可见，希伯来字母诗句首字母的排列并不似古近东或埃及离合体，未能透过句首字母直接反映诗歌主题。

■ 反映结构

另外，Michael L. Barré认为字母诗中相关字母可以标示段落的划分，如"כלה"（意思是"完成、结束"）及"תמם"（意思是"停止、完结"），常分别用于כ-行及ת-行，以显示段落的结束（哀二11及四11），反映字母诗形式与段落结构存在一定关系。[132]

以上归纳了对希伯来字母诗提出的假设，但实际上，有关字母诗的源起及目的至今仍未有确切的答案，而就耶利米哀歌，则有一些关于字母诗与主题相关的研究，以下将就此作进一步说明。

---

[131] 所谓"与其篇章数目字发音相同的字眼"，若以英语作类比，即第一篇以'won'(one)作开始，第二篇以'to'或'too'(two)开始，Brug指出《向神明阿孟的颂诗》中第六篇，以"区域"一词作开始，其读音就如"六"；Brug认为一般学者将巴比伦（或亚甲文）离合体诗歌与希伯来字母诗作比较，却甚少提出埃及诗歌中以数目作开首的诗歌与希伯来字母诗也有相似之处，而其实埃及诗歌更有可能是希伯来字母诗的参考对象，参Brug, "Biblical Acrostics," 297–299。

[132] Michael L. Barré, "Terminative Terms in Hebrew Acrostics," in *Wisdom, You Are My Sister: Studies in Honor of Roland E. Murphy, O. Carm, on the Occasion of His Eightieth Birthday*, ed. Michael L. Barré, CBQMS 29 (Washington: Catholic Biblical Association of America, 1997), 201–210, 214.

c. 字母诗与耶利米哀歌

Norman K. Gottwald 认为耶利米哀歌的字母诗不可能是教学工具，因它们并非教诲性的诗歌，同时亦没有证据显示与法力有关，最可能应是用于礼仪及记念耶路撒冷的陷落，为了便于记忆而以字母诗形式写作；加上，字母诗象征一种"完整性"（completeness），用"所有字母"是表达"完全的认罪"、"完全的哀伤"及"完全的盼望"的意思。[133] 此外，Gottwald 提出当决定了每个字母包含的句数，就等于预设整首诗歌的长度，而这预设的限制可有助控制情感表达，约束澎湃情绪，在非理性的悲伤中带来镇静，这也是字母诗在耶利米哀歌发挥的作用。[134]

此外，Elie Assis 较倾向以文学修辞的角度来研究字母诗，[135] 就耶利米哀歌来说，其中最重要的目的就是制造"深刻情绪"与"沉淀后运用结构"之间的张

---

[133] Gottwald, *Lamentations*, 25–32；犹太拉比在耶利米哀歌的《米大示》也提出字母诗用于背记的观点，因假设有关诗歌被用于纪念圣殿被毁的礼仪中，参 Assis, "The Alphabetic Acrostic," 712。

[134] Gottwald, *Lamentations*, 31–32. Hillers 同样认为耶利米哀歌的字母诗即使有助记忆，但也未必是诗人的原意，他相信诗人运用字母诗是对缺乏清晰进程的内容，给予固定的"外在模式"，使澎湃的情绪得到控制，参 Hillers, *Lamentations*, 26–27；Minkoff 也认为字母诗是诗人为强烈的情感给予一个外在模式，展现当中的悲伤并非纯粹率性的流露，而是经过仔细的铺陈，参 Harvey Minkoff, "As Simple as ABC: What Acrostics in the Bible Can Demonstrate," *BRev* 13, no. 2 (1997): 29–31。

[135] Assis, "The Alphabetic Acrostic," 712–713, 717。

力，从而带出诗人对可怖处境的理性反省，因在这种张力下，诗歌给予读者不单情感层面，更是在理性层面的交流，换句话说，诗人是透过字母诗"没有规限的内容"与"有规限的形式"所制造的张力引发更深的自省。[136] 同样是从文学角度出发，Dobbs-Allsopp 及 Heath A. Thomas 都提出顺序的字母排列可以营造一种"方向感"或"前进的动力"，令读者不会驻足一点，而是有方向且满有动力地读毕全诗，突显了诗歌中的哀伤是一泻而下。[137]

而就各首字母诗之间的关系，Johan Renkema 认为每首诗歌中相同字母的段落是彼此呼应，诗歌之间存在"歌唱－呼应"（song-response）的关系。[138] Robin A. Parry 则认为由于第一、二首形式较一致，第

---

[136] Assis 认为源于哀歌作为体裁本身在于情感不能自控的发泄，但耶利米哀歌却同时需要读者沉淀领会当中意义，而非单感诗人所感，故"字母诗"的形式可以带来这种效果，参 Ibid., 718–719；Shepherd 也有类似的看法，认为形式上的结构能使书卷不致纯粹的情绪主义 (emotionalism)，同时真情的流露不致于冰冷的形式主义 (cold formalism)，参 Michael B. Shepherd, "Hebrew Acrostic Poems and Their Vocabulary Stock," *JNST* 36, no. 2 (2010): 104。

[137] F. W. Dobbs-Allsopp, *Lamentations*, IBC (Louisville: John Knox Press, 2002), 18; Heath A. Thomas, *Poetry and Theology in the Book of Lamentations: The Aesthetics of an Open Text*, HBM 47 (Sheffield: Sheffield Phoenix Press, 2013), 244.

[138] Johan Renkema, *Lamentations*, trans. Brian Doyle, HCOT (Leuven: Peeters, 1998), 51；不过 Parry 则认为 Renkama 的结构有些地方颇牵强，勉强将经文分段以切合他的预设结构，参 Robin A. Parry, *Lamentations*, THOC (Grand Rapids: Eerdmans, 2010), 18。

三篇因"三重字母诗"而明显突出，应为全书的中心，第四首至第五首则逐渐减少了字母诗格式的运用。[139] 不过，这些假设是从整卷书的角度理解字母诗的功能，而非考虑字母诗形式在个别诗歌的作用。

由此可见，以上学者均倾向以文学修辞效果理解耶利米哀歌中的字母诗，然而，这些效果是"诗人有意识的用心"抑或是"读者在诗歌中的发现"则不易分辨，[140] 换句话说，读者对诗人的意图及字母诗修辞效果的解读可能较主观，故从修辞效果研究字母诗，虽然可丰富对诗歌的想像，但仍未必等于掌握诗人的意图。

因此，Freedman 不再深究诗人创作字母诗的意图或字母诗的文学效果，反而集中在字母诗能客观反映诗歌组织结构的作用上。[141] 由于字母诗诗句的组织是根据希伯来字母的排列，齐备 22 个诗句或段落，对诗歌有明显的规范，故可作为诗句及诗节的长度较客观的标示。所以，Freedman 运用耶利米哀歌作为研究诗歌格律的对象，借用这些完整的字母

---

[139] Parry, *Lamentations*, 15–18；Brug 也曾提出五首字母诗的形式变化，并认为第三章因"三重字母诗"故应是全书中心，参 Brug, "Biblical Acrostics," 286；Heater 也提出第三章是主要信息所在，因为字母诗效果最强烈，参 Heater, "Structure and Meaning," 311–312。

[140] Minkoff, "As Simple as ABC," 46.

[141] David Noel Freedman, "Acrostics and Metrics in Hebrew Poetry," *HTR* 65, no. 3 (July 1972): 367–392.

诗作诗歌格律的分析。[142]

另外，Berlin 表示字母诗格式突显每一诗句自成单元，亦即每个字母标示了一个完整意念，换句话说，字母诗其中一个功能是划分诗句（或诗节），这个划分理论上应与内容意思吻合。[143] 因此，相对其他划分准则，字母诗是较明显客观的标记，尤其在耶利米哀歌第三章，每个字母重复三次，清楚反映了每个诗节包含三个长度相若的句子，且廿二个诗节全无例外，故可作诗歌断句的重要参考。

虽然至今未能确定诗人运用字母诗的目的，但基于这种外在格式十分明显，可见诗人应是有意运用，而并非出于偶然，且能反映希伯来诗歌在组织结构上的规律性，故在处理诗歌分段时，不宜忽略字母诗的编排。[144]

---

[142] Freedman 认为字母诗结构模式不一定只出现在离合体字母诗，也有可能应用到其他诗歌上，如上文提及过的"仿字母诗"，因此，研究字母诗的结构也可有助分析其他诗歌的段落组织，参 David Miano and David Noel Freedman, "Non-Acrostic Alphabetic Psalms," in *The Book of Psalms: Composition and Reception*, ed. Peter W. Flint and Patrick D. Miller, VTSup 99 (Leiden ; Boston: Brill, 2005), 95psalms which have the same number of verses as the letters in the Hebrew alphabet but do not follow its sequence。

[143] Adele Berlin, *Lamentations: A Commentary*, OTL (Louisville: John Knox Press, 2002), 5.

[144] 不过，Maloney 引述部分形式批判 (form-criticism) 的学者都不太重视字母诗的形式，参 Maloney, *A Word Fitly Spoken*, 14；Mowinckel 也表示了对字母诗的不重视，参 Mowinckel, *The Psalms*, 1:1:25, 2:77-78；Westermann 甚至认为耶利米哀歌的字母诗是后来编辑所加，并推测这种修订使原来具备的哀告诗结构受到扭曲，参 Westermann, *Lamentations*, 100–102。

小结

就希伯来字母诗的作用，暂时只能作推测与假设，由于字母诗数量不多，加上不同变化，难以归纳原则以确定字母诗的主要目的。纵然学者从不同方面研究希伯来字母诗的功能，如教学、助记、象征、神力、标记等作用，或将它与古近东的离合诗作比较，至今对其源起及目的仍未找到确切答案。即使只就文本而言，关于它在文学或审美上的作用，以及诗歌之间关系的分析亦易流于主观。

不过，这不代表字母诗在研究希伯来诗歌上可被忽略，因为字母诗诗句的组织是根据希伯来字母的排列，故明显有较大的规范，这可助研究时能以相对客观的方式决定句子及诗节的划分；再者，字母诗反映了希伯来诗歌在组织结构方面存在一定的规律性，因此，字母诗在研究诗歌结构上有一定的参考价值。

1.2.2 哀告诗体裁

另一个与耶利米哀歌结构相关的特色就是哀告诗体裁，当中主要涉及三个类型，分别是挽歌（dirge）、哀告诗（lament）及城市哀告诗（city lament）。广义来说，这三类诗歌都是与"哀告"相关的体裁，不过就历史背景、功能、内容要素及诗歌结构，三者有一定程度上的分别。此部分将探讨这三种体裁的结构特点，及分析它们与耶利米哀歌中诗歌结构的关系。

a. 旧约中的挽歌体裁

"挽歌"是指用于丧礼仪式中的文体，本来并非一种宗教性的体裁，Hedwig Jahnow (1923) 在《民间诗歌处境下的希伯来挽歌》(*Das hebräische Leichenlied im Rahmen der Völkerdichtung*) 比较了古今各地的挽歌，并探讨挽歌体裁在圣经旧约中的运用，她指出在旧约中，挽歌体裁一般用于对个人的哀悼，如大卫对押尼珥的哀悼（撒下三 33~34），但也有其他延伸的应用，包括用作预告审判的先知挽歌（*prophetische leichenlied*）及哀告诗（*klagelieder*）。[145]

当挽歌体裁用作先知对审判的宣告时，所针对的不是个人死亡，而是整个城市、国家或政权的倾覆，如哀悼泰尔及泰尔王的倾覆（结廿七 2~36，廿八 11~19）、埃及与法老的倾覆（结卅二 12~16）、巴比伦的倾覆（赛十四 4~21）等。Nancy C. Lee 认为这些诗歌主要是描述将要发生的事，却以挽歌带出先知信息，而这些城市一般都会被拟人化，并用今昔对比突出倾覆前后的景象。[146] 如哀悼泰尔的挽歌：

"泰尔啊，你曾说：我是全然美丽的。

你的境界在海中，造你的使你全然美丽。"（结廿七 3~4）

---

[145] Hedwig Jahnow, *Das hebräische Leichenlied im Rahmen der Völkerdichtung*, BZAW 36 (Giessen: A. Töpelmann, 1923), 164–170.

[146] Nancy C. Lee, *The Singers of Lamentations: Cities under Siege, from Ur to Jerusalem to Sarajevo* (Leiden ; Boston: Brill, 2002), 21; Westermann, *Lamentations*, 6.

"有何城如泰尔？

有何城如她在海中成为寂寞的呢？"（结廿七 32）

不过，她亦提出当挽歌体裁用作哀告诗时，虽然所针对的同样是城市之倾覆，但描述及哀悼的是已发生的灾难，故有别于先知式的宣告，如耶利米哀歌。[147]

此外，就挽歌体裁的内容，Jahnow 提出其结构一般包含以下的要素：开场的哀哭、召唤众人哀悼、宣布死亡、今昔对比（Motiv des Kontrastes）、哀告者的伤痛与苦难、对旁观者的影响，以及对苦难的困惑与疑问。[148] 至于格律方面，Karl Budde 提出挽歌经常运用一种特殊的重音节奏方式，重音分布是一般是 3+2 或 4+3，即后句较前句短的不平衡节奏，以带出哀伤的气氛，称为"挽歌格律"（qinah）。[149]

■ 耶利米哀歌与挽歌体裁的关系

首先，从书卷名称说起，耶利米哀歌在希伯来圣经中是以卷首第一个字"איכה"來命名，但七十士译本则用"θρῆνος"（意思即"哀歌"），而武加大译本亦根据七十士译本，以 *Lamentaiones* 为这卷书命名，早期犹太文献中，巴比伦的塔木德（Babylonian

---

[147] Lee, *The Singers of Lamentations*, 21; Westermann, *Lamentations*, 6.

[148] Jahnow, *Das hebräische Leichenlied*, 94–99; Westermann, *Lamentations*, 6.

[149] Budde, "Poetry," 2–13；虽然说这种格律主要出现在哀一及二，但也并非全篇使用，而在诗篇中的哀告诗（诗四十四，六十，七十四，七十九，八十，八十三，八十五，九十，九十四，一二三及一三七）及哀五，均没有运用这种格律，参 Berlin, *Lamentations*, 24。

Tulmud）就用"קינות"作为书卷名称，可译作"哀歌"或"挽歌"，但此字本身并无出现于书卷内容中，以"קינות"命名，大概是参考了七十士译本附加的开首语："在以色列被流放、耶路撒冷被毁灭之后，先知耶利米坐下哭泣，对耶路撒冷发出这样的哀歌（θρῆνος），说……"，而这个开首语可能是受历代志下卅五章25节："耶利米为约西亚作哀歌（קין）……这歌载在哀歌书上"所影响。[150]

Jahnow认为耶利米哀歌第一、二及四章均属于挽歌，是一种"挽歌的改良"（modification of dirge）——将世俗的体裁（profane genre）重塑为宗教诗歌，虽然它们并非哀悼个人的死亡，但都是就已经发生的"死亡"表达哀伤，故其母题类似于原初的挽歌。[151] 根据挽歌体裁的元素，可以看到第一、二及四章中包含了部分相应元素，如开场的哀哭（哀一1，二1及四1）、宣告死亡（哀一3）、今昔对比（哀一1~2、6~8，四2、5、7~8、10）、描述痛苦状况（哀一4~5、10~11，二11~12、21~22，四18~19）、对旁观者的影响（哀一12）及困惑的疑问（哀二13、20）。[152]

---

[150] Renkema, *Lamentations*, 33–34. 由于"קינות"在旧约中其中一个用法是指对离世者的哀悼，如大卫为扫罗和约拿单作哀歌（撒下一17~27）、大卫为押尼珥作哀歌（撒下三33~34）、耶利米为约西亚作哀歌（代下卅五25）等，均是用来表达对离世者的哀悼的"挽歌"。
[151] Jahnow, *Das hebräische Leichenlied*, 118, 170.
[152] Ibid.

Hermann Gunkel大致同意Jahnow，认为耶利米哀歌第一、二及四章是经转化的"挽歌"，可称它们为"群体化的挽歌"（communalized dirge），故没有将它们列入"群体哀告诗"（communal lament）中。另外，他认为这些诗歌是属于较晚期，所以体裁有所变化，当中加入了政治元素，不再是为个人离世创作，而是为整个锡安城的陷落，故可说是较接近群体哀告诗的挽歌。[153]

不过，Claus Westermann则认为第一、二及四章虽有挽歌元素，但实际上应属"群体哀告诗"，因为当中有颇多与挽歌形式的分别，如第二章除了开场的哀哭稍为类似挽歌外，接着就是直接向神申诉，与描述苦难的情况。[154] Renkema亦表示即使运用挽歌格律，但它并非基于哀悼而写，故不应属于挽歌体裁。[155]

除了上述观点外，**Lee主张挽歌与哀告诗两种体裁均存在于耶利米哀歌中**，因两者都是以痛苦和失去为主题，"哀告诗"以第二人称为主，重点在于向神祈求，"挽歌"以第三人称描述，用于警告或纪念有关死亡覆灭的事实；所以，耶利米哀歌既有锡安女子直接哀告，亦有叙事者对苦难的描述，所以不能视为

---

[153] Hermann Gunkel, *Introduction to Psalms: The Genres of the Religious Lyric of Israel*, trans. James D. Nogalski, MLBS (Macon: Mercer University Press, 1998), translation of *Einleitung in die Psalmen: die Gattungen der religiosen Lyrik Israels* (Göttingen : Vandenhoeck and Ruprecht, 1933), 4, 95–96.

[154] Westermann, *Lamentations*, 8–10.

[155] Renkema, *Lamentations*, 33.

典型的群体哀告诗或挽歌，较适宜的做法是探讨两种体裁所产生的张力。[156]

总括而言，耶利米哀歌包含了挽歌体裁的元素，主要出现在第一、二及四章，但却不是典型的挽歌体裁。虽然诗歌内容包含挽歌元素，但并未显出一般挽歌的铺排；加上，当中也有颇多地方未能以挽歌架构解释，如对仇敌的描述（哀一22，二15~16、22，四12、18、21~22）、向上主的呼求（哀一9、20~22，二20）、上主的忿怒与行动（哀一15，二1~9、17、20~21，四11、16），以及对罪孽的反省（哀一8~9、14、18、20、22，四13、22）等。因此，单以挽歌体裁解释结构与主题，可能会将重点侧重了对耶路撒冷陷落的哀悼，而忽略了上述诗歌结构中其他重要的部分。

b. 形式批判的哀告诗体裁

形式批判（form-criticism）的"哀告诗体裁"（lament）最初是由Gunkel提出，他透过观察诗歌的形式特点、风格、写作模式、遣词用字及修辞特点，将诗篇分成不同体裁，包括：赞美诗、感恩诗、君王诗、哀告诗（群体及个人），并就每种体裁的诗歌说明它们的生活处境（*Sitz im Leben*）、基本架构及所包含的元素。[157]

---

[156] Lee, *The Singers of Lamentations*, 33–35.
[157] "生活处境"是指诗歌写成及应用的情境，形式批判认为"生活处境"会产生相应的文学类型，因此从文本形式分类可追溯诗歌写作时的处境，参 Hermann Gunkel, *The Psalms: A Form-Critical Introduction*, trans. Thomas M. Horner, BS 19 (Philadelphia: Fortress Press, 1967), 10。

Gunkel 认为哀告诗主要表达群体或个人在苦难中向上主的呼求，而群体哀告诗（communal complaint songs）多用于节期，特别是在禁食期间。[158] 虽诗篇最初与礼祭有关，但此连系渐见薄弱，故它们从礼祭文体渐变为文学体裁，当中个人哀告诗（individual complaint songs）可能不再是为礼祭创作，而只是模仿古时文体。[159]

　　大体上，Gunkel 认为哀告诗的基本架构包括以下元素：呼唤上主、申诉苦况、祈求上主、针对仇敌、提出质问、陈明理据，以及表达信心。[160] 一般来说，群体与个人哀告诗都包含上述元素，两者最大的分别在于群体哀告诗是以复数表达，所描述仇敌的攻击会较具体，很多时涉及国家层面，而个人哀告诗则以第一人称单数表达，除了描述仇敌攻击外，也有较个人化的苦难。[161]

　　此外，**Mowinckel 提出诗篇诗歌全为礼祭用途（cultic use）而创作**，有具体礼祭背景，他更认为所谓"个人哀告诗"，绝大部分实质上是"群体哀告诗"，只是人称上用了第一人称单数（I-form），没有用复数（we-from），如诗八十九及一四四，当中"我"是代表群体向上主公开祈求，很多时是指"君王"或

---

[158] Gunkel, *Introduction to Psalms*, 82–83.
[159] Ibid., 123–124.
[160] Gunkel, *The Psalms*, 152–170.
[161] Gunkel, *Introduction to Psalms*, 93–94.

"百姓代表"。[162]

Mowinckel 认为哀告诗是在危机情况或礼祭节期时宣读，以祈求上主拯救，内容包括：呼唤上主、赞颂上主、哀告祈求、描述苦况、描述仇敌、向神祈愿、咒诅仇敌、祈求报应、求主介入、表示无辜、认罪哀告、立誓还愿，以及表达信心；它们虽然未必按固定次序全部出现，但基本反映了哀告诗所涵盖的重点。[163]

Westermann 指出诗篇中主要是两类诗歌——赞美诗（praise）与祈祷诗（petition），他将哀告诗等同祈祷诗，并分为"群体哀告诗"（lament of the people）与"个人哀告诗"（lament of the individual）；[164] "群体哀告诗"一般分五大部分——称呼、哀告、认信、祈求及立誓赞美（vow of praise），有时会加上"开始祈祷"，除"祈求"外，其他部分并非必需；而"个人哀告诗"则包括称呼、哀告、认信、祈求、确认蒙垂听、双重祈愿（double wish）、立誓赞美，这基本架构非一成不变，因哀告诗结构在历史中亦有变化，如祈求部分趋向扩张，哀告部分逐渐消失，最后甚至出现全诗是祈求，或将向神直接赞美取代立誓式赞美。[165]

---

[162] Mowinckel, *The Psalms*, 1:30, 225–226；在巴比伦－亚述的诗歌中，也有以个人代表群体的诗歌，因此，旧约以单数写的哀告诗，应理解为群体哀告诗，而真正属于个人的哀告诗，多与病患有关，如诗六，三十，卅二，卅八，卅九，四十一及八十八，参 Mowinckel, *The Psalms*, 2, 246。
[163] Mowinckel, *The Psalms*, 1:195–218.
[164] Claus Westermann, *Praise and Lament in the Psalms*, trans. Keith R. Crim and Richard N. Soulen, 1961. Rev. ed. (Atlanta: John Knox Press, 1981), 33.
[165] Ibid., 52–54, 64.

另外，Westermann 提出哀告诗的申诉部分具有"三重架构"，即包括三个主体——"神"（你）、"哀告者"（我或我们）及"仇敌"（他们），而三者之间的关系可以反映表达的信息。[166] 在群体哀告诗中，一般是由"神"作主导，"我们"（即哀告者）的角色略为次要，至于"仇敌"，则是指政治军事上的敌人；[167] 在个人哀告诗中，对神直接的申诉并非主导，"我"与"仇敌"的关系也较不清晰，仇敌的身份较含糊，可能只描述亵渎神与不敬虔的人，未必涉及国家的敌人。[168]

综观而言，虽然以上学者所提出的哀告诗体裁包含不同元素，但最基本的部分都包括了称呼、哀告、认信、祈求与赞美，即使次序未必固定，这也成了哀告诗研究的基本框架。[169] 不过，对于哀告诗为何包含"赞美"就有不同的见解，[170] 分别是基于拯救神谕的

---

[166] Ibid., 169–170.

[167] Ibid., 169–170, 176–180, 相关例子可参考诗七十四，七十九，八十及八十三。

[168] Ibid., 183–193.

[169] Paul Wayne Ferris 分析了诗篇中的群体哀告诗及耶利米哀歌时，基本上也包含了称呼、哀告、认信、祈求与赞美，当中虽没有统一次序，但有一定的倾向，参 Paul Wayne Ferris, *The Genre of Communal Lament in the Bible and the Ancient Near East*, DissS 127 (Atlanta: Scholars Press, 1992), 93。

[170] 在哀告诗中会出现情绪转变 (change of mood) 的现象，包括：从哀告到赞美（如诗三，六，十三），或从赞美到哀告（如诗九至十，廿七，四十），从哀告到赞美再回到哀告（如诗十二，廿八），又或哀告赞美两者交替出现（如诗卅一，卅五）等。

介入、[171] 心理角度的解释、[172] 立约延续的表达等。[173] Westermann 从神学角度解释哀告诗中存在赞美，是由于它反映诗人内在的过渡与转化，因诗人希望上主介入，相信并预期得救，故可在困境中发出赞美。[174]

■ 耶利米哀歌与哀告诗体裁的关系

Gunkel 将第三及五章分别列入"个人哀告诗"与"群体哀告诗"两个类别，因在第三章，诗人为百姓及自己向神申诉，其中所包含"信心的诗歌"（psalm of confidence）是从哀告诗发展出来的；而第五章，是较典型的"群体哀告诗"，全首表达群体的申诉，有可能是在记念耶路撒冷败亡的日子时诵唱的。[175]

Westermann 则认为五首诗歌本质上都是"哀告诗"，虽当中包含大量对苦难的描述，但三个主体的元素仍能辨识，故显示出哀告诗的特色。因此，他基

---

[171] Begrich 认为在个人哀告诗中，诗人从哀告转向赞美，是因祭司的拯救神谕，参 Joachim Begrich, "Das Priesterliche Heilsorakel," *ZAW* 52, no. 1 (1934): 81–83。

[172] Kim 解释当人在困境中向上主倾心吐意的时候，内心会无意识地产生"奇妙转化"，痛苦消失，心灵变得平和，参 Ee Kon Kim, *The Rapid Change of Mood in the Lament Psalms: A Matrix for the Establishment of a Psalm Theology* (Seoul: Korea Theological Study Institute, 1985), 126–144。

[173] Villanueva 引述 Weiser 指诗人可能身处节期礼祭，因相信立约的神会延续他在群体中的作为，故诗人可预期祈求蒙应允，参 Federico G. Villanueva, *The "Uncertainty of a Hearing": A Study of the Sudden Change of Mood in the Psalms of Lament*, VTSup 121 (Leiden ; Boston: Brill, 2008), 7。

[174] Claus Westermann, "Role of the Lament in the Theology of the Old Testament," *Int* 28, no. 1 (January 1974): 26–27.

[175] Gunkel, *Introduction to Psalms*, 88, 94, 98.

本上以"哀告诗体裁"的框架解读耶利米哀歌；但同时，群体哀告诗中一些重要的元素在诗中从缺，如开首语向上主的称呼；还有，有些诗句无法纳入哀告诗框架（如哀一 16~17），有时亦为配合体裁而忽略字母诗格式（如三 25~27），[176] 由此可见，运用哀告诗体裁框架在分析耶利米哀歌上有一定的限制。[177]

c. 古近东城市哀告诗

第三类体裁是古近东的诗歌，所指范围包括美索不达米亚一带，包括苏美尔、巴比伦、亚述时期的诗歌，当中有五首特别描述苏美尔城市倾覆的诗歌，分别是"乌尔的哀歌"（The Lament over Ur, LU）、"苏美尔与乌尔的哀歌"（The Lament over Sumer and Ur, LSUr）、"乌鲁克的哀歌"（The Lament over Uruk, LW）、"埃里都的哀歌"（The Lament over Eridu, LE）及"尼普尔的哀歌"（The Lament over Nippur, LN），Herman L. J. Vanstiphout 将这类诗歌视作一种"体裁"（genre），称为"城市哀告诗"（city lament），并认为"乌尔的哀歌"

---

[176] Westermann, *Lamentations*, 135, 174–175.
[177] Boase 认为 Westermann 将诗歌结构调动以切合体裁是过于生硬应用形式批判分类；Ferris 认为耶利米哀歌是于耶路撒冷倾覆后写成，故与诗篇哀告诗功能是不同的，参 Elizabeth Boase, *The Fulfilment of Doom? The Dialogic Interaction between the Book of Lamentations and the Pre-Exilic*, LHBOTS 437 (New York: T & T Clark, 2006), 40; Ferris, *Genre of Communal Lament*, 136, 147。

是较正式的类型（formal type）。[178]

最早翻译及分析古近东城市哀告诗的是 Samuel Noah Kramer，他于 1940 年翻译"乌尔的哀歌"并撮要为十一段，交代众神离开城市、守护女神的哀告祈求、神明摧毁城市、城市被毁的情况、祈求城市恢复、赞美神明等重点，[179] 而这些重点在"尼普尔的哀歌"也有出现，不过后者有更多篇幅描述恢复后的景况，气氛较愉悦。[180]

其后，Paul Wayne Ferris 扩大研究范围，提出古近东的哀告诗共有三种，包括城市哀告诗、*balag* 及 *eršemma*：[181] 城市哀告诗主要描述古近东主要城市被毁的历史事件，只于文士中间流传，并无用于礼仪，篇幅一般较详尽；[182] *balags* 一般是为礼仪目的而写作，内容与圣所相关，篇幅较简略，未必有具体的历史背景；[183] *eršemma* 通常也是用于礼祭，主题较广泛，除

---

[178] 这些关于城市被毁的诗歌本身没有分类，但 Vanstiphout 将它们归类为一种体裁——城市哀告诗，参 Nili Samet, *The Lamentation Over the Destruction of Ur*, MC (Winona Lake: Eisenbrauns, 2014), 12–13。

[179] Samuel Noah Kramer, *Lamentation over the Destruction of Ur*, AS (Chicago: University of Chicago Press, 1940), 1–6.

[180] 诗歌共十三段，第一至三段表达对 Nipuur 陷落的哀告及城市的荒凉，但从第四段开始已展开恢复，第五及六段已描述神明 Enlil 拯救城市，故下半首诗歌都以庆祝为主，参 Samuel Noah Kramer, "Lametnation over the Destruction of Nippur: A Preliminary Report," *ErIsr* 9 (1969): 91–93。

[181] Ferris, *Genre of Communal Lament*, 17–18.

[182] Ibid., 31, 47–50.

[183] Ibid., 51–52.

哀告外，也有以欢庆为主的诗歌，它的结构模式与 *balag* 相似。[184] 从结构编排方面看，虽然三者均有申诉与祈求，但城市哀告诗较着重"守护神祈求"及"为城市恢复祈求"的元素。

■ 古近东城市哀告诗与耶利米哀歌的关系

Paul Wayne Ferris 所提出三类的古近东诗歌中，城市哀告诗是较多被用来与耶利米哀歌作比较，其中，Kramer 是首位提出耶利米哀歌在形式及内容上，与古近东有关城市倾覆的诗歌有密切关系的学者，[185] 此外，Dobbs-Allsopp 对此作了较详细的研究，列出九个古近东城市哀告诗的特点，并指出耶利米哀歌相应共通的元素：[186]

	城市哀告诗	耶利米哀歌
主题方面	主题与城市覆灭有关，气氛哀伤	主题是耶路撒冷的覆灭
写作技巧 • 敘事角度	以全知角度描述，亦有以不同人称的敘述者；	以全知角度描写，同时运用不同角色叙事，如锡安、困苦人等。

---

[184] Ibid., 44.
[185] Kramer, "Lametnation over the Destruction," 90.
[186] F. W. Dobbs-Allsopp, *Weep, O Daughter of Zion: A Study of the City-Lament Genre in the Hebrew Bible*, BibOr 44 (Rome: Editrice Pontificio Istituto Biblico, 1993), 28, 31–94.

• 今昔对比	比较城市覆灭前后的景象，同时会比较城市恢复后的景象；	描述了耶路撒冷今昔的对比。
• 描述焦点	焦点集中于神明破坏的力量；	焦点在描述城市覆灭的祸根。
• 外在结构	有一定结构形式，如段落间隔；	运用了字母诗及挽歌格律。
• 名单记录	记述一系列的名单；	没有记述任何名单。
神明离弃	描述神明离开城市，以致城市覆灭；	没有直接交代上主离弃，但从"寡妇"意象（哀一1），反映耶路撒冷遭遗弃。
归究责任	描述城市覆灭是基于众神决定；	上主倾覆耶路撒冷并非随意，是因以色列犯罪。
覆灭媒介	描述覆灭城市的行动由神明执行，如 Enlil 以风暴摧毁城市；	上主等于这些神明，因常被形容为神圣战士。
覆灭情况	描述城市被破坏的情况，包括城市四周及圣所被破坏、民众面临饥荒与被杀、社会与政治动荡、礼祭习俗被中断等；	同样描述耶路撒冷被破坏的情况，也提及圣所被毁、饥荒、死亡的出现。

哀哭女神（weeping goddess）	描述守护城市的女神，如 Ningal 为城市哀伤哭泣；	没有"哀哭女神"，但耶路撒冷城拟人化为"锡安女子"（Lady Zion），为城市倾覆哀哭。
哀告哭诉	为死去亲友及被毁城市哀伤，包含了挽歌元素；	同样有为被毁的城市哀伤，也包含了挽歌元素。
城市恢复	在最后表达对城市得以恢复，神明回归城市的冀盼；	最后有一个简短祈求，希望一切得以恢复，但没有提出对上主回归耶路撒冷的期盼。

整体而言，Dobbs-Allsopp 认为耶利米哀歌包含了很多古近东城市哀告诗的特点，但并非机械性地复制古近东哀告诗的体裁，当中也沿用以色列文学的传统与意象，故两者之间也出现一些差异，如耶利米哀歌没有提及上主的回归。[187]

---

[187] Ibid., 95.

不过，Thomas F. McDaniel 不同意耶利米哀歌受古近东的城市哀告诗影响，虽两者有相似之处，如对饥荒、城市城墙被毁、圣所被毁等描述，但这乃基于实际经历相似使然。[188] 此外，他举出两者相异的情况，如古近东的城市哀告诗没有拟人化，耶利米哀歌则将锡安城、外郭城墙（哀一6，二8）以拟人化表达。[189]

而 Paul R. House 则综合相关研究得出三点看法：一、耶利米哀歌确有与苏美尔及巴比伦哀告诗相似之处，包括描述神明不悦带来城市倾覆、城市陷落的景象，以及呼求神明救助等元素，但同时两者也有差异，如古近东是多神论，而耶利米哀歌是严谨的一神论；二、五首古近东城市哀告诗本身都有很多不同之处，篇幅与分段各异，故很难将它们视作一种体裁来探讨对耶利米哀歌的影响；三、现时仍没有充分文学或历史证据显示两者互有关连；因此，House 认为较适宜是"将巴比伦城市哀告诗视为一个可与耶利米哀歌对话或比较的对象，有助丰富对诗歌的理解，而无需视

---

[188] Thomas F. McDaniel, "Alleged Sumerian Influence upon Lamentations," *VT* 18, no. 2 (April 1968): 200.
[189] Ibid., 202–208，McDaniel 认为两者母题相似之处不只出现在耶利米哀歌中，也出现在旧约其他书卷，故他认为关于耶利米哀歌与古近东城市哀告诗有密切关系的说法，证据并不充分。

耶利米哀歌乃根据古近东城市哀告诗体裁的创作"。[190]

由此可见，耶利米哀歌与古近东城市哀告诗的确存在相似之处，虽然暂未有证据显示前者直接受相关体裁影响，但基于所经历的事件性质相似，并处于相近文化的情况，耶利米哀歌包含了一些城市哀告诗的元素是有可能的。然而，古近东的城市哀告诗着重向神明的哀告与神明的行动，但耶利米哀歌中还有不少篇幅是提及以色列自身的罪孽及仇敌的攻击等，因此若将耶利米哀歌视作城市哀告诗的体裁来分析结构，可能只集中两者相似的元素，而忽略诗歌独有的内容。

---

[190] Paul R. House, "Lamentations," in *Song of Songs; Lamentations*, by Duane A. Garrett and Paul R. House, WBC 23B (Nashville: Thomas Nelson, 2004), 311–314; 其他看法如 Gwaltney 认为城市哀告诗与耶利米哀歌关系密切，两者有共同的诗歌技巧及神学观点，只是耶利米哀歌没有"哀哭女神"而已；但 McDaniel 及 Ferris 认为两者仍有重要分别，很难证实耶利米哀歌受城市哀告诗影响，Michalowski 则认为城市哀告诗概念十分混杂，这类诗歌之间也存在很大差异，参 William C. Gwaltney, "The Biblical Book of Lamentations in the Context of Near Eastern Lament Literature," in *Scripture in Context II: More Essays on the Comparative Method*, ed. William Hallo, James C. Moyer, and Leo G. Perdue (Winona Lake: Eisenbrauns, 1983), 191–211; Piotr Michalowski, *The Lamentation over the Destruction of Sumer and Ur* (Winona Lake: Eisenbrauns, 1989), 5–6; McDaniel, "Alleged Sumerian Influence," 200; Ferris, *Genre of Communal Lament*, 173–174。

小结

综观而言，耶利米哀歌与旧约中的挽歌体裁、形式批判中的哀告诗及古近东的城市哀告诗皆有相似之处，但从整体的内容结构看，它显然未能符合各种体裁的典型框架与结构。因此，其中一个取向是将耶利米哀歌看为一种混合体裁，如 Robert B. Salters 提出除了第五章是较清晰属于群体哀告诗外，其他篇章的体裁并不明确，但由于挽歌与哀告诗皆是对悲剧与不幸的反应，前者处理悲剧本身与影响，后者则着重向神明祈求以脱离厄运，故此出现体裁上的重叠是不足为奇的。[191]

另一取向则将耶利米哀歌视为新的体裁，如 Berlin 提出虽然这卷书与上述三种体裁有相似之处，但难以界定它是属于那一种，如果将其中一种体裁的框架生硬套用在其上，会带来一定的困难，故她提出耶利米哀歌本身正是一种新的体裁——"耶路撒冷哀告诗"（Jerusalem lament），在主前 586 年后出现，有别于被掳前诗篇中的哀告诗，它基本上是因应新的历史处境及神学需要而成，虽然体裁既似挽歌——为不可挽回的失去而哀伤，亦似群体哀告诗——为百姓恢复而祈求，但不能把它当成挽歌与哀告诗的结合体，因它有新的特点与主题。[192]

总的来说，不论视耶利米哀歌为各种体裁的混合体，抑或为全新体裁，都难于完全根据固有架构分析其结构布局。因为若将耶利米哀歌视为混合体而同时

---

[191] Salters, *Lamentations*, 13.
[192] Berlin, *Lamentations*, 24–25.

以各种体裁框架分析，很容易将耶利米哀歌分解成不同的体裁部分来研究，损害了诗歌本身的脉络与完整性，而若将耶利米哀歌作为一种新的体裁来研究，则需要先放下固有体裁的框架，从文本出发，找出各首诗歌的结构布局。

1.2.3 多重声音

另外，人称转换及多重声音（multiple voices）的交织出现也是耶利米哀歌中值得关注的特点，[193] 可作诗歌分段的参考，且是近年研究此书卷的进路之一。[194]

a. 耶利米哀歌中的多重声音

至于耶利米哀歌中存在多少个不同的叙述声音，学者意见纷纭，其中 Hermann Wiesmann 提出有六个不同声音，包括锡安（哀一至四）、叙事者（哀一至五）、百姓（哀四）、耶利米（哀三至四），以及两个歌咏团（哀五）；[195] William F. Lanahan 则认为当中有五个不

---

[193] Heim 认为这是耶利米哀歌一个相当重要的特色，而其中人称转换及多重声音可见于三方面，包括叙事者人称的反复转换，说话中对象的转换，以及说话中包含嵌入式说话，参 Kunt M. Heim, "The Personification of Jerusalem and the Drama of Her Bereavement in Lamentations," in *Zion, City of Our God*, ed. Richard S. Hess and Gordon J. Wenham (Grand Rapids: Eerdmans, 1999), 144。

[194] 有关人称转换作为诗歌分段参考，参 Kathleen M. O'Connor, *Lamentations and the Tears of the World* (Maryknoll: Orbis Books, 2002), 31。

[195] Hermann Wiesmann, *Die Klagelieder* (Frankfurt: Philosophische-theologische Hochschule Sankt Georgen, 1954), 132, 167, 209, 241–2, 271, quoted by Provan, *Lamentations*, 6.

同角色（persona），包括叙事者、锡安女儿、老兵（哀三）、富人（哀四）及合唱声音（choral voice）；[196] Iain W. Provan 认为只有三个角色，包括叙事者、锡安及锡安百姓；[197] 而 Kunt M. Heim 指出当中包含三个主要声音——叙事者、耶路撒冷和群众，以及最少四个次要的声音——婴孩、路人、仇敌及外邦人。[198] 虽然，关于声音的数目未有共识，但基本可分为叙事者、锡安女儿、困苦人（哀三）及"我们"（哀五）四种不同的声音。

Lanahan 称诗歌中不同声音为不同"面具"（mask），是诗人展示不同观点的媒介，每个角色均反映出对耶路撒冷倾覆的不同反应，[199] 故他强调经文所反映每个角色之差异，但对于声音之间的互动及所带来的效果，则较少着墨。[200] 而 Heim 则按说话的人称数目、对象、视觉及语气的转变，而非按人物角色，顺序罗列了在耶利米哀歌中共十八段的发言（utterance），并交代它们的互动情况；他认为这些发言能反映群体的绝望

---

[196] William F. Lanahan, "Speaking Voice in the Book of Lamentations," *JBL* 93, no. 1 (March 1974): 41–49.
[197] Provan 认为叙事者出现在第一至四章，锡安出现在第一及二章，锡安百姓则在第四及五章，而第三章是锡安与百姓均有出现但不清晰，因此当中并没有证据显示三个角色以外的声音出现；另外，他认为首四章是有对话性，含不同观点，第五章则是独白，参 Provan, *Lamentations*, 6–7。
[198] Heim, "The Personification of Jerusalem," 167.
[199] Lanahan, "Speaking Voice," 41, 49.
[200] Heim 指出 Lanahan 没有分析所有的声音，且没有探讨不同角色之间的互动; 他认为处理"发言"(utterance)比"说话者"更重要，参 Heim, "The Personification of Jerusalem," 132–133, 147。

哀伤,并展示群体在苦难中的复杂与互动,[201] 借着"拟人化的耶路撒冷"(personification of Jerusalem)及"戏剧化的公共对话"(dramatization of a public dialogue),让哀歌成为群体对苦难的回应。[202]

由此可见,耶利米哀歌中多重声音的现象是颇明显的,而部分学者认为多重声音的表达与书卷的结构及主题有一定关系,值得进一步探讨。

b. 多重声音与复调理论

其中一个研究多重声音的进路是 M. M. Bakhtin 的"对话"(dialogic)及"复调"(polyphonic)理论,[203] 以此阐述耶利米哀歌中的多重声音,思考它

---

[201] Ibid., 147–169.
[202] Ibid.
[203] Bakhtin 理论应用于圣经研究,可参 Robert Polzin, *Moses and the Deuteronomist: Deuteronomy, Joshua, Judges* (New York: Seabury Press, 1980); Walter L. Reed, *Dialogues of the Word: The Bible as Literature According to Bakhtin* (New York: Oxford University Press, 1993); Carol A. Newsom, "Bakhtin, the Bible, and Dialogic Truth," *JR* 76, no. 2 (April 1996): 290–306; Carol A. Newsom, "The Book of Job as Polyphonic Text," *JSOT* 26, no. 3 (March 2002): 87–108; Barbara Green, *Mikhail Bakhtin and Biblical Scholarship: An Introduction*, SemeiaSt 38 (Atlanta: Society of Biblical Literature, 2000); L. Juliana M. Claassens, "Biblical Theology as Dialogue: Continuing the Conversation on Mikhail Bakhtin and Biblical Theology," *JBL* 122, no. 1 (2003): 127–144; Patricia K. Tull, "Bakhtin's Confessional Self-Accounting and Psalms of Lament," *BibInt* 13, no. 1 (2005): 41–55; Roland Boer, ed., *Bakhtin and Genre Theory in Biblical Studies*, SemeiaSt 63 (Atlanta: Society of Biblical Literature, 2007)"。

与结构主题的关系。[204]

■ Bakhtin的复调理论

Bakhtin 的复调理论（polyphonic theory）最初用于讨论小说，他提出 Fyodor M. Dostoevsky 开创"复调小说"（polyphonic novel）的先河，因其小说充分反映多元性（pluralistic）与对话性（dialogic），能为多重声音缔造一个可自由交流的空间，呈现各个独立声音；由于小说中多重声音的地位是对等，没有主属之分，且最终不会融合变成一个"单调"（monologic）的声音或主题，故 Bakhtin 称之为"复调小说"。[205]

Bakhtin 认为言语（speech）中最基本的单位并非字词或句子，而是发言（utterance），发言是有对象并期待对方回应，因此它是"对话性"的，[206] 故相对

---

[204] 将 Bakhtin 理论应用于耶利米哀歌的相关研究有 Charles William Miller, "Reading Voices: Personification, Dialogism, and the Reader of Lamentations 1," *BibInt* 9, no. 4 (2001): 393–408; Boase, *The Fulfilment of Doom?*; Elizabeth Boase, "Grounded in the Body: A Bakhtinian Reading of Lamentations 2 from Another Perspective," *BibInt* 22, no. 3 (2014): 292–306; Carleen R. Mandolfo, *Daughter Zion Talks Back to the Prophets: A Dialogic Theology of the Book of Lamentations*, SemeiaSt 58 (Atlanta: Society of Biblical Literature, 2007); Miriam J. Bier, *"Perhaps There Is Hope": Reading Lamentations as a Polyphony of Pain, Penitence, and Protest*, LHBOTS 603 (New York: T & T Clark, 2015)。

[205] M. M. Bakhtin, *Problems of Dostoevsky's Poetics*, trans. Caryl Emerson (Minneapolis: University of Minnesota, 1984), 26–27.

[206] M. M. Bakhtin, *Speech Genres and Other Late Essays*, UTPSS 8 (Austin: University of Texas Press, 1986), 67–75；换句话说，从 Bakhtin 的角度看，对话性是言说的本质，惟有对话才能反映言说的真实，参 Newsom, "Job as Polyphonic Text," 90–91。

于独白性的文本（monologic text），"复调文本"（polyphonic text）具有以下三个特点：

第一，文本中存在两个或以上的声音，而对话性的真实（dialogue truth）只存在于意识的多元性中，又或者说是存在于数个独立声音的交汇之中。"复调"所描述的不是文本内各种思想的相互关系（inter-relationship），而是思想范围内各种意识的相互作用（interaction），或者说是互动的情况。[207]

第二，文本中不同的意识都是独立于作者的意识，并能真正自由地互动，作者不会操控这些意识，也不企图将不同思想融合为单一的意识形态。[208] 因此，所有角色拥有均等发言的权利，他们的言论都与作者的言论有同等份量，故不会附属于一个角色客体化的形象（objectified image），也不会沦为作者的喉舌。[209]

第三，由于有些声音会持续地被回溯或加进对话之中，故对话是不会终结的（unfinalized），所谓结尾是开放，即使文本形式上会有结束，但意义上是不会有结论的，Bakhtin 称此为"非终结性特点"（unfinalizable character）。[210] 由此可见，若文本被视为复调性，就不会期望它有一个清晰结论性的主题。

■ Bakhtin 的"双声语"理论

另外，Bakhtin 所论"对话关系"（dialogic rela-

---

[207] Bakhtin, *Problems of Dostoevsky's Poetics*, 7; Bier, *Perhaps There Is Hope*, 32–33.
[208] Newsom, "Job as Polyphonic Text," 93.
[209] Bakhtin, *Problems of Dostoevsky's Poetics*, 7.
[210] Bier, *Perhaps There Is Hope*, 34.

tionship）中一个重要概念是"双声语"（double-voiced discourse），当中可以分为三类：[211]

单一指向的双声语（unidirectional double-voiced discourse）	一个声音模仿另一个声音，运用相同词语，所表达的意思与方向是趋向一致，甚至融合，以致当中的非客体角色会带出（部分）作者的意图。
不同指向的双声语（vari-directional double-voiced discourse)	一个声音在转述另一个声音的言说时，会改变本来的意向，使本来的声音（或角色）成为讽拟的对象，故两个声音会趋向瓦解（disintegrate）。
积极型的双声语（active double-voiced discourse）	一个声音对另一个声音反射的言说（reflected discourse），一般不会复述，而是带有辩论色彩的自传体或自白体（confession），具有反驳性的。

由于在复调文本中牵涉不同声音之间的互动，故常会出现不同类型的双声语，因此，有学者借辨识双声语的类型以理解多重声音之间的相互作用。[212]

---

[211] Bakhtin, *Problems of Dostoevsky's Poetics*, 185, 199.
[212] Miller, "Reading Voices."

c. 以复调理论分析利米哀歌

由于耶利米哀歌中存在多重声音，故学者尝试运用复调理论解释当中声音的互动关系及其中呈现的张力，以带出诗歌主题思想。相关研究不但分析个别诗歌中多重声音的互动，亦有从文本互涉角度看耶利米哀歌与其他书卷声音的关系。

■ 多重声音在个别诗歌中的互动

Charles William Miller 提出耶利米哀歌可以作为一个复调文本来阅读，以反映当中存在独立而没有融合的声音与意识。他以 Bakhtin "双声语"的概念来演绎第一章中两个主要声音的互动关系，指出一章 10 至 11b 节属于"积极型的双声语"，[213] 11c 至 15b 节则属于"不同指向的双声语"，[214] 以及 18 至 22 节是"单一指向的双声语"。[215] 由此说明叙事者与锡安这两个声音虽然会重复使用对方的字眼、片语及意象，但有时是符合原来的语义，有时是表达相反的意思。因此，

---

[213] 叙事者在 1 至 9b 节对耶路撒冷陷落的叙述被锡安女子向上主的哀求打断了（哀一 9c），即使叙事者并非直接向锡安女子说话，但他继后言说的内容反映出已经受锡安女子哀求的影响，在 10 至 11b 节加强了对耶路撒冷的指责及对她遭遇的描述，参 Ibid., 397–400。

[214] 锡安女子重用了叙事者的用词，如"张开"、"转身"、"后退"、"手"、"大会"等，但与叙事者所用的语义在方向上不同，叙事者所描述的是仇敌如何对待耶路撒冷，而锡安女子则用相同字眼描述上主对她所作的，与前者形成强烈的对比，反映两个声音是互有冲突，参 Ibid., 402–406。

[215] 锡安女子重用了叙事者的语言，如"粮食"、"性命"、"回转"等字眼，并保留它们在叙事者运用时的意思，基本上两者所用的言语在语义上方向是一致的，参 Ibid., 400–402。

Miller 总结："第一章成了两个对等声音冲突与挣扎的轨迹，可以看到两个叙述角色皆以双声语来引发持续的对话。"[216] 他引述 Bakhtin 所言"复调文本其中一个重要的特色不是进程，而是共存与互动"，[217] 故从 Miller 的研究似乎反映出第一章并无终结性的结论，两个角色的冲突未得缓解，诗歌结构上亦无任何思想上的进展。

还有 Miriam J. Bier 也以复调方式来处理耶利米哀歌中"神义论"（theodicy）与"反神义论"（antitheodicy）的主题，她参考 Bakhtin 关于对话性及复调的理论，并基本上按照声音与观点的转换来划分段落结构，以突出哀诉者（lamenter）并非主张单一的观点，而是让不同的声音参与其中，以此阐明"神义论"的观点——指责锡安的罪，与"反神义论"的观点——指责上主的惩罚过于严苛，同时存在并形成张力。[218] 加上诗歌的结束表达了对未来的"不确定"（哀五22），显示上主的回应有不同的可能，故可理解为一个开放式的结尾，反映出"复调文本非终结性的特点"。[219]

另外，Kathleen M. O'Connor 虽无明言运用 Bakhtin 的理论，但也提出多重声音提供了让不同的叙事者作见证的平台，且没有一个声音可以主导其他声音，

---

[216] Ibid., 407–408.
[217] Bakhtin, *Problems of Dostoevsky's Poetics*, 28.
[218] Bier, *Perhaps There Is Hope*, 37–40；有关各章中多重声音的表达将于下文详细分析。
[219] Ibid., 187–189.

因此，她认为耶利米哀歌中的多重声音是反映问题尚未解决，书卷仍保留一个开放的结尾，加上"上帝声音"缺席，正让各种哀诉的声音得到抒发的空间。[220]

■ 多重声音在不同文本之间的互动

除了研究耶利米哀歌诗歌中不同声音的互动，Elizabeth Boase 与 Carleen R. Mandolfo 均借用 Bakhtin 的理论，并以文本互涉（intertextuality）阐释耶利米哀歌与先知文学之间的对话性，由此探讨当中如何运用复调手法，呼应并转化先知文学中关于耶路撒冷的观点。

Boase 运用了 Bakhtin "对话性"、"复调"及"双声语"的概念来研究耶利米哀歌与先知文学文本互涉的情况。[221] 她提出耶利米哀歌与先知文学在一些主题（theme）及母题（motif）上有很多相似之处，如"将耶路撒冷拟人化为女性形象"、"上主的日子"及"耶路撒冷倾覆源于百姓的罪"，这些共同母题（common motif）可作为线索帮助耶利米哀歌进入与先知文学的对话，从中可以发现它作为"新文本"并非全盘接收先知观点，对相关母题既有顺应利用，亦有转化颠覆。[222]

至于 Mandolfo 同样运用了 Bakhtin 关于对话及复调的理论，说明耶利米哀歌中不同角色的对话，并阐述它与先知书之间的对话，特别集中处理两者如何运

---

[220] O'Connor, *Lamentations and the Tears*, 14–15.
[221] Boase, *The Fulfilment of Doom?*, 23–24.
[222] Ibid., 203.

用"婚姻比喻"（metaphor of marriage），[223] 旨在突出因着耶利米哀歌较其他书卷有更强的复调性，让叙事者与锡安两个声音可以对等交流，故锡安女子的声音可以令传统"教诲声音"不必然成为主导。[224]

小结

综观而言，以 Bakhtin 复调理论看耶利米哀歌中的多重声音，主要有四个作用：第一，由于复调理论强调每个声音的对等地位，故可避免以某一声音的观点成为主导，忽略其他声音的重要性；第二，这有助探讨每个声音在诗歌中的独特性，了解不同声音之间的互动，如 Miller 以不同类型的双声语分析叙事者与锡安的言说；第三，不同声音所反映背后的意识或传统，也透过在耶利米哀歌中的对话而产生互动，以致此书可作为对先知书观点的回应，如 Boase 及 Mandolfo 以此与先知文学进行文本互涉，对某些母题给予新看法；第四，由于复调理论主张"开放式"结尾，容许不同声音并存，而无需融合成某一主题，故可接受各种矛盾观点带有张力地存在，亦不必以"源自不同作者"来解释有冲突的观点。

不过，运用 Bakhtin 的复调理论阅读耶利米哀歌，亦有需要关注的地方。首先，由于此理论的基础假设是作者对文本没有预设主题，可容让各种声音自由互动，不同意识都是独立于作者意识，然而，这个假设

---
[223] Mandolfo, *Daughter Zion Talks Back*, 53–54.
[224] Ibid., 59–60, 76.

在耶利米哀歌是否成立呢？它的写作目的是纯粹将不同声音的互动呈现，抑或是作者借这种具张力的多重声音反映一个现象，以带出某个（些）主题？其次，Bakhtin 认为复调文本一般是没有进程的，在众声互动中没有发展性的脉络，不过，耶利米哀歌是否真的没有一个发展性的结构？这的确需要从文本审视诗歌本身的分段结构才能下定论，尤其耶利米哀歌并非小说或叙事体，而是经作者精心铺排、结构凝炼的字母诗。

事实上，Boase 也提出了段落结构对分析多重声音的重要性，[225] 可惜她的研究只集中处理声音在内容、意识、母题等方面的互动，较少关注这些声音是置放于怎样的结构之中，未有特别从结构考虑不同声音是如何铺排。

诚然，耶利米哀歌中多重声音与人称转换的现象值得被重视，当中亦的确呈现一定张力，然而，基于当中包含结构严谨的字母诗，故不宜忽略作者的布局与组织，而单从内容或主题看不同声音的互动。由此可见，不同声音的确有助了解诗歌分段结构，但诗歌结构对梳理多重声音之间交织与互动也有重要作用。

---

[225] Boase 指出过去学者甚少提供耶利米哀歌各章的分段结构，释经书一般是逐节注解，或纯粹根据内容或声音转换而分段，对于不同段落中相关元素没整全讨论，这样对分析不同声音的对话有很大限制，故此，她尝试根据内容主题分段，从文本中找出各段主题及母题，以便于比较其中的呼应，亦避免将固有的文学框架，如哀告诗体裁，硬套于耶利米哀歌，参 Boase, *The Fulfilment of Doom?*, 38–42。

1.3 总结

本章主要就学者对希伯来诗歌特点及耶利米哀歌特点的研究作文献综述,从第一部分可见,虽然诗歌体在格律节奏、平行体、行文修辞方面,均有别于散文体,但用这些特点研究希伯来诗歌各有局限,如"格律"因语音失传、难于确定格律规律,故至今未有具体的格律原则;"平行体"因其定义仍有模糊,加上散文体也常出现平行体,而诗歌体又不一定全以平行体表达,故较难纯粹以平行体辨识及研究诗歌;至于"行文修辞",虽可反映诗歌体与散文体的差异,但相关的句型结构、修辞手法并非于诗歌体独有。因此,"诗节结构"作为平行体的进一步层级,既能反映希伯来诗歌体"具组织"的特色,且显然不见于散文体,故值得考虑是否可被视作希伯来诗歌的关键特点。

另一方面,就具体研究诗歌结构与主题而言,以耶利米哀歌为例,学者曾以字母诗形式、哀告诗体裁及多重声音（人称转换）来探讨，对理解主题亦有帮助。不过，就字母诗功能，至今多为推测；而耶利米哀歌虽包含挽歌、哀告诗、城市哀告诗的元素，却又未能符合各种体裁的典型框架；另诗歌中多重声音的互动虽呈现不同观点的张力，却又难于展示诗歌发展的脉络，甚至对主题没有明确结论。由此可见，以上方法对于探讨诗歌结构及主题尚有一定限制，故此，本文尝试以 van der Lugt "诗节结构"的理论为进路，透过分析各首诗歌的分段结构，找出其脉络主题，从而了解"诗节结构"对于理解希伯来诗歌可发挥怎样的作用。

另外，本文在探讨诗节结构时会特别留意以下三方面：一、除非有相当的抄本或古译本佐证，否则不会随意增删修改经文以符合预设的规律；二、诗节的划分会参考文本中较客观的标记，如转折标记、重复字眼等，以尽量反映诗节结构是内蕴于文本之内；三、即使提出了建议的诗节结构，亦不等于这必然是诗人原初的设定，或惟一一个可能的结构，重点反而在于透过探索诗歌的诗节结构，更多注意文本中诗人留下的线索，以显示运用诗节结构分析诗歌组织与思想的可行性。

02

耶利米哀歌
一章的诗节结构

2.1 经文中译[1]

---

[1] 本文的翻译主要以马索拉抄本 (MT) 为依据，因相对其他书卷，MT 中的耶利米哀歌保存情况良好，残缺或不明之处不多。因此，如遇古抄本或译本出现异文，在 MT 没有引起意思不明或翻译困难的情况下，会先考虑 MT 的写法。然而，若 MT 的经文意思不明或可能残缺，则会于注脚中比对其他古抄本及译本，如死海古卷 (4QLam, 5QLam)、七十士译本 (LXX)、武加大译本 (V)、他尔根 (T)、叙利亚译本 (P) 等，以斟酌参考异文的可行性。翻译时，在词性及词序上会尽量接近原文，但如词序直译会引起歧义或理解上的困难，特别是一些"跨行连续"的句子，则会稍为调动词序及上下句次序。另外，因代词的重复也有其重要性，在中译时会把后缀的代词译出，虽然略显累赘，但希望能较接近原文的表达。断句方面，诗行方面基本上会根据 MT，而短句方面则会参考 BHS, BHK 及 BHQ，大致上每个短句维持在两至五个字，参 Fokkelman, *Reading Biblical Poetry*, 31; Kugel, *The Great Poems*, 19, 23。

1a 何竟她孤独而坐，	אֵיכָה ׀ יָשְׁבָה בָדָד
那众多百姓的城？	הָעִיר רַבָּתִי עָם
1b 她成了寡妇般，	הָיְתָה כְּאַלְמָנָה
在列国中为众多的；[2]	רַבָּתִי בַגּוֹיִם
1c 在诸省中的公主，	שָׂרָתִי בַּמְּדִינוֹת
成了奴隶。	הָיְתָה לָמַס׃ ס
2a 她在夜间大大地哭泣，	בָּכוֹ תִבְכֶּה בַּלַּיְלָה
她的泪也在她脸上；	וְדִמְעָתָהּ עַל לֶחֱיָהּ
2b 没有安慰她的，	אֵין־לָהּ מְנַחֵם
从所有她的爱人中；[3]	מִכָּל־אֹהֲבֶיהָ
2c 她所有的朋友都出卖她，	כָּל־רֵעֶיהָ בָּגְדוּ בָהּ
成了她的仇敌。	הָיוּ לָהּ לְאֹיְבִים׃ ס

---

[2] 关于第1节的断句，MT中这一句的分句符号(athnah)是标在"寡妇"(כְּאַלְמָנָה)一字上，有别于第一章大部分分句符号标在第四个短句及小部分落于第二个短句，如哀一6、8、10、18。Berlin选择根据MT的标点，将第1节分成两部分，每部分包含三个短句，以突出当中两个平行的今昔比较，参Berlin, *Lamentations*, 49；而另一方面，Salters认为athnah应标在"百姓"(עָם)一字，以得出三句平行的诗行(line)，参 Salters, Lamentations, 35；BHK、BHS及BHQ均列出三行，每行两个短句。虽然将此节分成两组（如Berlin）也有可能，因为当中出现两次"成了"(הָיְתָה)，表达两个暗喻的喻体——寡妇与奴隶，但此节同时也反映了三个对比，且参考第三章每个诗节根据字母诗格式明显是分为三句，故在此仍分作三个诗行表达。

[3] 就原文来看，下半句只有一个词组(מִכָּל־אֹהֲבֶיהָ)，全句意思是一气呵成，属"跨行连续"(enjambment)，但因"没有安慰她的"这短句是这首诗的关键句，三次重复出现（一2、9、17），故在此仍分成上下两个短句表达。

3a 犹大因困苦[4]流亡[5]，	גָּלְתָה יְהוּדָה מֵעֹנִי
又因众多劳役；	וּמֵרֹב עֲבֹדָה
3b 她－她住[6]在列国中，	הִיא יָשְׁבָה בַגּוֹיִם
找不到歇息；	לֹא מָצְאָה מָנוֹחַ
3c 所有追赶她的追上了她，	כָּל־רֹדְפֶיהָ הִשִּׂיגוּהָ
在苦难之中。	בֵּין הַמְּצָרִים׃ ס
4a 锡安的路悲伤，	דַּרְכֵי צִיּוֹן אֲבֵלוֹת
因无人前来大会；	מִבְּלִי בָּאֵי מוֹעֵד
4b 所有她的城门荒凉，	כָּל־שְׁעָרֶיהָ שׁוֹמֵמִין
她的祭司叹息；	כֹּהֲנֶיהָ נֶאֱנָחִים
4c 她的少女愁苦，	בְּתוּלֹתֶיהָ נּוּגוֹת
而她－她也苦涩。	וְהִיא מַר־לָהּ׃ ס

---

[4] "因困苦"中的"因"(מִן)有三个可能的解释，第一，直译解作"从"困苦及众多劳役中流亡，表示流亡是"离开"了困苦与劳役，但这与下文所言的不太相符；第二，将"מִן"译作"因为"，指出困苦与劳役是流亡的原因，但并不代表流亡可以避免困苦；第三，解作"之后"，将"מִן"用作标示时间次序的介词，译作"在困苦及众多劳役之后"，参Renkema, *Lamentations*, 107；事实上，在这里意思并非很明确，但从全节来看，应是集中当下情况的描述，并非在困苦与劳役之后，故第二个解释较符合。

[5] "她流亡"(גָּלְתָה)，字根为גלה，MT是用Qal第三人称阴性单数，LXX译为μετῳκίσθη，以被动式表达，解作"被放逐"。实际上这句意思并不明确，如根据MT的写法，犹大是主动流亡，而非被放逐的，故不是指被掳至巴比伦，反而可能是因巴比伦带来的困苦与劳役而要流亡在外。

[6] "她住"(יָשְׁבָה)，原文字根为ישב，同"坐"。

5a 她的敌人成了为首的，　　　　　　　　　　הָיוּ צָרֶיהָ לְרֹאשׁ
　　她的仇敌亨通；[7]　　　　　　　　　　　　אֹיְבֶיהָ שָׁלוּ
5b 因上主使她愁苦，　　　　　　　　　　　　כִּי־יְהוָה הוֹגָהּ
　　针对她众多的过犯；　　　　　　　　　　עַל רֹב־פְּשָׁעֶיהָ
5c 她的孩童行走，　　　　　　　　　　　　　עוֹלָלֶיהָ הָלְכוּ
　　在敌人面前被掳。　　　　　　　　　　　שְׁבִי לִפְנֵי־צָר׃ ס
6a 从锡安女儿离开了，　　　　　　　　　　וַיֵּצֵא מִן־בַּת־צִיּוֹן
　　她所有的威荣；　　　　　　　　　　　　כָּל־הֲדָרָהּ
6b 她的王子成了群鹿般，　　　　　　　　　הָיוּ שָׂרֶיהָ כְּאַיָּלִים
　　找不到牧场；　　　　　　　　　　　　　לֹא־מָצְאוּ מִרְעֶה
6c 他们行走缺乏力量，　　　　　　　　　　וַיֵּלְכוּ בְלֹא־כֹחַ
　　在追赶的人面前。　　　　　　　　　　לִפְנֵי רוֹדֵף׃ ס

---

[7] 此句的断句，*BHK*及*BHS*在排版上没有分成两个短句，而*BHQ*则在לְרֹאשׁ之后断句。虽然下半句较短，但两个短句分别有主语及动词，上半句的"敌人"和"成了为首的"，与下半句"仇敌"和"亨通"，语义及语法上都有平行，故建议分成两个短句表达。

7a 耶路撒冷在她困苦流离之日记念， זָכְרָ֣ה יְרוּשָׁלִַ֗ם יְמֵ֤י עָנְיָהּ֙ וּמְרוּדֶ֔יהָ
　　所有她从古时之日的珍宝；[8] כֹּ֚ל מַחֲמֻדֶ֔יהָ אֲשֶׁ֥ר הָי֖וּ מִ֣ימֵי קֶ֑דֶם
7b 当她的百姓落入敌人手中， בִּנְפֹ֧ל עַמָּ֛הּ בְּיַד־צָ֖ר
　　没有帮助她的； וְאֵ֣ין עוֹזֵ֣ר לָ֑הּ
7c 敌人看见她， רָא֣וּהָ צָרִ֔ים
　　嘲笑针对她的倾覆。 שָׂחֲק֖וּ עַ֥ל מִשְׁבַּתֶּֽהָ׃ ס

---

[8] 一章7节在 *BHK, BHS* 及 *BHQ* 被编为四行，但由于其余每节均为三句，因此，第7节的情况显然较为特殊，这引起了对处理这个情况的不同意见，*BHS* 及 *BHK* 建议删除 "מִימֵי קֶדֶם אֲשֶׁר הָיוּ כֹּל מַחֲמֻדֶיהָ"，这样会有较为流畅的句法；但亦有主张应删除 "בִּנְפֹל עַמָּהּ בְּיַד־צָר וְאֵין עוֹזֵר לָהּ"，认为那是对"她困苦流离之日"的补充解释，参Bertil Albrektson, *Studies in the Text and Theology of the Book of Lamentations with a Critical Edition of the Peshitta Text*, STL 21 (Lund: Gleerup, 1963), 62; Wilhelm Rudolph, *Das Buch Ruth das Hohe Lied die Klagelieder*, KAT 17 (Berlin: Evangelische Verlagsanstalt, 1970), 206; Hans Gottlieb, *A Study on the Text of Lamentations*, ThS 12 (Aarhus: Aarhus Universitet, 1978), 13; Meek及Hillers认为因为删除以上任何一句都会得出较明确的文本，故推测这是从两个不同的版本归并而来，参Theophile James Meek, "The Book of Lamentations," in *The Interpreter's Bible*, ed. George Arthur Buttrick, vol. 6 (New York; Nashville: Abingdon, 1956), 9; Hillers, *Lamentations*, 68; 不过，以上的建议均没有抄本及译本的佐证，只是学者就上下文的意思作出的推测。因此，虽然删减经文可以达到维持每节三句的效果，但由于版本佐证不充分，仍有学者坚持此节应维持四行，参Freedman, "Acrostics and Metrics," 380。事实上，在没有充分抄本及译本支持下，单为与其他节数长度看齐而贸然删除一句内容，可能会影响经文的表达，因此，维持四句的写法，作为例外情况，也算是可行的处理。然而，鉴于第三章每个字母单位均是三句，并没有例外情况，故在此尝试在不删减经文的情况下，将一章7节维持在三个诗行，以保持第一章在诗行数目上的一致性。虽然这样处理，7a节会比较长，但若将 "כֹּל מַחֲמֻדֶיהָ" 视为一个片语，两个短句的字数尚能维持在五个字以內。

8a 耶路撒冷确实犯罪，[9]	חָטְא֤א חָֽטְאָה֙ יְר֣וּשָׁלִַ֔ם
因此她成了不洁之物；[10]	עַל־כֵּ֖ן לְנִידָ֥ה הָיָֽתָה
8b 所有尊重她的都藐视她，	כָּֽל־מְכַבְּדֶ֙יהָ֙ הִזִּיל֔וּהָ
因为他们看见她的赤裸；	כִּי־רָא֖וּ עֶרְוָתָ֑הּ
8c 而且她—她叹息，	גַּם־הִ֥יא נֶאֶנְחָ֖ה
并转身后退。	וַתָּ֥שָׁב אָחֽוֹר׃ ס
9a 她的污秽在她的裙摆上，	טֻמְאָתָ֣הּ בְּשׁוּלֶ֔יהָ
她不记念她的终局。	לֹ֥א זָכְרָ֖ה אַחֲרִיתָ֑הּ
9b 她落到稀奇的景况，	וַתֵּ֣רֶד פְּלָאִ֔ים
没有安慰她的。	אֵ֥ין מְנַחֵ֖ם לָ֑הּ
9c 上主啊！请看我的困苦，	רְאֵ֤ה יְהוָה֙ אֶת־עָנְיִ֔י
因为仇敌夸耀自己。	כִּ֥י הִגְדִּ֖יל אוֹיֵֽב׃ ס

---

[9] "犯罪"（חָטְא֤א），而4QLam写为חטוא；BHS建议将此字标成不定词绝对形הָטֹא，但MT的写法也同样能表达强调的效果，故在此维持MT的写法。

[10] "不洁之物"（נִידָה），部分抄本写为לנדה，而4QLam写为לנוד，字根可能为נדה（不洁之物），或作נוד（流动、波浪）；LXX译为σάλον（不定、波浪），V译作instabilis（不稳定），T译作ליטלטל（流离），均将此字理解为נוד，但按文意，并参考4QLam，理解为נדה，译作"不洁"会较配合上半句所提及的"犯罪"。

10a 敌人张开他的手，	יָדוֹ פָּרַשׂ צָר
在她所有的珍宝上；	עַל כָּל־מַחֲמַדֶּיהָ
10b 因她看见列国，	כִּי־רָאֲתָה גוֹיִם
进到她的圣所；	בָּאוּ מִקְדָּשָׁהּ
10c 就是你曾吩咐，	אֲשֶׁר צִוִּיתָה
他们不可进到属你的会中。[11]	לֹא־יָבֹאוּ בַקָּהָל לָךְ׃ ס
11a 所有她的百姓叹息，	כָּל־עַמָּהּ נֶאֱנָחִים
他们正在寻找食物；	מְבַקְּשִׁים לֶחֶם
11b 他们给出他们的珍宝[12]换粮食，	נָתְנוּ מַחֲמוֹדֵּיהֶם בְּאֹכֶל
为使性命回转。	לְהָשִׁיב נָפֶשׁ
11c 上主啊！请看，并请察看，	רְאֵה יְהוָה וְהַבִּיטָה
因为我成了轻贱的。	כִּי הָיִיתִי זוֹלֵלָה׃ ס

---

[11] 第10节第三行的断句，*BHK*及*BHS*将"他们不可进到"(לֹא־יָבֹאוּ)放在上半句，但因"他们不可进到属你的会中"是完整的意思，表示上主曾吩咐的内容，甚至可以读作是一句直接引用的句子，故在此参考*BHQ*的处理，在לֹא־יָבֹאוּ之前断句。

[12] "他们的珍宝"(מחמודיהם)，MT(K)及MT(Q)分别是מַחֲמוֹדֵיהֶם和מַחֲמַדֵּיהֶם，前者为מַחְמוֹד，可解作"珍贵的东西"，后者为מַחְמָד，可解作"羡慕的东西"；多个抄本用MT(Q)；LXX译为ἐπιθυμήματα αὐτῆς，采取了MT(Q)。但按此节的意思，译为"珍宝"会较恰当，因为他们用这样东西来换食物，即表示已经拥有了的事物，故采用MT(K)的处理。

12a 所有路过的啊！不是对你们的，[13] לוֹא אֲלֵיכֶם֙ כָּל־עֹ֣בְרֵי דֶ֔רֶךְ
　　请察看，并请看； הַבִּ֧יטוּ וּרְא֛וּ
12b 可有痛苦像我的痛苦？ אִם־יֵ֤שׁ מַכְאוֹב֙ כְּמַכְאֹבִ֔י
　　就是他严惩我的。 אֲשֶׁ֥ר עוֹלַ֖ל לִ֑י
12c 就是上主使我愁苦， אֲשֶׁר֙ הוֹגָ֣ה יְהוָ֔ה
　　在他怒气燃烧的日子。 בְּי֖וֹם חֲר֥וֹן אַפּֽוֹ׃ ס
13a 他从高处发出烈火， מִמָּר֛וֹם שָֽׁלַח־אֵ֥שׁ
　　进入我的骨头并使我坠落； בְּעַצְמֹתַ֖י וַיִּרְדֶּ֑נָּה
13b 他向我的脚张开网罗， פָּרַ֨שׂ רֶ֤שֶׁת לְרַגְלַי֙
　　使我转身后退。 הֱשִׁיבַ֣נִי אָח֔וֹר
13c 他给我荒凉， נְתָנַ֙נִי֙ שֹֽׁמֵמָ֔ה
　　那所有日子都发昏。 כָּל־הַיּ֖וֹם דָּוָֽה׃ ס

---

[13] "不是对你们的"（לוֹא אֲלֵיכֶם），此句MT的意思不确定。4QLam写为לוא אליכי，LXX写为οὐ πρὸς ὑμᾶς；但另有不少希腊文译本写为οἱ πρὸς ὑμᾶς，V写为 *O vos omnes*，T写为לכון אשבעית，这些版本均没有反映"不是"的意思。Salters认为原文在翻译前已出现残缺，故删除这个片语，改为לכו（命令式，阳性复数），译作"来啊！"，参Salters, *Lamentations*, 71–73；不过，Salters这种改动完全没有任何版本的佐证，所以这里还是根据Albrektson的建议，理解为"不是对你们的"，包含的意思是"这不是发生在每个人身上"，参Albrektson, *Studies in the Text*, 66–69。

14a 我过犯的轭被捆绑，[14]   נִשְׂקַד עֹל פְּשָׁעַי

    以他的手彼此交织。[15]   בְּיָדוֹ יִשְׂתָּרְגוּ

14b 它们缠在我的颈项上，   עָלוּ עַל־צַוָּארִי

    他使我的力量衰败。   הִכְשִׁיל כֹּחִי

14c 主把我交给   נְתָנַנִי אֲדֹנָי

    使我不能站立的双手中。   בִּידֵי לֹא־אוּכַל קוּם׃ ס

15a 主轻弃   סִלָּה כָל־אַבִּירַי ׀

    我所有在我中间的勇士；[16]   אֲדֹנָי בְּקִרְבִּי

15b 他呼唤大会针对我，   קָרָא עָלַי מוֹעֵד

    要打断我的少年人；   לִשְׁבֹּר בַּחוּרָי

15c 主践踏酒醡，   גַּת דָּרַךְ אֲדֹנָי

    向犹大女儿的少女。   לִבְתוּלַת בַּת־יְהוּדָה׃ ס

---

[14] "捆绑"(נִשְׂקַד)，字根为שׂקד，意思不明；4QLam写作נשׂר，字根为קשׂר，解作"捆绑"，这意思与下文"交织"、"缠上"等字眼呼应；LXX译为ἐγρηγορήθη ἐπί，解作"变得警觉"(to be alert)，将此字理解为נִשְׂקַד עַל，但这意思与下文不太符合。因此，4QLam较可能是原初的写法，用Niphal字干及第三人称阳性单数，主语应指"轭"，参Salters, *Lamentations*, 77–79。

[15] "彼此交织"(יִשְׂתָּרְגוּ)，在MT是Hitpael第三人称阳性复数，主语可能是指"过犯"，因为此字为第三人称阳性复数。不过，下半句动词"交织"的主语较含糊，所指是"轭"还是"我的过犯"并不明确，因为紧接在第二行的动词"缠上"也是用了复数，因此用复数的机会较高。

[16] 此句原文直译上下句次序应为"他轻弃我所有的勇士，主在我的中间"。

16a	我因这些事哭泣，	עַל־אֵ֣לֶּה ׀ אֲנִ֣י בוֹכִיָּ֗ה
	我的眼、我的眼落下泪水。	עֵינִ֤י ׀ עֵינִי֙ יֹ֣רְדָה מַּ֔יִם
16b	因为安慰的远离我、	כִּֽי־רָחַ֥ק מִמֶּ֛נִּי מְנַחֵ֖ם
	那使我性命回转的；	מֵשִׁ֣יב נַפְשִׁ֑י
16c	我的儿子变得凄凉，	הָי֤וּ בָנַי֙ שֽׁוֹמֵמִ֔ים
	因为仇敌强壮。	כִּ֥י גָבַ֖ר אוֹיֵֽב׃ ס
17a	锡安张开她的手，	פֵּֽרְשָׂ֨ה צִיּ֜וֹן בְּיָדֶ֗יהָ
	没有安慰她的。	אֵ֤ין מְנַחֵם֙ לָ֔הּ
17b	关于雅各，上主吩咐：	צִוָּ֧ה יְהוָ֛ה לְיַעֲקֹ֖ב
	环绕他的是他的敌人。	סְבִיבָ֣יו צָרָ֑יו
17c	耶路撒冷成了	הָיְתָ֧ה יְרוּשָׁלִַ֛ם
	不洁之物在他们中间。	לְנִדָּ֖ה בֵּינֵיהֶֽם׃ ס
18a	上主——他是对的[17]，	צַדִּ֥יק ה֛וּא יְהוָ֖ה
	因我悖逆他的口谕。	כִּ֥י פִ֖יהוּ מָרִ֑יתִי
18b	所有众百姓啊！请听，	שִׁמְעוּ־נָ֣א כָל־עַמִּ֔ים
	并请看我的痛苦。	וּרְאוּ֙ מַכְאֹבִ֔י
18c	我的少女和我的少年人，	בְּתוּלֹתַ֥י וּבַחוּרַ֖י
	行走时被掳去。	הָלְכ֥וּ בַשֶּֽׁבִי׃ ס

---

[17] "他是对的"（צַדִּ֥יק ה֛וּא），原文"צַדִּיק"较多翻译为"义"（righteous）或"公义"（just），如四章13b节译为"义人"，但另外"צַדִּיק"也可以表示在法庭判决中证明当事人是无罪，或表示正确的意思，有学者认为此节所表达的不是强调上主"公义"的属性，而是强调前文所述上主的行动的正当性，以突显锡安的悖逆，参Salters, *Lamentations*, 90; 因此，考虑上文13至15节为锡安对上主的控诉，到18节转为承认自己的悖逆，故在此译为"他是对的"来表达锡安终于承认上主的行动正当性。

19a 我呼唤我的爱人，	קָרָאתִי לַמְאַהֲבַי
他们——他们欺哄我。	הֵמָּה רִמּוּנִי
19b 我的祭司和我的长老，	כֹּהֲנַי וּזְקֵנַי
在那城中气绝，[18]	בָּעִיר גָּוָעוּ
19c 当[19]他们为自己寻找粮食，	כִּי־בִקְשׁוּ אֹכֶל לָמוֹ
并要使他们性命回转时。	וְיָשִׁיבוּ אֶת־נַפְשָׁם ס
20a 上主啊！请看，因为我受苦难，	רְאֵה יְהוָה כִּי־צַר־לִי
我的心肠搅动，	מֵעַי חֳמַרְמָרוּ
20b 我的心在我里面翻转，	נֶהְפַּךְ לִבִּי בְּקִרְבִּי
因为我确实悖逆。	כִּי מָרוֹ מָרִיתִי
20c 在外刀剑使人丧子，	מִחוּץ שִׁכְּלָה־חֶרֶב
在屋里犹如死亡。	בַּבַּיִת כַּמָּוֶת ס

---

[18] 第19节第二行的断句，*BHK*及*BHS*将此句写作一句，中间没有分句，可能是因为这句长度较短，加上句子意思是一气呵成。而*BHQ*则在"长老"(וּזְקֵנַי)之后断句，使上下半句均包含两个词组。两种处理均可，但由于第一章颇多跨行连续的情况，如第18c节，结构与此句相似，*BHK*及*BHS*也在中间断句，故在此采取*BHQ*的处理，将此句也分成两个半句。

[19] "当"(כִּי)，LXX译为ὅτι，可解作"因为"，将这句提及的"寻找粮食"视为"祭司和长老在城中气绝"的原因，但在此将כִּי理解为时间标示会更适合，参House, "Lamentations," 363。

21a 当我在叹息,他们听见,	שָׁמְעוּ כִּי נֶאֱנָחָה אָ֫נִי
没有安慰我的。	אֵין מְנַחֵם לִ֫י
21b 我所有仇敌听见我的恶事,[20]	כָּל־אֹיְבַי שָׁמְעוּ רָעָתִי
他们欢喜,因你—你作了。	שָׂשׂוּ כִּי אַתָּה עָשִׂ֑יתָ
21c 你使你宣告的日子来到,	הֵבֵאתָ יוֹם־קָרָ֫אתָ
愿他们也成了如我一样。	וְיִהְיוּ כָמֹ֫נִי׃ ס
22a 愿他们所有的恶来到你面前,	תָּבֹא כָל־רָעָתָם לְפָנֶ֫יךָ
并你严惩他们,	וְעוֹלֵ֫ל לָ֫מוֹ
22b 就如你严惩我那样,	כַּאֲשֶׁר עוֹלַ֫לְתָּ לִ֫י
针对我所有的过犯。	עַל כָּל־פְּשָׁעָ֑י
22c 因为我的叹息很多,	כִּי־רַבּוֹת אַנְחֹתַי
我的心也发昏。	וְלִבִּי דַוָּ֫י׃ פ

---

[20] 第21节第二行的断句,*BHK*, *BHS*及*BHQ*均在"他们欢喜"之后。虽然一般在כִּי之前断句的情况较多,并能突出了下半句所交代的"原因",但如在"他们欢喜"之前断句,较能表达"他们听见"与"他们欢喜"的平行,参Berlin, *Lamentations*, 45。

2.2 学者的分段结构

不少学者认为耶利米哀歌第一章可分成两大部分，1 至 11 节为叙事者的陈述，第 12 至 22 节为锡安女子的表达，[21] 然而，上半部分中 9c 及 11c 属于锡安女子第一人称的求告，下半部分 17 节却是叙事者第三人称的陈述，因此，这两段实际上并非截然而分。另外，部分学者认为这章杂乱无章，没有逻辑发展，且有些经文与上下文没有明显联系，甚至提出诗歌是经过后期编排而打乱本来哀歌体裁的次序，[22] 这都反映

---

[21] Provan, *Lamentations*, 33 ; Salters, *Lamentations*, 30–33.
[22] Dobbs-Allsopp 认为"没有安慰"的主题是没有逻辑亦不完整地发展，其重复只是为耶路撒冷的困境带来一种伤感之情，用以激发读者的同情与愤怒，去感受城市在灾难中值得被安慰，参 Dobbs-Allsopp, *Lamentations*, 56；Westermann 认为因后期加入字母诗编排，影响原来诗歌主题的分布，使某些主题只能分散在不同诗节，参 Westermann, *Lamentations*, 118；Parry 表示第 1 至 6 节没有线性逻辑发展的关系，只是一些没有连接的图象，展示锡安从荣耀到衰败的情况，参 Parry, *Lamentations*, 41；Hillers 则提出很多人以为这首诗歌只有外在字母诗的形式，并没有易于观察的大纲及逻辑思想或行动的发展，是对诗人的误解，因为诗人无意将诗歌发展至一个明显的高峰，而是想展现一种在灾难中徘徊辗转的悲哀，参 Delbert R. Hillers, *Lamentations: A New Translation with Introduction and Commentary*, 2nd rev. ed. (New York: Doubleday, 1992), 78–79；唐佑之认为本诗没有逻辑的思想过程，作者无意将这首诗表达为次第进展，最后可臻高峰的模式，参唐佑之，《耶利米哀歌》，（香港：天道，1995，天道圣经注释），页 44。

这章在结构分析上的困难。故此,在这部分会先分析不同学者分段的情况,而基于前文所述此书卷的特色,学者除了会按内容主题外,还会根据哀告诗体裁与人称声音,以及以字母诗节为基础分段。[23]

a. 根据内容主题

其中,Salters 指出这两部分是互相交织与呼应,如 9、11 节与 20 节有相似的呼求,2 及 16 节都有关于哭泣的描述,17 节与 2、8、10 节的内容相似,但他没有进一步分段,因他认为 12 至 19 节是抒发丧亲之痛,当中缺乏清晰流程与逻辑,故没有特定次序,所以,他维持只将诗歌分成两大部分。[24]

此外,Berlin 也是将全章分成两大部分,并按内容将部分经文合并解释,如 1 至 2 节用"孤独寡妇"的意象,8 至 10 节用"被辱妇人"的意象、13 至 15 节用"战争与征服"的比喻等,[25] 她认为透过捕捉这些意象,可突出诗人将锡安比拟作寡妇、失位的公主、妓女、被性侵者、被出卖的爱人及弃妇,以带出这一

---

[23] 不过,在此亦需要指出,有部分学者没有特别为诗歌分段,而是采用逐节或逐字的方式,找出经文中字词的涵义,即使提出整首诗歌可以分作若干部分,但在解释经文的意义时较少提出各部分之间的关系,如 Provan, *Lamentations*; Berlin, *Lamentations*; Salters, *Lamentations* 等。

[24] Salters, *Lamentations*, 31–32.

[25] Berlin 提出意象 (imagery) 是诗歌的重要特点 (hallmark),在耶利米哀歌中意象及比喻尤其普遍,而她认为一般的释经书并无着重解释这些意象,但由于诗歌的意思正正蕴藏于比喻之中,故她在这本释经书中致力于解读这些意象,参 Berlin, *Lamentation*, 3–4。

章"哀伤与羞辱"的主题。[26] 不过,其中有些经文,如哀一16、18及19,Berlin 只是轻轻带过,没有阐述与上下文关系,可见其经文组合并未涵盖全诗。[27]

除将全诗分为两大部分,以下学者根据内容作进一步分段以反映全诗脉络:[28]

Bergant	House
1~11 城市的哀歌	1~11 耶路撒冷的毁坏
1~6 城市的困境	1~3 耶路撒冷的逆转
7~11b 苦难的原因	4~6 耶路撒冷的空虚
	7~9 耶路撒冷的不洁
	10~11 耶路撒冷叹息
12~22 城市为己哀告	12~22 城市的求救
11c~12 求看见听见	12~16 剧烈的悲伤
13~18a 上主的烈怒	17 可被理解的痛苦
18b~19 求看见听见	18~22 向上主的祷告
20~22 上主的烈怒	

---

[26] Ibid., 47;类似 Berlin 的处理,Dobbs-Allsopp 没有明确地列出各小段落的划分,甚至认为部分诗节之间没有逻辑发展,只是以字母作为串连,参 Dobbs-Allsopp, *Lamentations*, 58–72。

[27] Berlin, *Lamentations*, 49–61.

[28] Dianne Bergant, *Lamentations*, AOTC (Nashville: Abingdon, 2003), 26–27, 44–45;House, "Lamentations," 343; Parry, *Lamentations*, 40–41;Christopher J. H. Wright, *The Message of Lamentations: Honest to God*, BST (Downers Grove: IVP Academic, 2015), 59–75.

Parry	Wright
1~11 叙事者发言	1~11 锡安的灾难
1~6 锡安悲剧性逆转	1~3 天翻地覆
7~11 锡安的罪与羞辱	4~6 倾倒
	7~10 羞耻和严惩
	11 饥饿与绝望
12~22 锡安女子发言	12~22 锡安的哭泣
12~17 锡安首次发言	12~17 神忿怒的日子
18~22 锡安二次发言	18~22 神公义的日子

从上可见，这四位学者均在第 7、12、18(b) 节划分，将诗歌分成四部分，分别是关于锡安倾覆的情况（一 1~6）、解释锡安倾覆的原因（一 7~11）、锡安对上主的申诉（一 12~17）、锡安的认罪与祷告（一 18~22）。表面看来，这种划分方式颇能捕捉诗歌脉络，展示逻辑发展，并可反映学者某程度的共识，然而，当中有些经文与所属段落标题并不十分相符，又或需要独立以一节为段，这都反映分段上可能遇到的限制，其中包括第 7、11 及 17 节的情况。

■ 一章7节

以上分段倾向将第 7 节归入第二部分（一 7~11），这可能因第 7 及 8 节均论及耶路撒冷，内容有一定的相关性。然而，当分段标题用 "苦难原因"、"锡安的罪、不洁、羞辱" 等字眼时，则反映学者是聚焦在 8 至 9 节的内容,因为第 7 节实际上没有涉及关于苦难原因与罪的元素,只是交代"困苦、流离、倾覆"和"古时的日子"等内容,由此可见,第 7 节的内容未在分段及标题中反映出来。另外,Dianne Bergant 也承认 1 至 6 节与 7 至 11 节在主题上有重叠,她将第一部分概括为"城市的困境",但第 7 节其实也与此有关,故似乎更合适放在此段。[29]

■ 一章11节

至于第 11 节,则分别归入 7 至 11 节、10 至 11 节或独立成段,反映了 11 节内容与上文关系可能较含糊。明显地,若将 11 节置放于 7 至 11 节整个段落,并以"苦难原因"或"锡安的罪"为重心,当中描述关于"寻找食物"、"求主察看"的元素则会被忽略。House 以 10 至 11 节为描述"耶路撒冷的叹息",虽然颇能符合这节的表达,但他在解释第 10 节时,未有言及与"叹息"的关系,反而将 10 节连系上文解释。[30] 故此,Christopher J. H. Wright 选择将第 11 节独立地以"饥饿与绝望"为题,描述耶路撒冷苦难的尾声与极致,从性暴力的凌虐(一 10)转向描述慢性的折磨——饥饿,所呈现的景况似乎与第 10 节有所不同,[31] 可见独立成段可突出 11 节独有的内容,但这也反映了

---

[29] Bergant, *Lamentations*, 27.
[30] House, "Lamentations," 355–356.
[31] Wright 认为"珍宝"所指是孩子,这是描写百姓中已绝望到极点的父母以孩子换食物,又或是贫穷人把孩子卖到别处以求存活,这两个解释都是表达凄惨处境,参 Wright, *Lamentations*, 67。

11节在归入上文的段落理解时会遇到的困难。

■ 一章17节

还有，第17节也是较难处理的经文，Bergant与Wright将17节分别归入13至18a节及12至17节这个段落中，并均以"上主的忿怒"为重点，虽然这标题颇能反映出13至15节乃上主忿怒的行动，但却没有涵盖17节关于锡安张开手求助的内容，这可见他们在理解这个段落时有所取舍。Parry将12至17节归为一个段落，以锡安首次发言"控诉上主"为重点，这处理虽可兼顾表达上主的忿怒及锡安的申诉，但由于17节是用第三人称，故严格来说，不属于锡安的发言。House则将17节独立出来，解释为"可被理解的痛苦"，将它视作锡安两段发言之间的过渡句，不过他没有具体说明17节如何发挥承上启下的作用，这都反映了从内容相关性来分段，17节不易处理，似乎只能当作是叙事者的一句插入语。

由此可见，根据内容分段，在较大的段落结构上可获得大致相似的看法，因为一些连续数节表面内容相关的经文，较容易被划分出来并标示主题；然而，对于一些内容与上下文没有明显关联性的经文，在被归入某个段落时，当中独特的元素则较易因对段落主题的预设而被忽略；另一方面，如这些经文被分割来独立成段，又不易阐述它与上下文的关系，结果影响了对诗歌整体结构的分析。

事实上，学者对诗歌分段有不同建议是正常的，但若纯粹按内容重点分段，难免是对经文已作诠释，对经文的重点亦可能有预设或取舍，容易集中处理符合某些主题的内容，未能全面分析每个段落所包含的元素。

b. 根据哀告诗架构

另一个分段的根据是哀告诗架构，如前所述，Westermann 认为第一章虽有挽歌元素，但实际上仍是群体哀告诗，故其分段基本反映哀告诗体裁的架构：

1~6	描述灾难——以一个哀哭作为开始
7~11	耶路撒冷倾覆、对罪的认知及祈求上主介入
12~18a	向神直接的申诉
18b~22	请求神介入、祈求向仇敌报复

Westermann 指出 1 至 6 节以 "描述灾难" 为主，12 至 15 节是承接这部分，表达 "向神直接的申诉"，这两部分结合为一个较大的整体；至于 7 至 11 节是加插的部分，交代 "耶路撒冷倾覆" 等主题；接着，12 至 18a 节说明 "以色列民对上主的控诉"，18a 节为全段小结；最后，18b 至 22 节是 "请求人与神的参与"，可再细分为 18b 至 21a 节及 21b 至 22c 节两部分，分别为 "祈求神介入" 与 "求神报应仇敌"；不过，就 16 至 17 节，则没有表示属于哀告诗体裁哪个项目。[32]

Westermann 指出第一章包含颇多哀告诗体裁的元素，但因后期加入字母诗的编辑，这些元素未能以一

---

[32] Westermann, *Lamentations*, 127, 132–138.

般次序呈现，所以，他为突出体裁元素而不按句首字母分段。[33] 另外，他不同意以人称及数目转换划分段落，亦认为这些转换跟分段无关，只是基于内容的需要，故他强调分段依据应在内容及哀告诗体裁上。[34]

另外，Erhard S. Gerstenberger 也是根据哀告诗体裁分段，他同样不太重视字母诗的安排，[35] 但就指出人称转换与诗歌作为公共崇拜的体裁有密切关系，故声音转换可反映分段，在礼仪诵读中，人称有助会众对耶路撒冷女子产生强烈认同，演绎个中的申诉，故当中第一人称与第三人称的转换是显示诵读角色转换的标记。[36] 因此，他根据人称将全诗分为两大部分，并再按哀告诗体裁列出各种元素：[37]

1~10	对耶路撒冷灾难的描述
11~22	个人的哀歌
11a~b	叙事
11c	开始祈祷
12~15	申诉
16	对哀告的描述
17	叙事
18~19	祈求同情
20~22	求助的祷告

---

[33] 如他选择在 18a 节与 18b 节，以及 21a 节与 21b 节之间分段，参 Ronald J. Williams, *Williams' Hebrew Syntax*, 3rd ed. (Toronto: University of Toronto Press, 2007), 98.。
[34] Ibid., 140.
[35] Gerstenberger, *Lamentations*, 477.
[36] Ibid., 483–484.
[37] Ibid., 478.

由此可见，从哀告诗体裁考虑，倾向着重诗歌在礼仪中的功能，并由此决定诗歌的分段，及将各段重点以哀告诗体裁的项目标示，故强调全诗在于向神发出申诉与呼求。然而，诗歌中与哀告诗体裁没有直接相关的元素，如"今非昔比"，则可能会被忽略。另外，关于诗歌在崇拜礼仪的假设，并非完全建基于经文之上，而所谓的"口存文本"亦难以考究其本来面貌，[38] 故以此否定了现存字母诗对诗节的划分，可能会忽略经文本身其他分段标记及重复字眼的呼应。

c. 根据人称声音

虽然上述学者在分段上都提及人称转换，但这部分集中阐述相对较重视人称声音在诗歌结构及主题表达上的论述。其中如 O'Connor 认为耶利米哀歌是一卷"声音转换"（shifting voices）的书卷，多重声音能在诗歌中营造强烈戏剧性的力量，吸引读者经验诗歌所描述的，故此，她的分段及讲解均以发言者的讲话为基础，并着重不同声音互动的关系，虽然在二至五章有时亦会在同一发言者中，再按对象及内容细分小段，但基本上仍以人称作为理解经文结构的切入点。[39] 她将第一章分成 1 至 11b 及 11c 至 22 节两部分，因 11c 节已开始由锡安以第一人称向神祈求，加上 11c

---

[38] Westermann 提出耶利米哀歌最原初并非按字母诗书写，而是按群体哀歌诗体裁创作，并经历过口传阶段，虽然现在无法从书写版本重构口传版本，但可以就现存文本推测早期版本的主要轮廓，参 Westermann, *Lamentations*, 101–103。

[39] O'Connor, *Lamentations and the Tears*, 7–8, 83.

与12a节均用了"请察看",可见11c与下文关系密切。[40]

O'Connor 表示诗人要以不同视角看锡安的倾覆,第一部分叙事者叙述锡安倾覆,冷静地描述城市的灾难,第二部分则是锡安对自身痛苦的申诉,[41] 虽然叙事者很少聚焦在自己,却没有向锡安女子说话,而锡安以第一人称交代苦况,亦无回应叙事者,故两者并无交流;不过,两者说话长度几乎相同,陈述机会均等,且各自都曾打断对方讲话(一 9c 及 17c),[42] 因此,O'Connor 认为透过这两部分对称的叙述,可看到两个角色提供了截然不同的角度看待锡安的倾覆,借着两个声音各自表述的情况,演绎了锡安女子渴望得到安慰却未有得到的状态。[43]

Bier 亦是主要以多重声音分析耶利米哀歌,根据人称转换将第一章分为 1 至 9b 节、9c 节、10a 至 11b 节、11c 节、12 至 16 节、17 节、18 至 19 节及 20 至 22 节,共八个部分,比 O'Connor 更突出每次人称变化所带来的效果。[44] 此外,她不同意叙事者只是从旁客观地描述灾难,因为他运用了情感字眼,如一开始时用"何竟?"(一 1),可见他不是一个抽离的观察者,他与锡安女子交织出现的讲话是相互影响,并由此带出诗歌中"神义论"和"反神义论"之间的张力。[45]

---

[40] Ibid., 23–24.
[41] Ibid., 17.
[42] Ibid., 17–18.
[43] Ibid., 28–29.
[44] Bier, *Perhaps There Is Hope*, 41–43.
[45] Ibid.

Bier 解释锡安女子打断叙事者讲话直接向神申诉（一9c），却无承认叙事者所提及的罪，焦点只在求上主察看，而这句插话带来了叙事者对锡安态度的转变（一10a~b），使他从指出苦难源于锡安的罪，转而集中描述她如何遭仇敌凌辱；[46] 相反，在锡安女子叙述上主如何苦待她时（一12~16），叙事者的插话（一17）肯定了锡安女子的苦况，而非指出她的罪行，这带来锡安女子对上主态度的转变（一18），从申诉转为承认"上主是对"及"自己是悖逆"，可见两者的话互为影响。[47]

Bier 按人称分段，优点在于较客观清晰，也突出不同声音的互动与张力。不过，O'Connor 和 Bier 的处理均倾向突显诗歌中两个声音的不同立场，如"神义论"与"反神义论"的观点，因此，较少关注声音的互动是否让诗歌有方向地发展。另外，要完全根据人称分段，则难免忽略字母诗格式，因部分人称转换之处是在一个诗节内，如 9c 及 11c 节，因此，必须将属于同一字母单元的其中一句（一9c 及 11c）分割了出来。[48] 然而，这样被分割出来的短句较难连系它所属的诗节解释，如 Bier 按发言者的转变，将 9c 节视作

---

[46] Ibid., 55.
[47] Ibid., 62–64.
[48] O'Connor 认为耶利米哀歌中的字母诗主要是象征作用，以表达苦难的深广，并提供一个秩序与形式来盛载那种混乱、无序与失控的状态，故在分段上他尽量根据字母划分，但在某些情况下仍会以人称转换为优先考虑，参 O'Connor, *Lamentations and the Tears*, 13。

对整段上文的回应，没有处理 9c 与 9ab 节之间的关系，可能会忽略了 9c 节与相连的上下文要表达的意思。

d. 根根诗节结构

从上可见，以上三种分段方法均不一定根据字母诗格式，因学者主要考虑内容主题、体裁元素或人称声音的转换，因此，学者倾向放弃坚持原来字母诗诗节的划分。不过，有些学者仍以句首字母划分的诗节为基础，并按文本所显示的标记为诗歌分段，如 Renkema, Fokkelman, Ulrich Berges, John L. Mackay 及李思敬等，其中 Renkema 重视诗歌内在结构，留意诗节之间的对应，及诗歌之间的呼应，他以字母诗节为基础，不会在诗节中间分段，并以多个层次展示诗歌结构：[49]

---

[49] Renkema, *Lamentations*, 85; Fokkelman 与 Berges 的分段与 Renkema 的一致，参 Fokkelman, *Reading Biblical Poetry*, 212; Ulrich Berges, *Klagelieder*, HThKAT (Freiburg: Herder, 2002), 91; Mackay 的分段为 1~3/4~6/7~9/10~11//12~16/17/18~19/20~22，将 12 至 16 节归为一段，17 节独立出来，参 John L. Mackay, *Lamentations: Living in the Ruins*, MenCom (Fearn: Mentor, 2008), 37; Lalleman 的分段为 1~3/4~6/7~9/10~11//12~13/14~15/16~19/20~22，参 Hetty Lalleman, *Jeremiah and Lamentations: An Introduction and Commentary*, TOTC 21 (Downers Grove: Inter-Varsity Press, 2013), 335, 340; 而 Fokkelman(2001) 及李思敬 (2015) 只提供分段大纲，对诗歌并未有详尽的论述。

	诗段	诗章	经文	重点	诗节数目
第一部分	一	A	1~3	耶路撒冷犹如伤心受欺的寡妇	3
		B	4~6	锡安失去过节的会众与荣耀	3
	二	C	7~9	耶路撒冷女子因罪失去从前的威荣	3
		D	10~11	因暴力侵略与饥荒失去珍宝	2
第二部分	三	D'	12~13	祈求怜恤和怜悯	2
		C'	14~16	上主将锡安交给她的敌人	3
	四	B'	17~19	锡安因上主公义惩罚找不到安慰	3
		A'	20~22	祈求针对她仇敌恶行的报应	3

Renkema虽无明确指出诗章包含的诗节数目要有规律，但以上分段呈现了对称工整的排列(3.3.3.2 | 2.3.3.3)。[50] 另外，他在各诗章中均列出"重复字眼"及"对应字眼"，如诗章A中"列国"（一1b及3b）、"众多"（一1a及3a）、"坐/住"（一1a及3b）重复出现，"城"（一1a）与"犹大"（一3a）、"诸省"（一1c）与"朋友"（一2c）是互相呼应，虽用字不同，但意思上有关联，有助找出段落重心。[51]

此外，Renkema认为第一章具备同心圆结构（concentric structure），以突显诗歌主题句就在中间

---

[50] Renkema(1998, 207, 575) 在第二章 (3.2.2.3|3.2.2.2.3) 及第五章 (2.3|2.2.2) 的分段则没有特别反映出工整对称的结构，参 Renkema, *Lamentations*, 207, 575。
[51] 第一章中各诗章重复及对应字眼，参 Ibid., 93, 112, 125, 141,152, 163, 174, 186–187。

两节（一 11 及 12），就是锡安女子为所受之苦请求"察看"，解释她是"轻贱"（一 11c），以及上主使她愁苦的主题（一 12c）。[52] 的确，在这首诗歌中，不少诗节与相应诗节都含重复字眼，[53] 不过，第 7、8、9 节与相对应的 16、15 及 14 节，则没有明显重复的字眼，故 Renkema 只能尝试找出一些内容相关的字眼以表示诗节间的呼应，来维持他关于"同心圆"结构的假设。[54]

由此可见，对应诗节的重复不似是偶然，但 Renkema 在本来没有明显重复字眼的诗节找出潜在的关连，以维持同心圆结构的假设，则可能失诸牵强。[55] 不过，从 Renkema 的研究可见，重复字眼与诗歌结构有一定关系，只是若规限以单一诗节作为对应单位，

---

[52] Ibid., 86.
[53] 包括："众多"（一 1 及 22）、"安慰、仇敌"（一 2 及 21）、"苦难"（一 3 及 20）、"祭司"（一 4 及 19）、"上主、行走、被掳"（一 5 及 18）、"锡安"（一 6 及 17）、"张开"（一 10 及 13）、"上主、所有、请看、请察看"（一 11 及 12）。
[54] 如以"没有帮助、敌人"（一 7）对应"没有安慰、仇敌"（一 16）、"尊重"（一 8）对应"勇士"（一 15）、"上主"（一 9）对应"主"（一 14）。
[55] Renkema 自己也认为第 8 及 15 节的重复字眼对应的关系较弱，参 Mackay, *Lamentations*, 38. 另外，Condamin 也提出过同心圆结构，但他表示 7 及 16 节、9 及 14 节并没有对应的重复字眼，不过如将 7 与 9 节一并考虑，则会发现对应的诗节有重复字眼，另外，他也尝试作一个对称的诗节结构分段 (1~3/4~6/7~11/12~16/17~19/20~22)，但未有对经文作深入的讨论，然而，Condamin 的发现突出了诗歌中重复字眼与分段应有密切的关系，参 Albert Condamin, "Symmetrical Repetitions in 'Lamentations' Chapters I and II," *JTS* 7, no. 25 (1905): 137–138"

仍有难以解释之处。

■ 一章13节

另外，以上分段对 13 节的处理有一定限制，因 Renkema 将第 12 至 13 节视为一个诗章，但他又提出 13 至 15 节都是交代上主对锡安的行动，而从动词主语、语法及语气看，13 节的确与后面两节关系较密切。不过，在维持 1 至 11 节的分段下，如将 13 至 15 节归为一段，12 节就被独立出来。[56] 因此，Mackay 虽以 Renkema 的分段为参考，但也不同意将 13 节从 14 至 15 节划分出来，故他将 12 至 16 节视为一个段落，然而，这样就无法再保持诗歌上下两大部分的对称。[57]

综观 Renkema 的分段结构，虽然未能在所有诗节找到对应字眼印证同心圆结构，以及部分段落的划分，如 12 至 13 节、14 至 16 节，仍有一定的讨论空间，但整体来说，他这种按诗节结构的分段方式发挥了三个作用：第一，确切反映了第一章结构严密，诗人的精心布置不单见于字母诗的使用，更见于重复字眼的分布，及诗章之间的呼应；第二，可隐约看出诗歌有一定对称平行的格式；第三，由于没有预设的体裁框架或内容发展的前设，故尽量根据经文本身所给予的提示来分段，以更全面照顾每一节经文包含的元素。当然，考虑诗节结构并非代表要找到惟一正确的分段，

---

[56] Renkema 认为 12 至 13 节的主题为"祈求怜恤和怜悯"，14 至 16 节主题为"上主将她交给她敌人"，但明显地 13 节已经开始交代上主如何使"我"受苦，故这个分段虽然能维持上下部分的对称，但在内容解释上有一定的困难。
[57] Mackay, *Lamentations*, 61.

这只是一个在诠释内容之前，尽量根据经文本身的标记来划分段落的方法，故此，Renkema 的分段是一个很好的尝试，但就着他仍有未处理到的问题，值得再探讨其他可行的分段建议。除此之外，李思敬亦尝试以诗节结构划分第一章的段落，但有别于其他学者，他并没有在 11 与 12 节中间进行分段，而是分为三个主要部分：[58]

诗章	经文	重点	诗节数目
A	1~7	怎会这样？"何竟"	
	1~2	三个对比：这是谁？	2
	3~5	是犹大／锡安：落在敌人手中；上主的审判？	3
	6~7	锡安／耶路撒冷：亡国被掳的现实	2
B	8~15	确是如此！"她" + "我"	
	8~10	耶路撒冷悖逆上主的罪恶	3
	11~12	代名词的转变	2
	13~15	承认这是上主的审判	3
C	16~22	上主何在？"上主" / "我主" / "你"	
	16~17	确认审判的事实	2
	18~20	认罪回转："看"的呼应（一 9、11、20）	3
	21~22	没有安慰？（一 2、9、16、17、21）	2

■ 一章11及12节

---

[58] 李思敬于 2015 年在中国神学研究院道学硕士"旧约神学"课程笔记（未出版）中，列出了第一章的分段及标题，但就分段大纲及诗歌主题则没有详述。

以上分段将 11 及 12 节视为一个段落，有别于众多学者将 12 节视为诗歌分水岭的做法。虽然，这样分段似乎未有反映诗歌的人称转换，不过，人称转换实际上从 11c 节开始，而不是 12 节，故此，除非在 11b 与 11c 之间分段，否则，若选择在 12 节才开始新段落，其实也并非真正反映人称的转换。

再者，11 与 12 节之间其实有相当密切的关系，就如 Dobbs-Allsopp 也提出 11c 与 12a 有明显的共通处，两句都用了"请看"与"请察看"，且两个词语在这两句中的次序倒转，形成一个扇形的枢纽（chiastic hinge）。[59] 还有，Renkema 也提出 11 与 12 节是中心句，突出锡安苦难中的哀诉，并交代两者因果关系——因锡安女子向上主呼求不得回应（一 11c），才转向呼吁路人见证她的困苦（一 12a），[60] 可见，两节在用词与主题上关系密切，故将 11 与 12 节归为一段也并非不可行。

另外，将 11 及 12 节看成一个小单元，可解决了 11 节在分段时的尴尬情况。因若在 11 与 12 节中间划分，11 节往往要与 10 节归为一段，否则就要独立成段，但实际上，8 至 10 节中的"他们"所指是"仇敌"，11 节的"他们"则指"所有的百姓"，描述对象有明显的转折，故 10 与 11 节之间适宜分段。还有，这亦令 13 节顺理成章作为新诗章的开始，反映描述的对

---

[59] Dobbs-Allsopp, *Lamentations*, 67.
[60] Renkema, *Lamentations*, 86.

象从"我"——耶路撒冷,转移到"他"——上主。[61]因此,李思敬建议的分段可以解决 Renkema 的限制,在维持工整的诗节结构时无需拆开 13 至 15 节一气呵成的描述。

小结

就耶利米哀歌第一章,学者分段的方式大致是根据内容、哀告诗体裁、人称转换或诗节结构,相对来说,前三者对字母诗格式较少重视。事实上,字母诗格式是相对明显客观的分段标记,亦反映了诗歌在诗节层面上有一定的韵律——每个诗节包含三个诗行,因此,若因考虑其他元素而舍弃依据字母诗格式的划分,有可能忽略了诗人对诗歌组织的原有安排。

另外,对于第一章的分段,较明显的共识是倾向全诗分成两大部分——1 至 11 节是叙述者描述锡安的倾覆,12 至 22 节是锡安女子亲身的叙述。然而,人称转换情况不只出现一次,故以人称分段不必然只将诗歌分为两大部分,因实际上全诗曾出现三次插入语(一 9c、11c、17),若要如实地反映每次人称转换,则需在 9c、10a、11c、12a、17、18 节均作段落划分,以表达诗歌中两个叙事者是交替出现。其次,若要维持在 11 与 12 节之间分段或会造成其他分段上的困难,

---

[61] 13 至 15 节中大部分动词,如"发出"、"张开"、"给"、"捆绑"、"交给"、"轻弃"、"呼唤"、"打断"及"践踏",均以第三人称阳性单数为主,可见这三节以突出上主行动为重点。

如 11 节通常只能被归入上文或独立成段，但这较难突显 10 节与 11 节的转折；又如第 17 节，因是以第三人称叙述而被独立出来，难与上下文扣连解释。再者，若同时要维持工整诗节结构，则需要拆开 13 至 15 节有关上主对锡安审判的描述。

基于上述提出的困难，本文赞成李思敬建议的结构，可尝试不在 11 及 12 节分段，以维持工整的诗节结构，及避免分拆 13 至 15 节。因此，下文将在此基础上分析这个诗节结构在反映转折标记、字词呼应及表达主题上可以发挥的作用。

2.3 诗节结构的建议

如前所述，本文参考 van der Lugt 划分诗节结构的原则，建议耶利米哀歌中诗歌的诗节结构。为方便讨论，在此先列出所建议的诗节结构，然后逐一分析它在反映定量结构、转折标记及重复字眼各方面的情况，并指出建议的分段如何帮助发现诗歌内的呼应与脉络，从而理解其主题。

2.3.1 诗节结构的划分

就之前分析，发现在第一章 11 及 12 节中间划分为两部分会引起困难，故建议参考李思敬提出的诗节结构，但由于他只提出各段写作特点，如代名词运用、关键字眼，却未有仔细讨论其中内容，亦没有指出分段的根据与诗章之间所呈现的呼应，故下文将作进一步分析。以下先列出全诗分段及各段重点：

诗段	诗章	经文	重点	诗节数目
一	A	1~2	她孤独如寡妇，众叛亲离，**没有安慰**	2
	B	3~5	犹大流亡困苦，被追被掳，荒凉**愁苦**	3
	C	6~7	锡安威荣离开，记念古时**日子**的珍宝	2
二	A'	8~10	耶路撒冷犯罪，遭藐视攻击，**没有安慰**	3
	B'	11~12	百姓觅食延命，锡安请求察看所受之**苦**	2
	C'	13~15	锡安申诉我主施行严惩，使她**日子**发昏	3
三	A''	16~17	锡安哭泣求助，**没有安慰**，敌人环绕	2
	B''	18~20	锡安承认悖逆，请求察看她无依之**苦**	3
	C''	21~22	锡安祈愿上主严惩仇敌**日子**临到	2

a. 定量结构

从这个建议的结构可见，诗章内包含的诗节数虽非划一整齐，不过，诗节数目则是二与三交替出现，因此，整首诗歌的诗节分布呈现一个对称及有一定排列的结构，基本上符合定量结构的原则。另外，若将诗歌分为三个诗段，每个诗段均有三个诗章，而包含的诗节数目亦呈现 2.3.2 | 3.2.3 | 2.3.2 一个颇工整的模式。

b. 转折标记

首先，以上结构大致可反映诗歌的转折标记，如人称、时态或语气的转换，然而，如前文提及，未必每次出现这些转换就代表必定开始新段落，尤其在字母诗节中间出现的人称转换，在维持字母诗格式下，不一定在诗节中划分新段落。

■ 一章1至7节

诗歌开始时只用第三人称阴性单数的代名词字尾

（她）来表达所描述的对象，到第3节才提出"犹大"（一3a）这个地方，直接用地方名称呼描述的对象，故可作为转折的提示。接着，3至5节动词，如"流亡"、"住"、"找不到"、"追上"、"苦涩"、"成了"、"亨通"等，主要是以"完成式"交代犹大或锡安的状态，直至第6节的开首用了连接词"ו"，显示动词的时态用了"ו连续句"（waw consecutive），虽然这很可能是基于字母诗的编排，在此需要用上"ו"，但因文法明显与上节有较大不同，故可作为一个转折标记，表示了文法的转折。

至于第7及8节，两节首句均包含"耶路撒冷"作为动词的主语，可见这两个诗节均以"耶路撒冷"为描述对象，故可以考虑将第7与8节视为一个段落，不过，从另一角度看，亦正因第8节虽仍以"耶路撒冷"为描述对象，但诗人却没有选择以代名词表达，而再一次用"耶路撒冷"，这样安排一方面是强调所描述的对象，另一方面，重新再提及名称可能是要突出关于同一对象的不同重点的描述，如诗一二二，[62] 故即使第7与8节均提及"耶路撒冷"也不排除在两节之间有一个转折。

■ 一章8至15节

接下来，第8至10节描述的对象除了"她"，即

---

[62] 诗篇一二二篇2、3及6节均包含"耶路撒冷"一字，而 van der Lugt 在第3节及第6节都开始新的段落（1~2/3~5/6~9），以表示对耶路撒冷不同的描述，参 Lugt, *Cantos and Strophes III*, 356-361.

耶路撒冷，还有另一个对象是"他们"，即藐视她的人以及她的仇敌，但到了第 11 节中所描述的"他们"是指"她的百姓"，因此如前所言，11 节的"他们"指涉的对象与上文不同，故在第 10 与 11 节中间可以作一个划分。

至于 12 节，正如前文所述，若严格地根据人称，应在 11c 节开新段落，因 11c 节开始已改为第一人称叙述，但大部分学者选择于 12 节才开始分段，很可能也是兼顾字母诗的安排，故亦未能完全根据人称分段，亦由此可见，若要维持字母诗的安排，则在反映人称转换上出现一定的限制。因此，除参考人称之外，在考虑字母诗编排及重复字眼的情况下，基于 11 与 12 节都用了"请看"与"请察看"，反映两节存在一定的相关性，故在此考虑将 11 至 12 节归为一段。13 至 15 节亦因所描述的主体为"上主"而作一个新段落。

■ 一章16至22节

16 节除了出现了"这些"、独立人称代名词"我"（אֲנִי）等字眼可以作为转折标记外，这一节描述的对象从上文的"他"再转移到"我"身上，所以表示了一个转折。然而，较难处理的是第17节，因叙事人称从第一人称又转换为第三人称，再次出现"她的手"、"向她安慰"，故此，需要将这一节独立出来才能表示人称转变；不过，两节均重复了"成了"及"安慰"，虽然这两个字在其他地方亦重复出现，未必表示两节的关联一定是十分密切，[63] 但也反映16与17节之间并非完全没有关连。另外，两节的人称虽有不同，但所描述的主体其实皆为"锡安"，并提及"安慰远离"（一16b）与"没有安慰"（一17a）的状态，相对来说，15节及18节的描述涉及上主，因此，可尝试将16及17节归为一个小段落，以突出17节与16节的联系，并表达这两节分别是从不同视角描述锡安哭泣求助却不得安慰的状态，不过，未能完全表达人称转换的限制在这个分段依然存在。

至于18节，除了人称再次转为第一人称外，开始时出现了"他"这个独立人称代词，清晰地表明这是一个重要的陈述，故可作为一个小段的开始，接着19节则继续以第一人称描述她向百姓的申诉。然而，20节出现了一个"呼告格"的上主，以及是命令式的动词"请看"，呼求的对象从"所有百姓"转为"上主"，因此，可被视作一个转折。不过，21节同样也出现"我"（אֲנִי）这个独立的人称代词，而且叙述的对象从"我与上主"，加入了"他们"——仇敌，与18至19节的"他们"——我的少女、我的少年人、我的祭司、我的长老，有明显的分别。

由此可见，20节及21节均有转折的元素，故需要考虑20节应连于上文18至19节，抑或连于21至22节。如考虑重复字眼，20节与18、19节有四个重复字眼，包括"请看"、"上主"、"因"及"悖逆"，其

---

[63] 如"成了"亦出现在1、2、5、6、7、8、11及21节，而"安慰"亦出现在2、9、21节。

中"悖逆"在20节b中出现了两次；而20节与21、22节亦有三个重复字眼，包括"因"、"心"、"如"（介词），相较之下，20节与上文在字眼上似乎有较多关连，不过，这也不代表可确定必须在21节划分。

故另外再考虑21与22节的关系，就这两节而言，重复字眼包括有"叹息"（一21a及22c）、"所有"（一21b, 22a, b）、"恶"（一21b及22a）、"来到"（一21c及22a）及"因"（一21b及22c），可见，这两节的重复是较频密而明显，且"叹息"、"恶"与"来到"，三个词语可以组成一个小型的"倒影结构"，加上在诗节中还重复"听见"、"严惩"，反映这个小段落是一个很紧密的单元，因此，在21节划分新的小段，较可突出21至22节的紧密关系。

因此，从诗歌找到的转折标记，基本上可以支持上述的建议分段，然而，转折标记虽是重要参考，但也不是机械式操作，故此，当中必然涉及取舍，换句话说，建议分段即使参考转折标记，但也不代表这分段是绝对或惟一的可能。

c. 字词重复与呼应

还有，这个结构可以反映字词的重复与呼应，除了每个诗章中有重复字眼，如"愁苦"（一4c、5b）、"看见"（一8b、9c、10b）、"察看"（一11c、12a）、"给"（一13c、14c）、"安慰"（一16b、17a）、"悖逆"（一18a、20b），以及最后一个诗章中的"叹息"（一21a、22c）、"恶"（一21b, 22a）与"来到"（一21c, 22a）外，诗章之间也有不少重复，当中较明显的是"没有安慰她的"这句，共出现三次（一2b、9b及17a），除了第一次词序稍有不同，三句用词基本上是相同的。虽然学者一般都发现了这个重复，但通常也会加上16b及21a节，甚至加上第7c节"没有帮助她的"，并指出这是第一章中重复的主题句。[64]

然而，16b节虽然也谈及"安慰"，但句式与上述三句（一2b、9b、17a）完全不同，而21节的句式虽然相似，但运用第一人称，故也与前三句的描述不完全相同。故此，"没有安慰她的"用字完全相同的句子在第一章重复出现了三次，而且分布在诗歌前、中、后的部分（诗章A、A'及A"），虽然不能完全排除这只是巧合，但建议的结构可以呈现这三次重复的呼应。除了这句之外，第一章中还有很多字词的重复与呼应，下文将就此与建议结构的脉络一并阐述。

2.3.2 建议结构的脉络与特点

如前所述，"没有安慰她的"重复分布的位置显示诗歌有可能划分为三大段，横向比对三个诗段更可以反映部分重复字眼的呼应。同时，三个诗段分别有助表达关于锡安女子三个女性的意象：

---

[64] House 认为哀一重复展示了主题元素——耶路撒冷缺乏安慰与帮助，他引用了一2、7、9、16、17 及 21 节，来表达诗歌主题不单突出耶路撒冷的困苦，也突出了她更艰难的处境，就是她缺乏安慰，参 House, "Lamentations," 341。类似的看法还有可参 Walter C. Jr. Kaiser, *A Biblical Approach to Personal Suffering* (Chicago: Moody Press, 1982), 43; Provan, *Lamentations*, 33; O'Connor, *Lamentations and the Tears*, 17; Mackay, *Lamentations*, 38 等。

诗段一 （一 1~7）	诗段二 （一 8~15）	诗段三 （一 16~22）
何竟她孤独	确实她犯罪	因此她哀求
诗章 A （一 1~2） 孤独的寡妇 爱人中， 没有安慰她的	诗章 A' （一 8~10） 污秽的妇人 遭藐视， 没有安慰她的	诗章 A'' （一 16~17） 哭泣的母亲 求告时， 没有安慰她的
诗章 B （一 3~5） 流亡劳役、 被掳之苦	诗章 B' （一 11~12） 饥荒之苦、 请求察看	诗章 B'' （一 18~20） 苦中无依、 请听请看
诗章 C （一 6~7） 追忆"她"古时 威荣之日	诗章 C' （一 13~15） 申诉"他"使她发昏 之日	诗章 C'' （一 21~22） 期盼"你"严惩 仇敌之日

a. 从纵向看各诗段的脉络

诗段一以"孤独的寡妇"的意象为起首，叙述耶路撒冷众叛亲离、无人安慰（一 1~2），到经历流亡被掳之苦（一 3~5），她只能以追忆往昔日子为回应（一 6~7），整个诗段揭示了"何竟她孤独"的状态。

诗段二带出"确实她犯罪"的重点，叙事者坦言耶路撒冷犯罪，以"污秽受辱的妇人"为意象，表达锡安面对外邦凌辱，不得安慰（一 8~10），以及面对饥荒之苦，连生命也受威胁，使她惟有发声请求路人与上主察看苦情（一 11~12），并亲自诉说上主如何苦待严惩她（一 13~15）。

诗段三表达"因此她哀求"，锡安为所受之苦哭泣，有如"失去儿子的母亲"张手求助，但还是不得安慰（一 16~17），因此她承认自己悖逆，再请求察看无依之苦（一18~20），最后，祈愿上主同样对待行恶的仇敌，但在当下仍只能不住叹息（一21~22）。

从上可见，诗歌描述锡安所面对的处境以及她对苦难作出的反应，是交替并有进展地出现，而且苦况是越见严峻。透过三个诗段的铺陈，可以看见锡安对苦难的反应也是逐步加强，从追忆到申诉、从申诉到认罪，最后带来她的祈愿。

b. 从横向看诗章之间的呼应

而就以上的建议将第一章分成三个诗段，并于每个诗段分三个诗章，可以从横向呈现出诗章之间平行重复与呼应的地方。

■ 诗章A, A'及A"（一1~2、8~10、16~17）

首先，较明显的重复是"没有安慰她的"一句，分别在三个诗段中第一个诗章平行出现，同时有一定的变化与进程。诗章 A 第一次是描述锡安在夜间"哭泣"，但"从所有她的爱人"中"没有安慰她的"，交代所有朋友都成了她的仇敌（一2），突出被离弃的孤独状态，也呼应了寡妇的意象（一1）；诗章 A' 第二次是描述锡安的污秽，以致仇敌使她"落到稀奇景况"仍"没有安慰她的"（一9），既呼应污秽妇人困苦的情境（一8），并由此引出了第一次锡安亲自向上主的呼求（一9c）；诗章 A" 第三次描述锡安"张开手求助"，却"没有安慰她的"（一17），因为上主吩咐四周的都成为敌人，这也呼应那安慰她的（应是指"上主"）也远离她（一16），以致她不住"哭泣"（一16a），如一个母亲申诉儿子的凄凉（一17c），最后诗章 A" 重复出现的"哭泣"也呼应了诗章 A。

由此可见，这句在三次重复中展示了对锡安的描述是每况愈下，从"朋友离弃"，到"仇敌攻击"，再到"上主远离"。除此之外，这三个诗章相对较多描述列国仇敌的攻击（一2c、9c、10a、16c、17bc），还有，诗章A与A'重复了"列国"的字眼（一1b、10b），诗章A'及A''也重复提及耶路撒冷成了"不洁之物"（一8a及17c），这些重复都反映了这三个诗章之间呼应与关系。

■ 诗章B, B'及B''（一3~5、11~12、18~20）

其次，在三个诗段的中间部分中（诗章B, B'及B''），关于"苦难"的描述，彼此之间也有一定的呼应。诗章B（一3~5）描述了锡安流亡被掳、被追赶，她在苦难之中，提及城门荒凉、祭司"叹息"、少女"愁苦"（一4bc），以及"上主使她愁苦"（一5b），诗章B'（一11~12）重复了"叹息"与"愁苦"，描写锡安百姓饥饿之苦，为寻找食物交出珍宝，带来百姓"叹息"，更令锡安发声求路人察看她的"痛苦"，亲身表明是"上主使我愁苦"（一12c）与诗章B呼应。

诗章B''（18至20节）不但呼应诗章B，重复出现"痛苦"、"少女"、"祭司"等字（一18bc、19b），锡安亦再次请求百姓观看她的"痛苦"（一18b）。诗章B''提及她的少女少年"被掳"（一18c），祭司長老为"寻找粮食"而气绝（一19bc），这两个情境分别重复与呼应诗章B及B'所描述（一5c、11b），而且是更加严峻，令锡安完全陷入无所依靠的地步，进而带出锡安向上主申诉针对她的"苦难"，让她承受刀剑与饥饿之苦（一20）。

由此可见，这三个段落中很多元素不断地重复与呼应，尤其是"苦难"、"叹息"、"愁苦"、"痛苦"，以及被掳与饥饿相关的字词，而且也有逐渐递进的情况。另外，诗章B'及B"均有锡安向上主、路人或百姓请求察看的元素，也是有一定变化与推进，将于下文作详细分析。

■ 诗章C, C'及C"（一6~7、13~15、21~22）

　　还有，从这个诗节结构可以看到三个诗段的最后部分（诗章C, C'及C"）重复了对"日子"的描述。诗章C提及了耶路撒冷"记念""古时日子"的珍宝（一7），以此对照她当下"困苦流离之日"，就是前文所描述"所有威荣"离开了锡安（一6a），王子如群鹿被逐的处境（一6b），突出了她对过去日子的追忆；而诗章C'就提及上主令锡安荒凉，"所有日子都发昏"（一13），接着整段13至15节就是上主对锡安严惩的具体描述，分别用烈火、网罗、轭、践踏酒醡等比喻来表达上主的怒气；最后，诗章C"中提到上主使他"宣告的日子"来到（一21），锡安借此表达她祈愿仇敌也要面对上主的严惩，可是这情况仍未发生，故她的心仍"发昏"（一22）。因此，这三个诗章分别表达了锡安对过去"古时之日子"的追忆、对现在"上主使她发昏之日子"的申诉，并对将来"上主严惩仇敌之日子"之期盼，彼此之间有所呼应，也是层层递进。[65]

---

[65] 此外，第7节描述"敌人看见、嘲笑她的倾覆"与第21节所言"仇敌听见我的恶事而欢喜"也是互相呼应，并强调了"没有帮助她的"与"没有安慰我的"，故此这三个诗章透过追忆过去与期盼将来，亦更突出了锡安当下的处境。

综观来说，上述建议的结构可以有助呈现经文中一些重复的字眼及互相呼应的重点，而且反映出诗章之间不论从纵向与横向均是环环相扣、层层递进。[66]

2.3.3 从诗节结构看诗歌主题

除了有助呈现诗歌中的重复与呼应，这个诗节结构颇能突出"没有安慰她的"这个重点，且有助发现在每次表达"没有安慰她的"之后，接着的诗章就是对锡安苦况的描述（一3~5、11~12、18~20），以及锡安对于苦况的反应，尤其是在第二及三次的表达"没有安慰"之后（一9b、17a），均出现锡安"请求察看"的呼吁（一9c、11c、12、18、20）。

a. 从"向上主"到"向路人"的呼吁

首先，第9节在叙事者描述锡安"没有安慰她的"后，锡安女子马上以第一人称向上主呼求"请看，上主啊，我的困苦，因仇敌夸耀自己"（一9c）；并在接着的段落锡安亦先后向上主及路人"请求察看"，

---

[66] Renkema 尝试以同心圆的结构来解释经文中的重复，可惜由于第7、8、9节与相对应的16、15及14节没有明显重复的字眼，故严格来说，以单节对应的同心圆结构未能成立，然而，他的尝试反映了诗歌字眼的重复与结构有一定的关系，只是未必一定局限于以单一诗节作为对应，而可以考虑以诗章（二至三个诗节）为一个单元来观察呼应的情况。如诗章 A'（一 8~10）与 C'（一 13~15）的重复是"转身后退"（一 8c 及 13c）、"手"（一 10a 及 14a、c），而诗章 C（一 6~7）与 A''（一 16~17）的重复是"锡安"（一 6a 及 17a）、"耶路撒冷"（一 7a 及 17c）、"敌人"（一 7c 及 17b）、"手"（一 7c 及 17a）。

包括"上主啊！请看，并请察看，因为我成了轻贱的"（一11c）与"所有路过的啊！不是对你们的，请察看，并请看"（一12a）。从叙事者说出"没有安慰"（一9），以及锡安女子随即"请求察看"（一9c、11c、12a）这两个声音的交织，呈现两者中间戏剧性的张力，因为当一把声音（叙事者）客观地描述她的处境是"没有安慰"，另一把声音（锡安女子）随即发出求助，似乎表达了她不甘于这个"没有人安慰她"的状态，认为只要大家睁眼察看她的痛苦就会带来安慰，换句话说，她"请求察看"的呼吁是冲着叙事者"没有安慰"的描述而来。

而且，锡安女子的呼吁也是有不同的层次，第一次她只向上主发出，请上主"看""我的困苦"，原因在于仇敌"夸耀"（一9c）；第二次她也是向上主呼求，但这次除了"请看"之外，还用了"请察看"，加强了语气与迫切性，而重点从仇敌转移论及自己的"轻贱"（一11c）；第三次她也是用"请察看"及"请看"，不过对象从上主转移到"所有路过的"，而请求察看的内容不单在于自己的"痛苦"，更带出她的愁苦源于上主严惩（一12），继而引出13至15节所描述上主严惩的行动。明显地，这些呼求反映了锡安渴望得到安慰的迫切，但在这个阶段，她向上主的呼求未见动静（一9c、11c），故同时向路人寻求认同（一12），由此可见，11与12节的呼吁有密切的关系，也对应上文叙事者描述锡安没有安慰的处境。

然而，假如在11与12节中间将诗歌划分为两大部分，则往往较易把叙事者与锡安女子两个声音，看成是一先一后从不同角度对耶路撒冷倾覆的描述，并将 9c 及 11c 视作两句锡安女子偶尔的插话，以及将 12 节当成一个新一部分的开始，从而忽略了 11 与 12 节所包含"请求察看"的元素与上文的互动关系。

b. 从"向百姓"到"向上主"的呼吁

另外，在第 17 节描述"锡安张开她的手，没有安慰她的"之后，接着的诗章锡安随即先向百姓呼吁（一 18b），然后再向上主呼吁（一 20a）。在 18 节，锡安女子一开始交代上主是对的，更亲自承认自己的"悖逆"，但这一句是用第三人称阳性单数表示"上主"（一 18a），可见并非她向上主直接的表达，而是向众人交代，这恰恰是与 12 节向路人申诉是上主严惩她的内容呼应，仿佛她终于向众人承认问题并非在上主身上，而是在自己身上；然而她仍需要寻求"安慰"，希望得到大家的"察看"，故她再发出呼吁"请听，所有百姓啊，并请看我的痛苦"，更逐一交代她的少女、少年人、爱人、祭司、长老都离去，均不能成为她的依靠（一 18~19）。

接着，锡安再次转回向上主呼求"上主啊！请看，因为我受苦难"（一 20），并向上主承认"我确实悖逆"，这也呼应了 18 节开始时她向百姓表达自己悖逆上主的口谕，从向人承认到向上主承认，也从请百姓看她的痛苦，到再请上主看她的苦难（一 20a），这突出了即使叙事者再三说明"没有安慰她的"的状况，甚至她也承认一切是因自己的悖逆，亦无碍她继续发出"请求察看"的呼吁，没有妥协于"没有安慰"的处境。

到了最后一个诗章的 21 至 22 节，当锡安女子亲自诉说"当我在叹息，他们听见，没有安慰我的"，仿佛和应了叙事者的说法，"是的，的确没有向我安慰的"，由此带出她向人"请求察看"、"请求倾听"也是徒劳无功，最后她只向上主祈愿仇敌要如自己一样面对严惩，可见对锡安而言，自始至终只有"上主"是惟一会察看、倾听，并安慰她的对象。

透过以上的诗节结构可见，在第一章中叙事者"没有安慰"的描述与锡安"请求察看"的呼吁有密切的关系，事实上，很多学者都分别留意到"没有安慰"与"请看、请察看"的字眼在这首诗歌多次重复，然而，由于一般将诗歌在 11 与 12 节中间划分，并将锡安女子的呼求视为突然介入的插入语，或将 17 节叙事者的描述看成一个过渡句，故未必看到"没有安慰"与"请求察看"在铺排上可能存在的关连。

故此，如根据这个结构来看，诗人既突出了锡安"没有安慰"的处境，同时也展示锡安在这种境况下如何反应，描述她再三发出呼吁，请周围的人与上主察看她的境况，带出她希望对方因看到她极度困苦的状态而作出安慰。由此可见，诗人的安排正正反映了"没有安慰她的"不单是对锡安女子状态的描写，更是对她要"请求察看"的铺垫，要突出锡安女子是在怎样严峻的情况下，作出的反击与呼求，借此表现了第一章不是静态地描述锡安经历的苦难，并她没有得着安慰的处境，而是突出在绝境中锡安如何仍不住发出"请求察看"的呼求。

2.4 总结

虽然部分学者认为耶利米哀歌第一章是杂乱无章或无逻辑发展，但若尝试以工整的诗节结构方式分段，可发现各诗章从纵向与横向来看都是环环紧扣、彼此呼应的。这个结构首先呈现了"没有安慰她的"在三个诗段中平行出现，同时也有一定的变化与进程，有助展现诗章所要表达的意象——孤独的寡妇、污秽的妇人及哭泣的母亲。此外，如前文所提，这个结构也反映了诗节诗章之间的呼应，这些呼应不单出现在连续的段落，或是首尾的呼应，从诗歌划分为三大部分可见，诗章从横向也能找到平行呼应的关系，这可引导读者发掘每个诗段与诗章的重点，并比较个中异同，从而掌握全诗结构与发展。

还有，将各诗章的重点铺陈之后，可发现"没有安慰"与"请求察看"有密切的关连，而且两者之间更存在一定的张力。诗人表面上透过叙事者表达锡安女子在苦难中没有得着安慰的处境，实际上，是突出她在这样的处境如何坚持向人及上主发出"请求察看"的呼吁，抓紧可以获取察看与安慰的机会，就算最后她承认众人听到她的叹息也没有向她安慰（一21a），她也没有放弃向上主发出祈愿，以此表明她不甘心相信上主不会安慰她，由此带出上主是她惟一可以哀诉叹息的对象，也借着向上主呼吁"请看"，来显示她与上主关系仍未切断。

由此可见，第一章若不受限于按人称转换在 11 与 12 节之间分段，而按诗歌中的转折与重复字句划分工整的诗节结构，可有助发现诗歌中的呼应，从而了解经文布局，找出蕴含在诗歌中的主题，更可以处理较难分段的经文。

不过，上述提出的结构也有一定限制，尤其 18 至 22 节的分段，由于 20 节与 21 节均有转折标记可以表示转折，且 20 节与上文或下文都有关连，在用字方面，20 节与 18 至 19 节较多重复，但同时 20 至 22 节可被视为锡安向上主的祷告，因此在 20 节或 21 节划分均是有可能的，故在分段时难免要作出取舍。另外，重复字眼与句子，纵然就布局来看应有诗人用意，但也不完全排除巧合的可能。

综观而言，虽有上述的限制，但第一章可以反映诗歌有存在工整诗节结构的可能。然而，要回应"工整诗节结构是否希伯来诗歌中一个重要的特点"这个问题，单看第一章的分段结构仍未足以下定论，还需有待第二至五章的分析。

03

耶利米哀歌二章的诗节结构

3.1 经文中译

1a	何竟主在他怒气中遮蔽 锡安女儿？[1]	אֵיכָה יָעִיב בְּאַפּוֹ ׀ אֲדֹנָי אֶת־בַּת־צִיּוֹן
1b	他从天上掷到地上， 将以色列的荣美；	הִשְׁלִיךְ מִשָּׁמַיִם אֶרֶץ תִּפְאֶרֶת יִשְׂרָאֵל
1c	他也不记念他的脚凳， 在他怒气的日子。	וְלֹא־זָכַר הֲדֹם־רַגְלָיו בְּיוֹם אַפּוֹ׃ ס
2a	主吞灭并不顾惜 所有雅各的牧场；	בִּלַּע אֲדֹנָי וְלֹא חָמַל אֵת כָּל־נְאוֹת יַעֲקֹב
2b	他在他忿怒中拆毁 犹大女儿的堡垒；	הָרַס בְּעֶבְרָתוֹ מִבְצְרֵי בַת־יְהוּדָה
2c	他使之触碰在地， 亵渎王国和她的王子。[2]	הִגִּיעַ לָאָרֶץ חִלֵּל מַמְלָכָה וְשָׂרֶיהָ׃ ס

---

[1] "主"在原文断句属下半句，但因它是"遮蔽"的主语，为免歧义，中译将"主"前置。

[2] 关于第2节第三行的断句，由于MT在"地"(לָאָרֶץ)标上断句符号，若根据MT，就在"亵渎"(חִלֵּל)之前断句。这样上半句"他使之触碰在地"的宾语有两个可能性，一是指上文"犹大的堡垒"，另一个可能性是指"王国和她的王子"。不过，"触碰"(נגע)这个字眼较少用在死物对死物上，故宾语是"王国和她的王子"的机会较高，因此，在第三行中，宾语出现在下半句。*BHK*及*BHS*选择在"亵渎"(חִלֵּל)之后断句，而*BHQ*则在"亵渎"(חִלֵּל)之前，两者均可，但为令上下两句意思上较平行，建议参考*BHQ*的处理，在"亵渎"之前断句，使上下两句均有动词。

3a	他在怒气烈怒中砍断	גָּדַע בָּחֳרִי אַף
	所有以色列的角；	כֹּל קֶרֶן יִשְׂרָאֵל
3b	他使他的右手转回后退，	הֵשִׁיב אָחוֹר יְמִינוֹ
	从仇敌的面前；	מִפְּנֵי אוֹיֵב
3c	并在雅各燃烧如烈焰之火，[3]	וַיִּבְעַר בְּיַעֲקֹב כְּאֵשׁ לֶהָבָה
	烧灭四围的。	אָכְלָה סָבִיב׃ ס
4a	他拉开他的弓如仇敌，	דָּרַךְ קַשְׁתּוֹ כְּאוֹיֵב
	他举起[4]他的右手；	נִצָּב יְמִינוֹ
4b	如敌人[5]且他又除灭	כְּצָר וַיַּהֲרֹג
	所有悦目之珍宝；	כֹּל מַחֲמַדֵּי־עָיִן
4c	在锡安女儿的帐幕中，	בְּאֹהֶל בַּת־צִיּוֹן
	他倾倒他的暴怒如火。	שָׁפַךְ כָּאֵשׁ חֲמָתוֹ׃ ס

---

[3] 关于第3节第三行的断句，由于"如烈焰之火"(כְּאֵשׁ לֶהָבָה)是附属组合词(construct chain)，故整个词组适宜放在上半句，虽然这会令上半句相对较长，但语法及意思上会较易理解。

[4] "他举起"(נִצָּב)，原文直译是"他站立"（Niphal字干但仍表达主动意思），由于此字是第三人称阳性单数，故属阴性的"他的右手"(יְמִינוֹ)不是主语，而较可能是用作宾语，但若直译"他站立他的右手"则语意不明，故在此译为"举起"。

[5] BHQ将"如敌人"(כְּצָר)放在第一句，可译作"他举起右手如敌人"，意思上通顺，并可与上半行的"如仇敌"平行，但这样第二句上半行就只剩一个字而显得太短，因此，BHK及BHS将"如敌人"放在第二句，作为形容"他除灭"的状态较为可取。

5a	主成了仇敌般, 吞灭以色列;	הָיָה אֲדֹנָי ׀ כְּאוֹיֵב בִּלַּע יִשְׂרָאֵל
5b	他吞灭所有她的宫殿, 毁坏他的堡垒;	בִּלַּע כָּל־אַרְמְנוֹתֶיהָ שִׁחֵת מִבְצָרָיו
5c	他又在犹大女儿上增多 哀伤与哀愁[6]	וַיֶּרֶב בְּבַת־יְהוּדָה תַּאֲנִיָּה וַאֲנִיָּה׃ ס
6a	他摧毁他的帐幕如园子, 毁坏他的大会;	וַיַּחְמֹס כַּגַּן שֻׂכּוֹ שִׁחֵת מוֹעֲדוֹ
6b	上主使锡安[7]忘记 大会和安息日;	שִׁכַּח יְהוָה ׀ בְּצִיּוֹן מוֹעֵד וְשַׁבָּת
6c	他又在他怒气的恼恨中鄙视 君王和祭司。	וַיִּנְאַץ בְּזַעַם־אַפּוֹ מֶלֶךְ וְכֹהֵן׃ ס

---

[6] "哀伤与哀愁"(תַּאֲנִיָּה וַאֲנִיָּה),原文两个字十分相似,LXX译为 ταπεινουμένην καὶ τεταπεινωμένην,也是用同一个字(ταπεινόω)译出,但前者用现在式分词(present participle),后者用完成式分词(perfect participle)。本译文的翻译希望反映出原文中两字的相似,以显示对悲伤状态深刻的描绘。

[7] "锡安"(בְּצִיּוֹן),"锡安"之前有前置词בְּ,可直译为"在锡安",但由于这句的动词"忘记"(שִׁכַּח)是piel字干,意思为"使…忘记",如译"在锡安",将"锡安"视作地点,这句的宾语就会从略,或只能将这句译作"被动句"(如和合本修订版)。因此,本译文选择将"锡安"看作动词的"宾语",而前置词בְּ则视作直接宾语的标示,无需翻译出来,参Ronald J. Williams, *Williams' Hebrew Syntax*, 3rd ed. (Toronto: University of Toronto Press, 2007), 98.

7a	主丢弃他的祭坛，	זָנַח אֲדֹנָי ׀ מִזְבְּחוֹ
	厌恶他的圣所；	נִאֵר מִקְדָּשׁוֹ
7b	他交付在仇敌的手，	הִסְגִּיר בְּיַד־אוֹיֵב
	将她宫殿的墙；	חוֹמֹת אַרְמְנוֹתֶיהָ
7c	他们在上主殿中发出声音，	קוֹל נָתְנוּ בְּבֵית־יְהוָה
	如大会的日子。	כְּיוֹם מוֹעֵד׃ ס
8a	上主谋定[8]要毁坏	חָשַׁב יְהוָה ׀ לְהַשְׁחִית
	锡安女儿的城墙；	חוֹמַת בַּת־צִיּוֹן
8b	他伸长准绳，	נָטָה קָו
	不叫他的手从吞灭转回，[9]	לֹא־הֵשִׁיב יָדוֹ מִבַּלֵּעַ
8c	他使外郭和城墙悲伤，	וַיַּאֲבֶל־חֵל וְחוֹמָה
	一同衰残。	יַחְדָּו אֻמְלָלוּ׃ ס

---

[8] "他谋定"(חָשַׁב)，LXX译为καὶ ἐπέστρεψεν，意思是"并他回转"，BHS及BHK分别认为LXX是将此字读成הֵשִׁיב或הֵשִׁיב，但P, V及T与MT相符，故在此沿用MT。

[9] 第8节第二行的断句，BHK及BHS均在"不叫转回"(לֹא־הֵשִׁיב)之后断句，而BHQ则在此字之前；由于这句有两组动作，若按意思划分，上半句重点在"伸长准绳"，下半句重点在"不叫转回"，两个短句会较平行。虽然下半句的长度会显得稍长，不过这样断句意思会较明确。

9a	她的城门陷入地下，	טָבְעוּ בָאָרֶץ שְׁעָרֶיהָ
	他使她的门闩损坏折断；	אִבַּד וְשִׁבַּר בְּרִיחֶיהָ
9b	她的君王和她的王子在列国，	מַלְכָּהּ וְשָׂרֶיהָ בַגּוֹיִם
	没有训诲；[10]	אֵין תּוֹרָה
9c	并且她的先知找不到	גַּם־נְבִיאֶיהָ לֹא־מָצְאוּ
	从上主来的默示。	חָזוֹן מֵיְהוָה׃ ס
10a	他们正坐到地上静默，	יֵשְׁבוּ לָאָרֶץ יִדְּמוּ
	锡安女儿的长老；	זִקְנֵי בַת־צִיּוֹן
10b	他们使尘土扬起在他们头上，	הֶעֱלוּ עָפָר עַל־רֹאשָׁם
	他们束上麻布；	חָגְרוּ שַׂקִּים
10c	她们使她们的头垂到地上，	הוֹרִידוּ לָאָרֶץ רֹאשָׁן
	耶路撒冷的少女。	בְּתוּלֹת יְרוּשָׁלָ͏ִם׃ ס

---

[10] "没有训诲" (אֵין תּוֹרָה)，T译为על פתגמי אוריתא，意即"因违反律法的话"，似乎是交代耶路撒冷陷落的原因，因拉比认为以色列民在西乃领受了律法，故在任何情况下都不会出现"没有律法"的情况，故此，T将这句表达为是他们不守律法。然而，从上下两句都是对现况的描述来看，此句更可能是对当下处境的陈述，Salters提出תּוֹרָה此字并非指"妥拉"，而是指一般对祭司的训诲，故此句是交代领袖缺乏祭司的指示，与下句呼应，参Salters, *Lamentations*, 141–142。另外，LXX及V在断句上，没有考虑MT的断句符号，将此句与上半句分隔，作为第三行的开头，但这样处理，第二行会显得太短，而第三行又会太长，意思上也失去了三行之间的平行。

11a	我的双眼因泪水耗尽,	כָּלוּ בַדְּמָעוֹת עֵינַי
	我的心肠搅动;	חֳמַרְמְרוּ מֵעַי
11b	我的肝胆被倾倒在地上,	נִשְׁפַּךְ לָאָרֶץ כְּבֵדִי
	为我百姓女儿的断裂;	עַל־שֶׁבֶר בַּת־עַמִּי
11c	当孩童和吃奶的晕倒,	בֵּעָטֵף עוֹלֵל וְיוֹנֵק
	在城镇的街上。	בִּרְחֹבוֹת קִרְיָה: ס
12a	他们向他们的母亲说:	לְאִמֹּתָם יֹאמְרוּ
	五谷和酒在哪里呢?	אַיֵּה דָּגָן וָיָיִן
12b	因他们晕倒如被杀的,	בְּהִתְעַטְּפָם כֶּחָלָל
	在城中的街上;	בִּרְחֹבוֹת עִיר
12c	当他们倾倒自己的性命,	בְּהִשְׁתַּפֵּךְ נַפְשָׁם
	向他们母亲的怀里。	אֶל־חֵיק אִמֹּתָם: ס
13a	我可用什么向你证明,	מָה־אֲעִידֵךְ מָה אֲדַמֶּה־לָּךְ
	用什么向你比拟?	הַבַּת יְרוּשָׁלַ͏ִם
	耶路撒冷女儿啊!	
13b	我可用什么向你相比,	מָה אַשְׁוֶה־לָּךְ וַאֲנַחֲמֵךְ
	并安慰你?	בְּתוּלַת בַּת־צִיּוֹן
	锡安女儿的少女啊!	
13c	因你的断裂大如海,	כִּי־גָדוֹל כַּיָּם שִׁבְרֵךְ
	谁能医治你呢?	מִי יִרְפָּא־לָךְ: ס

14a 你的先知为你默示	נְבִיאַ֗יִךְ חָ֤זוּ לָךְ
虚假和愚昧；	שָׁ֣וְא וְתָפֵ֑ל
14b 他们也不显露你的罪孽，	וְלֹֽא־גִלּ֥וּ עַל־עֲוֺנֵ֖ךְ
使你的俘虏转回；	לְהָשִׁ֣יב שְׁבִיתֵ֑ךְ
14c 他们又向你默示[11]	וַיֶּחֱז֣וּ לָ֔ךְ
虚假和误导的神谕。	מַשְׂא֥וֹת שָׁ֖וְא וּמַדּוּחִֽים: ס
15a 他们拍掌针对你，	סָֽפְק֨וּ עָלַ֤יִךְ כַּפַּ֙יִם֙
所有路过的；	כָּל־עֹ֣בְרֵי דֶ֔רֶךְ
15b 他们嗤笑并摇头，	שָֽׁרְקוּ֙ וַיָּנִ֣עוּ רֹאשָׁ֔ם
针对耶路撒冷女儿；	עַל־בַּ֖ת יְרוּשָׁלָ֑͏ִם
15c 这是那城，就是人们所说的吗？	הֲזֹ֣את הָעִ֗יר שֶׁיֹּֽאמְרוּ֙
完全美丽，为全地喜悦的。[12]	כְּלִ֣ילַת יֹ֔פִי מָשׂ֖וֹשׂ לְכָל־הָאָֽרֶץ: ס

---

[11] 关于第14节第三行的断句，*BHK*及*BHS*均在"神谕"(מַשְׂאוֹת)之后断句，*BHQ*则在"神谕"之前，由于"神谕"一字是附属式(construct form)，与"虚假和误导"相连表达一个片语的意思，故在此采取*BHQ*的处理，意思会较清晰。

[12] "完全美丽" (כְּלִילַת יֹפִי)，LXX译为στέφανος δόξης，解作"冠冕荣耀"；V译为*perfecti decoris*; T译为גמירת נואי ושופרא；V及T意思均与MT相符，故MT写法可取，LXX可能是误译了"完全"一字。另外此节第三句较长，故不同学者提出删减部分字眼的不同可能，*BHK*及*BHS*指可删除שיאמרו或משוש לכל־הארץ，有学者则提出删除העיר或שיאמרו，但*BHQ*认为没有抄本可作删改的参考，故宜维持沿用MT的写法，参Salters, *Lamentations*, 158。断句方面，考虑到"完全美丽，为全地喜悦的"是"就是人们所说"的内容，适宜放在同一句，虽然这样令下半句长度较长。

16a	他们张开他们的口针对你，	פָּצוּ עָלַיִךְ פִּיהֶם
	所有你的仇敌；	כָּל־אוֹיְבַיִךְ
16b	他们嗤笑并咬牙切齿，	שָׁרְקוּ וַיַּחַרְקוּ־שֵׁן
	他们说：我们吞灭了；[13]	אָמְרוּ בִּלָּעְנוּ
16c	只有这日子是我们所指望，	אַךְ זֶה הַיּוֹם שֶׁקִּוִּינֻהוּ
	我们寻找、我们看见。	מָצָאנוּ רָאִינוּ׃ ס
17a	上主行了那他所定意的，	עָשָׂה יְהוָה אֲשֶׁר זָמָם
	他履行了他的话；	בִּצַּע אֶמְרָתוֹ
17b	就是他从古时之日所吩咐的，	אֲשֶׁר צִוָּה מִימֵי־קֶדֶם
	他拆毁并不顾惜；	הָרַס וְלֹא חָמָל
17c	他又使仇敌针对你而欢喜，	וַיְשַׂמַּח עָלַיִךְ אוֹיֵב
	使你敌人的角被高举。	הֵרִים קֶרֶן צָרָיִךְ׃ ס

---

[13] "我们吞灭"(בִּלָּעְנוּ)，这里是用完成式，第一人称复数，没有代名词字尾，即没有显示宾语；LXX译为κατεπίομεν αὐτήν，"吞灭"用了未完成式，另外在后面加上了宾语 αὐτήν（第三人称阴性单数），意思是"我们要吞灭她"，这可能是因应动词一般包含宾语，但沿用MT也可。

18a 他们的心向主哀求，	צָעַק לִבָּם אֶל־אֲדֹנָי
锡安女儿的墙[14]啊！	חוֹמַת בַּת־צִיּוֹן
18b 泪水落下如急流，	הוֹרִידִי כַנַּחַל דִּמְעָה
白日与黑夜；	יוֹמָם וָלַיְלָה
18c 不给你自己放松，	אַל־תִּתְּנִי פוּגַת לָךְ
不让你眼睛的瞳人静止。	אַל־תִּדֹּם בַּת־עֵינֵךְ׃ ס

---

[14] "锡安女儿的墙" (חוֹמַת בַּת־צִיּוֹן)，LXX译为τείχη Σιων，省略了"女儿"；LXX, OL及V将"墙"译为复数(חוֹמֹת)，T则译为单数，但两者所读的希伯来文字母是相同的，而中文翻译亦未能反映复数与单数之别；BHS提出חוֹמַת可能是הֱמִי，字根为המה，意思是"哀告"，也是用祈使语气，与上半句的צַעֲקִי平行，但没有版本佐证，故仍以MT较可取。

19a 起来，在黑夜、在交更的起头呼喊， קוּמִי ׀ רֹנִּי בַלַּיְלָה לְרֹאשׁ אַשְׁמֻרוֹת

　　　倾倒你的心如水； שִׁפְכִי כַמַּיִם לִבֵּךְ

19b 对着主的面前， נֹכַח פְּנֵי אֲדֹנָי

　　　向他举起你的手掌； שְׂאִי אֵלָיו כַּפַּיִךְ

19c 为你孩童的性命 עַל־נֶפֶשׁ עוֹלָלַיִךְ הָעֲטוּפִים בְּרָעָב

　　　就是那因饥饿发昏的，

　　　在所有外面的街头上。[15] בְּרֹאשׁ כָּל־חוּצוֹת׃ ס

---

[15] 二章 19 节在 *BHK*, *BHS* 及 *BHQ* 被分为四句，但由于其他经节均是三句，因此部分学者认为有些内容属于后加，如 Ewald 认为"就是那因饥饿发昏的在所有外面街头"只是对"孩童"的注解，*BHK* 及 *BHS* 也建议删除此行，参 Ewald, *Die Dichter*, 336；不过，上述提案没有文本佐证，故有学者选择维持四句，认为例外情况可以接受，参 Provan, *Lamentations*, 77; Renkema, *Lamentations*, 317; Berlin, *Lamentations*, 65; House, "Lamentations," 371；部分英译版本，如 *RSV*, *NRSV*, *NIV*, *REB* 及 *JPS* 均保留四句的写法。然而，虽说例外情况并非不可能，但也可以考虑在保留所有内容下，将经文重新断句，将二章 19 节分成三个诗行，维持每节三句的情况。

20a 上主啊！请看，并察看， רְאֵה יְהוָה וְהַבִּיטָה
你对谁如此严惩？ לְמִי עוֹלַלְתָּ כֹּה
20b 妇人岂可吃他们的果实[16]—— אִם־תֹּאכַלְנָה נָשִׁים פִּרְיָם
抚育中的孩童？[17] עֹלֲלֵי טִפֻּחִים
20c 主啊，他们岂可在圣所中被杀， אִם־יֵהָרֵג בְּמִקְדַּשׁ אֲדֹנָי
祭司和先知？ כֹּהֵן וְנָבִיא׃ ס
21a 他们在外面躺下于地， שָׁכְבוּ לָאָרֶץ חוּצוֹת
年轻的和年长的； נַעַר וְזָקֵן
21b 我的少女和我的少年人， בְּתוּלֹתַי וּבַחוּרַי
倒在刀下。 נָפְלוּ בֶחָרֶב
21c 你在你怒气的日子杀戮了， הָרַגְתָּ בְּיוֹם אַפֶּךָ
你宰杀并不顾惜。 טָבַחְתָּ לֹא חָמָלְתָּ׃ ס

---

[16] "果实"（פִּרְיָם），这里的意思不是很明确，而所用代名词字尾是第三人称阳性复数，与上文所提及的"妇女"并不配合。LXX译为καρπὸν κοιλίας αὐτῶν，加上了κοιλίας，意思是"他们子宫的果实"；T译为פירי בטניהון，BHK提出LXX及T将此句读为פרי בטנם；LXX及T的翻译似乎是想对"果实"一词作解释，但由于原文并未明说，故建议沿用MT的写法。另外，"他们的果实"中的"他们"（第三人称阳性复数）可能是指下文的"孩童"（עֹלֲלֵי），换言之，此处的表达是"妇人岂可吃抚育中孩童的果实"。相较来说，这样的描述不及"妇人吃孩童"震撼和残忍，但从文法上也是一个可能的解释。

[17] "抚育中的孩童"（עֹלֲלֵי טִפֻּחִים），原文中עֹלֲלֵי是附属式(construct form)，טִפֻּחִים的意思本是形容怀抱婴孩摇摆不定的动作，在此译作"抚育中"，作为"孩童"的形容词，整个片语可以理解为上文"果实"的本体。

22a 你呼唤如在大会的日子，	תִּקְרָא כְיוֹם מוֹעֵד
我的惊吓从四围而来；	מְגוּרַי מִסָּבִיב
22b 在上主怒气的日子，	וְלֹא הָיָה בְּיוֹם אַף־יְהוָה
没有逃脱者与生还者；	פָּלִיט וְשָׂרִיד
22c 就是我所养育和增多的，	אֲשֶׁר־טִפַּחְתִּי וְרִבִּיתִי
我的仇敌使他们耗尽。	אֹיְבִי כִלָּם׃ פ

3.2 学者的分段结构

有别于第一章将全诗一分为二的处理,学者倾向将第二章分为大致三个部分,包括叙事者的描述、叙事者向锡安的说话、锡安向上主的说话,如 Provan 提出 1 至 12 节是叙事者对读者的发言,13 至 19 节是叙事者对锡安的发言,20 至 22 节是锡安对上主的发言;[18] 或如 Berlin,将焦点放于叙事者所运用的人称——1 至 10 节以第三人称描述耶路撒冷的境况,11 至 19 节是诗人以第一人称抒发他所见,20 至 22 节是耶路撒冷向神的发言。[19]

不过,上述三个部分相对来说颇为独立,近乎"各自表述",虽然 Berlin 提出 1 至 10 节主要交代神的行动,而 11 至 19 节就从忿怒过渡至哀恸,20 至 22 节则以耶路撒冷的祈祷作为总结,但仍未充分解释三个部分

---

[18] Provan, *Lamentations*, 57.
[19] Berlin, *Lamentations*, 67.

如何呼应及衔接。[20]

a. 根据內容主题

因此,有些学者按内容再作较仔细的分段,尝试理顺全诗的脉络发展,并用小标题显示重点如下:[21]

Bergant	House
1~19 见证人发声	1~10 神向以色列所作
1~9a 神的忿怒	1~3 不顾惜的攻击
9b~12 百姓的痛苦	4~5 待以色列如仇敌
13~19 对锡安说话	6~7 废弃圣殿
	8~9a 城市的抵御
	9b~10 国家的领袖
	11~19 为城市哀伤
	11~12 孩童的处境
	13~17 虚假先知
	18~19 呼吁求告主
20~22 请看上主所作	20~22 求主察看苦情
	20 孩童祭司先知之苦
	21 神不怜悯
	22 全然忿怒的日子

---

[20] Ibid., 67, 72, 75.
[21] Bergant, *Lamentations*, 56; House, "Lamentations," 373; Parry, *Lamentations*, 71; Wright, *Lamentations*, 78–99.

Parry	Wright
1~10 神针对锡安的忿怒	1~10
1~5 他忿怒的日子	1~5 没有怜悯
6~7 神攻击圣殿	6~7 没有敬拜
8~9a 神攻击城墙和城门	8~9a 没有围墙
9b~10 百姓荒凉	9b~10 没有话语
11~19 叙事者回应锡安	11~19
11~12 为孩童困苦哀伤	11~12 难以承受的景况
13~17 讲述锡安的痛苦	13 无法比较与医治
18~19 呼吁锡安呼求主	14~16 虚假朋友仇敌
	17~19 请向神呼求
20~22 锡安抗议的祷告	20~22 从黑暗的心呼求

就上表可见学者对诗歌内容重点理解的异同，也反映了一些较难处理的地方，其中包括以下五个观察：

第一，学者倾向 20 至 22 节是一个段落，内容重点在于锡安对上主抗辩的祷告。这一致性可能基于 20 至 22 节在人称、语气及内容方面都有较明显的转折，因这三节是锡安以第一人称向上主发出祈求与陈述，有别于之前的部分，而且内容有向神申辩的元素，故段落主题较清晰。虽然 House 将这小段再作细分，以突出各诗节的重点，但他也同意"求主察看神忿怒带来的惨况"可涵盖全段。[22]

第二，另一相似之处是在 9a 与 9b 节之间分段，从 House, Parry 及 Wright 所用的小标题可见，他们认为 9a 节描述的"城门"、"门闩"与第 8 节提及的"城墙"有关，而 9b 节开始，是针对"国家的领袖"，如君王、王子、先知、长老，又或 9b 节开始是论及"百姓"，即不同人物在城市倾覆后的反应。由于 9a 节以描述城门（非人物）为主，9b 节转为描述人物，[23] 故他们因应内容在 9b 节划分段落。不过，如因 8 节提及"墙"而与 9a 节的"门"相关，那么，其实 7 节也用了"墙"，且完全是同一个字，与 8 节关系更紧密，加上 8 节的动词"毁坏"呼应 6 节相同的字眼，可见，8 节与 6 至 7 节也有联系。另外，在第 6 节其实已描述上主鄙视"君王和祭司"，所以并非 9b 节才开始提及国家领袖，故较难以所攻击的对象是人物或物件来决定分段。从主语看，1 至 8 节的主语基本上是指"上主"，但 9 节一开始，主语改为属于"她"的事物，如"她的城门"、"她的门闩"、"她的君王"、"她的王子"、"她的先知"，而 10 节也是用"锡安女儿的长老"与"耶路撒冷的少女"这样的主语，与 9 节

---

[22] House, "Lamentations," 375.
[23] Bergant 认为 9b 至 12 节是交代百姓中不同的群体，如政治的领袖、君王、长老等，参 Bergant, *Lamentations*, 67；House 认为 9b 至 10 节是从交代城墙及建筑物被毁，到描述人的败落，参 House, "Lamentations," 383；另外，亦有学者仍按字母诗的编排，从 9a 节开始分段，维持诗节的完整性，参 Dobbs-Allsopp, *Lamentations*, 91。

中"她的"的用法相似。故在兼顾字母诗编排及主语转变的情况下,值得重新考虑在 9b 节分段是否合适。

第三,以上学者的较大差异在于是在 11 节抑或 13 节开始分段。 支持前者的,与 Berlin 一样,是基于叙述者的人称从第三身转至第一身,故在 11 节开新段,加上,11 至 12 节特别与孩童及饥饿有关,因此,这样分段能突出这内容重点。[24] 而选择后者的,除因 13 节开始是叙事者直接对锡安的说话外,同时也考虑到 9 至 12 节在内容上均是描述不同的人物如何面对这场灾难,而 11 至 12 节所描述的孩童就是其中一个群体。[25] 不过,由学者的分歧可以看到,11 节与 13 节其实均可作为一个转折,故此,视 9(9b) 节至 12 节为一个段落,将孩童列作众多群体中的一员,可能会淡化了 11 至 12 节的独特性。

第四,另一个差异是对于 18 至 19 节的处理。 首先,18a 节中"锡安女儿的墙"与"他们的心"的意思,及所用第三人称复数是代表哪个群体并不清晰。表面上,这句出现了第三人称,与上文第二人称不太衔接,不过,Dobbs-Allsopp 认为"锡安女儿的墙"运用了借代法,以部分代替全部,故亦是指"锡安",加上"墙"的意象本身与发出哀歌有所连系,诗人用此称呼表示

---

[24] House, "Lamentations," 385; Parry, *Lamentations*, 79; Wright, *Lamentations*, 88.
[25] Hillers, *Lamentations: A New Translation*, 105; Bergant, *Lamentations*, 67,另参 Dobbs-Allsopp, *Lamentations*, 91.

仍以锡安为说话对象。[26] Bergant 同意"墙"用了借代法，并提出"他们"应是指"城中的居民"，所以，诗人是向锡安表达百姓的心向主哀求的状况。[27] 不过，虽然这两节仍可算为诗人向锡安说的话，但因内容表达诗人呼吁锡安向主祈求，故 House 及 Parry 均将这两节从上文分出来，这都反映了 18 至 19 节与上文之间存在着转折。

第五，从上表可见，分段与小标题的概括程度相关，就如 1 至 8 节的分段，部分学者视 1 至 8(9a) 节视为一个段落，概括为"神的忿怒"、"神如仇敌"、"神的毁坏"，但亦有学者再细分其中包括了"攻击圣殿"、"攻击城墙"等具体行动，事实上，两类的分段似乎没有抵触，只是概括的程度粗细不一而已。不过，这反映了根据内容分段可能会出现的问题，就是这很视乎学者如何归纳重点，如果学者一开始倾向以一个涵盖度较广的字眼或标题来处理，可以包含的经文会较多，反之亦然。故此，就 1 至 8 节的内容而言，如以"神的忿怒"或"神如仇敌"来涵盖整个段落并非不切题，但可能会模糊了当中不同诗节要突出的重点，将其中描述上主对锡安不同的攻击笼统地表达。

---

[26] Dobbs-Allsopp, *Lamentations*, 98；Hillers 认为"他们的心"应改为"从心里"，"哀求"应转为第三人称阴性单数，"锡安女儿的墙啊"维持用呼告格，但意思是指"锡安"，参 Hillers, *Lamentations: A New Translation*, 101；而 House 则认为"他们"是指孩童，是孩童的心向主哀求，呼应 11、12 及 19 节的内容，参 House, "Lamentations," 391。

[27] Bergant, *Lamentations*, 75.

由此可见，按内容分段可有助梳理整首诗歌的脉络发展，从描述神的忿怒与毁坏，到突出不同群体对倾覆的反应，再借诗人向锡安的说话与呼唤，引出锡安向上主的呼求。不过，透过比较不同学者的分段，**仍发现过渡位置的经文较难处理，如第 9a 与 b 节的关系、11 节及 13 节的转折、18 至 19 节与上文的关系等**，可见处理第二章各段的过渡部分并不容易。

b. 根据哀告诗架构

Westermann 则尝试继续以群体哀告诗体裁理解第二章的分段及脉络：[28]

1a	开首语
1~8	对苦难的描述（代替对神的控诉）
9~13	灾难中的不同群体（代替群体直接的申诉）
14~17	描述罪行与惩罚，及对仇敌的申诉
18~19	呼吁在上主面前哀告祈求
20~22	祈求上主关注

然而，他也提出第二章有些地方未能直接对应哀告诗体裁的项目，需要作出转化以配合体裁既定框架，如 1 至 8 节"对苦难的描述"代替了"对神的控诉"；9 至 13 节"灾难中的不同群体"代替了"群体直接的申诉"；还有，第二章中欠缺"认罪"的部分，不过，他指这元素隐含在 14 节对虚假先知的描述；而 18 至 19 节中因运用了八次"命令式"，故可视此为"呼吁

---

[28] Westermann, *Lamentations*, 159–160.

赞美"的部分。[29] 另外，Westermann 指出第二章仍包含群体哀告诗的"三重结构"，就是对神的申诉（二1~8）、群体直接的哀诉（二9~13）、对仇敌的投诉（二14~17），加上在最后的部分（二20~22）是直接呼唤上主，故显明了诗歌申诉的本质，符合哀告诗体裁。[30]

不过，Westermann 也承认一开始哀恸的呼喊（mournful cry）是属于挽歌体裁，而 9b 至 12 节作为灾难的描述运用第三人称，有别于一般哀告诗中申诉部分多以第二人称表达，可见这并非很典型的群体申诉。[31] 虽然，他认为诗歌主题是"神的忿怒"与"呼吁哀告"亦属合理，然而，他将 9 至 13 节叙事者"对倾覆景况的陈述"看为"群体直接的哀诉"，在主题及语气上显得不太相称。

Gerstenberger 也从形式批判的角度来理解第二章，但与 Westermann 不同的是，他较为强调诗歌在礼仪中的功能，并以此来理解诗歌的结构，他认为虽然第二章的人称声音不易界定，但整首诗歌大部分都能符合礼仪的框架：[32]

---

[29] Ibid., 147–149，Westermann 还提出 1 至 9a 节中没有可辨认的子分段 (sub-division)，9 至 12 节的群体直接申诉连系于 11a 及 b 节第一人称对苦况的描述，其余的句子则是细数不同受影响的群体。

[30] Ibid., 148, 158.

[31] Ibid., 147–148.

[32] Gerstenberger, *Lamentations*, 485.

1	开首的呼求
1~10	灾难的描述
1~8	上主的制裁
9~10	荒凉的后果
11~16	上主的哀告
11~12	苦难的描述
13~16	表达不满
17~19	警告
20~22	祈求与哀告

他指出 1 至 8 节是描述上主惩罚耶路撒冷，第 8 节就如一个小结，总结神对百姓及圣殿灾难性的行动，整个部分（二 1~10）不单是对苦难的中性描述，更在于上主如何带来浩劫，并展示他极大的忿怒。[33] 接着，基于 11 节及 13 节运用第一人称，同时，13 节开始出现第二人称，他提出 11 至 16 节很可能是"上主的声音"，透过上主的代言人责备耶路撒冷及她的居民；另外，由于上主摧毁了他的圣所，故他亲自担起为百姓哀告的礼仪，所以整段"神的哀告"是诗歌很独特的部分。[34] 换句话说，Gerstenberger 认为 11 至 16 节是上主自己的声音，借先知或神职人员发出，以第二人称向群众直接宣讲，接着，17 至 19 节由叙事者叙述上主所作

---

[33] Ibid., 485–487.
[34] 这假设的背景是犹太人在被掳后经常聚集，并以这首诗歌进行礼仪活动，所以诗歌内容是从描述倾覆的情境到祈祷。参 Ibid., 489–491。

所言，并呼吁群体在困境中敬拜，由此开展 20 至 22 节的祈祷。[35]

由于 Gerstenberger 认为第二章的元素都与礼仪有关，而人称的转换是基于礼仪的考虑，故诗歌的四个部分正显示了礼仪中四段不同的发言。[36] 显然，这假设影响他对诗歌结构的理解，但问题在于倘若 11 至 12 节中的第一人称是指上主或上主的代言人，当中所表达泪水耗尽、心肠搅动、肝胆倾倒的情况，似乎与诗歌其他部分所描述上主的形象是"忿怒如仇敌"、"吞灭不顾惜"不大协调，尤其 13 节发言者提出要如何"安慰你（锡安）"，所流露的感情也与下文描写上主拆毁不顾惜（二 17）的情况完全矛盾，故此，Gerstenberger 从礼仪的角度假设 11 至 16 节是上主的发言，在理解全首诗歌的主题上会带来困难。

由此可见，Westermann 与 Gerstenberger 均强调第二章属于群体哀告诗的体裁，无可否认当中确有明显哀告及申诉的元素，特别是 20 至 22 节直接向上主申诉与祈求的内容，因此，哀告诗体裁的分析有其值得参考之处，然而，**运用既定体裁框架分段，仍会发现颇多未能符合的情况，有碍解释段落之间的过渡与联系。**

c. 根据人称声音

另外，O'Connor 按发言者及人称转换，同样将第二章划分为三大部分，1 至 10 节是叙事者的发言，描述神倾盆忿怒与它对锡安的影响；11 至 19 节是叙事

---
[35] Ibid.
[36] Ibid., 490.

者向锡安表达他对灾难的回应；20 至 22 节是锡安向上主的发言，[37] 这个分段虽与不少学者相仿，不过，O'Connor 在此更多关注不同声音的互动，并由此带出主题。她提出锡安在第一章希望得到见证者察看倾听她的痛苦（一 12、18），故即使叙事者无法安慰锡安（二 13），他也已提供了锡安想得到的东西——"别人的关注"，亦正由于叙事者无法安慰锡安，故他呼吁锡安向上主祈求（二 18~19），由此带出只有神才能医治安慰她。[38] 虽然上主一直没有回应，不过，O'Connor 认为锡安已得到关注她的见证人，故这章重点是"锡安在叙事者身上找到了安慰"。[39]

至于 Bier 也是按人称分段，重视不同声音的互动，但她的分段较仔细——1 至 10 节乃哀告者叙述上主毁坏锡安，11 至 12 节是从描述百姓过渡到哀告者自身哀伤，13 至 17 节是哀告者以连串反问直接向锡安说话，18 至 19 节是呼吁锡安发言，最后 20 至 22 节就是锡安对哀告者呼吁的回应，亲自向上主发出祷告。[40]

Bier 在 11 至 19 节中按人称及说话对象再作细分（二 11~12、13~17、18~19），将 11 及 12 节划分出来，因这两节仍未涉及锡安，可以视为哀告者稍为客观的描述；13 至 17 节就是哀告者以第二人称对锡安的描

---

[37] O'Connor, *Lamentations and the Tears*, 31.
[38] Ibid., 39–42.
[39] Ibid., 43.
[40] Bier, *Perhaps There Is Hope*, 78–95；另 Kraus 也是这样分段，参 Hans-Joachim Kraus, *Klagelieder*, 2., erw. Aufl., BKAT 20 (Neukirchen: Neukirchner Verlag, 1960), 39。

述；18 至 19 节，哀告者以呼告语气劝说锡安向上主呼求，因涉及向另一个主体的发言，比之前多一个元素；[41] 由此可见，把 18 至 19 节划分出来，可突出在"哀告者与锡安"（二 13~17）及"锡安与上主"（二 20~22）两段发言之间的过渡。

此外，Bier 认为第二章的两个声音不像在第一章般均等地出现，哀告者所占篇幅较多，锡安只出现在最后三节，但两个声音仍然继续互动对话，而且渐趋一致，因两者都表达上主的行动该受谴责，虽然，从第二章仍可找出"神义论"与"反神义论"的元素，但相较第一章，这一章哀告者对上主的态度是较"对抗性"的，换句话说，是倾向"反神义论"的，这见于哀告者较流露对锡安的同情与支持，故可说两个声音均包含对上主的抗议申诉，反映"与神抗辩"的主题。[42]

从上可见，O'Connor 与 Bier 不但根据人称分段，更突出不同声音的互动，分别展示叙事者成为了锡安的"安慰者"，以及哀告者如何从描述上主忿怒的行动，到逐渐走近锡安的立场，与她向上主发出抗议，**这样的处理有助于展示 1 至 10 节及 11 至 19 节两大部分的呼应与关系，使这两个大段落不致"各自表述"**。不过，Bier 由于较着重声音之间的互动及分析当中"神义论"与"反神义论"的元素，故对于没有人称转换的 1 至 10 节，未有进一步分段，以显示这部分的脉络。

---

[41] Bier, *Perhaps There Is Hope*, 89–93.
[42] Ibid., 78–99, 103.

d. 根据诗节结构

从以上各种分段方式可见，1 至 8(10) 节这一部分会倾向作为一个大段落出现，较少细分以展示当中不同的重点。然而，一些按诗节结构分段的学者，如 Renkema, Berges 及李思敬等，基于诗章段落长度差异不会太大，在 1 至 10 节中间均再作分段。就第二章，Renkema 将全诗分段如下：[43]

诗段		诗章	经文	重点	诗节数目
第一部分	一	A	1~3	锡安与以色列面对主的忿怒	3
		B	4~5	主毁坏锡安犹大如仇敌所作	2
	二	C	6~7	上主毁坏他自己的圣殿与祭坛	2
		D	8~10	城市与居民的惨况	3
第二部分	三	E	11~13	耶路撒冷为孩童死于饥饿而哭泣	3
		F	14~15	先知的失败导致耶路撒冷倾覆	2
		G	16~17	仇敌欢喜出于上主的心意	2
	四	H	18~19	呼吁锡安儿女为孩童生命祷告	2
		I	20~22	锡安女儿的祈祷	3

Renkema 将整首诗歌分为两大部分，每部分包含两个诗段，每个诗段包含二至三个诗章，不过在第二章，诗章中包含的诗节数目没有出现十分工整对称的模式。另外，就 1 至 10 节、11 至 13 节及 14 至 17 节，

---
[43] Renkema, *Lamentations*, 207–212.

Renkema 在分段上都有较为特别的地方：

- 二章1至10节

从上表可见，Renkema 根据诗节结构，对 1 至 10 节进行了较仔细的分段，关于上主忿怒的行动，作了四个层次的表达，先交代上主忿怒（二 1~3），再写上主如仇敌（二 4~5），接着具体写上主对圣所祭坛所作（二 6~7），再交代整个城市的毁坏（二 8~10），他认为 8 至 10 节可以作为整个部分的总结，从描述上主毁坏锡安的墙（二 8），到交代城墙被毁对居民影响，进而描述君王、王子、先知、长老及少女的情况（二 9~10）。[44]

- 二章11至13节

另外，有别于大部分学者认为 1 至 19 节均是叙事者的发言，Renkema 指出 11 至 12 节是属于锡安的发言，当中第一人称是指耶路撒冷或锡安，因为二章 11 节所用的意象，包括"双眼流泪"、"心肠搅动"，与一章 16 节及 20 节中锡安以第一人称形容自己"哭泣流泪"与"心肠搅动"的行动相似；加上，在诗歌第二部分的最后一段是锡安女儿的祷告（二 20~22），故 11 至 12 节作为第二部分的开始，同样为锡安的发言也是合适的。[45] 不过，在 11 至 12 节锡安的插入语后，第 13 节诗人以第二人称直接向锡安发言，故 13 节与前两节的人称并不相同，但 Renkema 认为同一个诗章或诗节中包含人称转换并非不常见，如一章 9 及 11 节亦

---

[44] Ibid., 250.
[45] Ibid., 268.

曾出现类似情况，故他维持将 11 至 13 节视作一个段落。

■ 二章14至17节

同样，Renkema 在 14 至 19 节这个大段落，作了一个较仔细的分段。他提出 14 至 15 节虽然表面上的关系不密切，反而 15 至 16 节的连贯性似乎更强，但事实上，将 15 至 16 节放在一段是不正确的，因为这两节交代不同的主题，15 节是描述路人的嗤笑，16 节是仇敌的欢喜；另如果将 15 及 16 两节放在一起，14 与 17 节就会被分割独立出来，加上 16 与 17 节在字面及内容上都有关连，都是与"仇敌欢喜"有关，所以放在同一段较合适。[46] 而实际上，Renkema 其后也提出 15 与 16 节可以作为平行，以"路人的嗤笑"平行"仇敌的欢喜"，可见 15 与 16 节的关系仍是很密切。[47]

此外，Renkema 与 Berges 的分段均没有反映出对称的诗节结构，[48] 这可能经文中在第 11 节出现转折，故将诗歌划分为 1 至 10 节与 11 至 22 节两部分的话，已出现不平均的情况。不过，李思敬仍尝试在第二章找出工整诗节结构：[49]

---

[46] Ibid., 280, 295. Berges 将 15 至 16 节放在同一段落，参 Berges, *Klagelieder*, 131。
[47] Renkema, *Lamentations*, 280, 295.
[48] Bergers 的分段为"1~3/4~5//6~7/8~10//11~13/14~16//17~19/20~22"，参 Berges, *Klagelieder*, 131。
[49] 李思敬于 2015 年在中国神学研究院道学硕士"旧约神学"课程笔记（未出版）中，列出了第二章的分段及标题，但就分段大纲及诗歌主题则没有详述。

诗章	经文	重点	诗节数目
A	1~3	上主向他子民发怒	3
	4~7	上主像子民的仇敌	4
B	8~10	上主定意毁灭锡安	3
	11~12	耶路撒冷欲哭无泪	2
	13~15	锡安真是无药可救	3
C	16~19	你要向主举手祷告	4
	20~22	锡安开口向主祷告	3

这个分段将 11 及 12 节放在诗章 B 及全诗的中间位置，这样就可以维持诗歌上下两部分的对称。加上，11 至 12 节在人称、用字及内容上都有相当密切的联系，当中重复了"倾倒"、"晕倒"、"街上"的字眼，而且，13 节在人称及语气上有明显的转折，故将 11 及 12 节划分出来作为一个诗章，较 Renkema 连合 13 节的处理更为合适。

然而，这个分段仍然要面对上述 15 及 16 节的问题，尤其 16 及 17 节的内容似乎仍是以形容仇敌待锡安的情况为主，与"你要向主举手祷告"这个标题的关连不太直接，因此，这个地方仍需斟酌。但大体上，这个诗节结构可以为第二章划分工整段落提供一个可能，特别是 11 至 12 节的处理，可以解决学者在分段上难以维持诗节数目对称的问题。

小结

整体而言，耶利米哀歌第二章由于人称及叙事对象的转换的界线分明，如 11 至 19 节、20 至 22 节，故人称在分段上有一定的参考作用。不过单就人称分段,一般未能处理1至10节这部分,故诗歌上半部分普遍不作进一步分段。另外,当中有些经文按内容划分时需要分拆字母诗的诗节,如在9b节开新段,这些情况仍需斟酌。不过,相较之下,按诗节结构分段的学者对于1至10节有较明确的分段,这可能基于他们考虑到诗章的长度差异不是太大,并顾及诗歌中字词的重复与呼应,故尽量呈现每个诗章所包含的元素,以反映诗歌的内在结构与铺排。

然而,对于诗歌的下半部分,即使按诗节结构划分,似乎亦未有共识,特别是15及16节的分段,这反映了当中的困难。另外,除了李思敬提出了一个对称工整的结构外,其他学者在这一章均没有列出工整对称的分段,原因可能在于一般将诗歌分为1至10节与11至22节两部分后,不容易加以划分对称的诗节结构。因此,第二章是否如第一章存在工整诗节结构的可能,下文将继续分析。

3.3 诗节结构的建议

3.3.1 诗节结构的划分

从以上提及的各种分段可见，第二章很多时候都会根据人称的转换而被分为 1 至 10 节与 11 至 22 节两部分，以致不易加以划分对称的诗节结构，不过，若尝试以 11 及 12 节作为全诗中间的段落，则可以为第二章划分工整段落提供一个可能。故在此基础上除了考虑 van der Lugt 划分诗节结构的原则，包括定量结构、转折标记、重复字眼，亦考虑第二章明显的人称变化，拟定了下列的诗节结构，以反映诗歌内在的呼应与发展脉络：

诗段	诗章	经文	重点	诗节数目
一	A	1~3	我主**怒气的日子**，吞灭不**顾惜**	3
	B	4~5	我主如仇敌**倾怒如火**，加重哀伤	2
	C	6~8	**上主谋定**毁坏大会、祭坛、城墙	3

二	D	9~10	城门下陷断裂，没有训诲与**默示**	2
	E	11~12	为断裂**倾倒**肝胆，孩童**倾倒**性命	2
	D'	13~14	断裂如海无人医治，**默示**虚假愚昧	2
三	C'	15~17	路人仇敌针对锡安，**上主**行所**定意**	3
	B'	18~19	向主哀求**倾心如水**，为孩童祷告	2
	A'	20~22	上主**怒气的日子**，宰杀不**顾惜**	3

a. 定量结构

与第一章相似，第二章也可以划分为三个部分，并以 11 及 12 节为全诗中间的部分，形成一个扇形结构，而三个诗段包含的诗节数目不一，不过，也有一定对应的模式。第一个诗段（二 1~8），三个诗章（1~3/4~5/6~8）所包含的诗节数目分别是 3、2、3；第二个诗段（二 9~14），三个诗章（9~10/11~12/13~14）所包含的诗节数目分别是 2、2、2；第三个诗段（二 15~22），三个诗章（15~17/18~19/20~22）所包含的诗节数目分别也是 3、2、3，因此，全诗诗节分布呈现对称工整的诗节结构。

b. 转折标记

基本上，1 至 10 节人称没有特别的变化，均以第三人称陈述上主对待锡安的情况，不过，在这个大段落中，第 6 节的动词时态用了"ו连续句"（waw consecutive），与上文一般所用的完成式有所分别，如第一章的情况，这很可能是基于字母诗的编排，而在此处分段也反映了文法的一个转折。不过，虽然第 6 节有一个转折的可能，1 至 5 节与 6 至 8 节在用字及内容上也有一些呼应，如第 5 与 8 节中均出现"吞灭"

与"毁坏",所以这两段即使考虑分成不同的诗章,但也适宜放在同一个诗段中,以表示它们有一定的相关性。

另外,第 9 节在主语的运用上也出现了转折,因为 1 至 8 节的主语基本上均是第三人称阳性单数,所指的是"主",但 9 至 10 节用的主语多是第三人称复数,部分更加上了第三人称阴性单数的字尾,如"她的城门"、"她的君王"、"她的王子"、"她的先知",而"锡安女儿的长老"与"耶路撒冷的少女"也有类似的结构。

接着,第 11 节从第三人称改为第一人称,可以作为一个转折标记;第 13 节开始则用了第二人称,表达了叙事者向耶路撒冷女儿及锡安女儿的少女发言,故也表示了一个段落的转折。加上,11 及 12 节这两节重复了"倾倒"、"晕倒"、"在城镇/城中的街上"这些字眼,并描述孩童饿昏的情况,很可能这就是 11b 节所表达"我百姓女儿的断裂",也就是"我"哀伤哭泣的主因,故此,可见 11 至 12 节是有非常紧密的关系,故建议结构将这两节归为一段。

至于 18 节从陈述转为祈使的语气,18c 节中的动词"不给"(אַל־תִּתְּנִי)与"静止"(אַל־תִּדֹּם),均用了祈使(jussive)的语气,再加上 18a 节"锡安女儿的墙啊"(חוֹמַת בַּת־צִיּוֹן)应是用了呼告格(vocative),故 18 节的语气转变也可作为转折标记,而 19 节一连串的动词"起来"、"呼喊"、"倾倒"、"举起"都是用命令式(imperative),承接 18 节所用的语气。

最后，20至22节是锡安以第一人称向上主祷告，语气仍是用命令式与呼告格，但第二人称已从"锡安"转为"上主"，故明显有一个转折。由于20至22节均以上主作为描述的主体，从表达对上主严惩质问，到指出上主对她百姓不顾惜地的杀戮，结尾表达上主怒气下无一幸免的处境，可见这是一个清晰的小段落。

由此可见，透过以上所列的转折标记，大致已可将诗歌分为若干段落，如1至5节、6至8节、9至10节、11至12节、13至17节、18至19节、20至22节，而以上建议的诗节结构，基本上能反映这些分段。不过，1至5节及13至17节两部分，当中未见明确转折标记，故需按诗节之间的关系再考虑分段安排。

■ 二章1至5节

表面上，1至5节在人称、语气及内容上颇连贯，五节均以第三人称阳性单数叙事，内容都关于上主忿怒的行动，不过，相较来说，第4及5节在首句用字及主题上有更密切的关系，第4节用了"如仇敌"、"如敌人"来形容上主的行动，第5节开始时也重申"主成了如仇敌"，明显较1至3节所表达的程度更为激烈，因此，将4至5节划分出来，可突出两节之间的关连及与上文的转折。

■ 二章13与17节

至于13至17节，有学者提出14至17节为一个段落，用作回答13节提出"谁能医治你"这个问题，故将"先知"（二14）、"路过的"（二15）、"仇敌"（二16）、"上主"（二17）列为可能的"医治者";[50] 这个解释并非不可能,的确,"先知"应该是最有可能成为锡安的医治或安慰者,但将"仇敌"也假设可以成为医治者,在理解上则有点困难。因此,需要尝试从诗歌用字及表达上找出线索,探讨这部分可以如何分段及理解它们之间的关系。

首先,从用词及句子结构的表达上来看,15 及 16 节的关系明显是较密切的,如 15a 与 16a 节、15b 与 16b 节上半句的句子结构十分相似:[51]

	原文直译	
15a	他们拍掌针对你 所有路过的	סָפְקוּ עָלַיִךְ כַּפַּיִם כָּל־עֹבְרֵי דֶרֶךְ
16a	他们张开他们的口针对你 所有你的仇敌	פָּצוּ עָלַיִךְ פִּיהֶם כָּל־אוֹיְבַיִךְ
15b	他们嗤笑并摇头	שָׁרְקוּ וַיָּנִעוּ רֹאשָׁם
16b	他们嗤笑并咬牙切齿	שָׁרְקוּ וַיַּחַרְקוּ־שֵׁן

而且,这两个诗节在最后均以一句引用作结,15 节是引用"人们说"这个城是"完全美丽,为全地喜悦的",16 节则引用"他们(仇敌)说""我们吞灭了"、"这日子是我们所指望、我们寻找、我们看见",假

---

[50] Dobbs-Allsopp, *Lamentations*, 97; Federico G. Villanueva, *Lamentations*, ABCS (Carlisle: Langham Global Library, 2016), 66–68.
[51] 高铭谦认为 15 至 16 节句式结构相似,应被视为同一个单元;而这两节的主题是锡安的敌人,他甚至认为路人与仇敌可能指同一批人,参高铭谦,《耶利米哀歌》,页 71。

如这些安排不是巧合，可以推测这两节是诗人精心安排的，为了让读者扣连在一起阅读。虽然 Renkema 提出两节的主题不一，15 节是交代"路人的嗤笑"，16 节是"仇敌的欢喜"，但事实上，从两节的行文反映路人的行动与仇敌相似而言，两者虽有程度上的差异，但性质上是相同的，故在此倾向将这两节归为一段。

至于 17 节，语气上略有转变，再次以上主为主语，不过在用字上与 16 节有一定的连系，重复了"说话"、"日子"、"仇敌"及"针对你"，特别 17c 节带出是上主"使仇敌欢喜"，呼应 16 节关于仇敌嗤笑耶路撒冷的描述，换句话说，17 节在用词及内容上都是承接着 16 节。另外，由于 18 及 19 节出现"呼告格"及"命令式"语气的运用，故可算是一个转折标记，虽然仍然维持用第二人称，但 18 与 19 节明显有更大的变化，故此，15 至 17 节可组成一个段落。

由于 15 至 17 节较适合归作一段，13 至 14 若非独立成段，就需要组成一个小段落。诚然，这两节表面看似关系不大，但实际上，13 节叙事者用反问表达无法找到可与锡安相比的状况，无法见证亦无从安慰，要突出锡安所承受的是极其严峻，无人可医治；接着，14 节交代先知默示虚假、愚昧和误导的神谕，所指的很可能是先知向犹大说"平安"的预言，其实没有平安（结十三 8~16），这样虚假的预言令锡安的罪孽不被显露（二 14b），换句话说，14 节指出了那些似乎可以带来"安慰"的神谕与预言"平安"的话，其实都是虚假的，都不能带来真正的安慰与医治。由此可见，14 节其实是呼应 13 节诗人的提问，并与其指向同一个焦点，就是没有真正可以安慰与医治锡安的出路，就连似乎最可能提供安慰医治的先知也只能带来虚假的默示，没有真正的医治。

总括而言，建议的分段大致能按照诗歌中的转折标记，亦能反映诗节之间的呼应与关连。

c. 字词重复与呼应

首先，诗章 A 与 A' 首尾两段有很多明显的呼应，当中包括两个诗章分别三次与两次提及"怒气"（二 1a、1c、3a、21c 及 22b），并同样运用了"怒气的日子"（二 1c、21c 及 22b）这个片语。另外，"主吞灭不顾惜"（二 2a）与"你宰杀不顾惜"（二 21c）两句的用字与句子结构都十分相似，而基本上"不顾惜"这个片语在全诗出现了三次（二 2a、17b、22b），虽分别搭配不同的动词"吞灭"、"拆毁"与"宰杀"，但均以类似的结构表达，颇能引起读者注意，不排除这是诗人刻意的安排。另外，第 3 节形容火在雅各烧灭"四围"的，与 22 节所描述锡安的惊吓从"四围"而来，形象化地表达了锡安被重重围困的处境。

接着，诗章 B 与 B' 两段呼应的内容不多，但其中两个句子的用字及结构十分相似，分别是"他倾倒他的暴怒如火"（二 4c）与"倾倒你的心如水"（二 19a），两句都运用了"倾倒"这个字眼，并同样以"明喻"来表达所要倾倒的事物，不过前者是倾倒"暴怒"，后者是倾倒"心"，形成一个强烈的对比。由于这两句在诗歌中的位置刚好是对称的，更突出了这两节的对照关系，且两者在意思上也呈现一定的张力，前者描述上主如仇敌般向锡安女儿倾倒怒火，后者反而是呼吁锡安，正正需要向这位上主倾倒心意地祷告。

至于诗章 C 与 C' 也有两个元素的呼应，第 7 节提出是上主将锡安宫殿的墙交付在"仇敌"的手（二7b），与 17 节描述上主使"仇敌"针对你而欢喜，又使"敌人"的角被高举（二 17c），在用字与意思上呼应，同样指出仇敌是受上主所驱使。另外，第 8 节指出"上主谋定要毁坏"，与 17 节"上主行了那他所定意的"，同样表达出上主攻击的行动是有计划及原因，17 节更进一步描述上主履行了他的话——古时对以色列民的吩咐，换句话说，上主的行动是有根据的，并非一时情绪失控在暴怒下进行的破坏。

诗章 D 与 D' 也有字眼上的呼应，第 10 节描述"耶路撒冷的少女"，在 13 节也出现"耶路撒冷的女儿"和"锡安女儿的少女"，虽然并非完全一致，但也有一定的联系；而较明显的就是对先知的描写，第 9 节提到"先知"找不到从上主来的"默示"，而 14 节就两次交代"先知""默示"虚假，整首诗歌只有这两个地方描写关于先知默示的情况，前者是一种较为客观的描述，指出先知找不到默示的状态，而后者则是对先知默示虚假神谕的指责。

诗章 E 在全诗的中间，而这两节经文的用字本身就有非常紧密的呼应，当中重复了"倾倒"、"晕倒"及"在街上"的字眼，而 12 节的内容亦可以被视作 11b 节"我百姓女儿的断裂"及 11c 节"孩童和吃奶的晕倒在街上"的阐述，仔细交代了孩童对母亲的说话，并描写了他们将性命倾倒在母亲怀里的状态，反映出诗人对孩童饥饿的处境相当重视。诗章 E 两次用"倾倒"一字，与诗章 B 与 B' 重复出现的"倾倒"也有呼应，而刚巧这三个诗章均在诗段的中间，可以显出这个字眼在诗歌中值得留意。

另外，以这个分段结构来看，除了上述诗段二中首尾诗章有所呼应，诗段一及三的首尾诗章也有一定的呼应：

在诗段一中，诗章 A 及 C 均描述了上主"吞灭"（二 2a、8b），诗章 A 描述主"亵渎王国与王子"（二 2c），而诗章 C 则描写上主"鄙视君王和祭司"（二 6c），还有两个诗章都有提及"日子"这个字眼，分别是"怒气的日子"（二 1c）和"大会的日子"（二 7c）。另外，较明显的呼应是第 3 节他使他的右手"转回"（二 3b），与第 8 节描述上主不叫他的手从吞灭"转回"（二 8b），一方面描写上主收回他象征帮助的右手，另一方面交代上主不会收回他吞灭锡安的手，两者的呼应形成强烈的对比。

在诗段三，诗章 C' 与 A' 均多次提及"日子"这个字眼，在诗章 C' 提及仇敌说"这日子是我们所指望"（二 16c），"这日子"就是指他们"吞灭"犹大的日子，还有上主从"古时的日子"所吩咐的话（二 17b），这应该是指他与以色列民立约的日子，他会履行在犹大悖逆之时会降祸的说话。诗章 A' 更两次提到"怒气的日子"（二 21c、22b），还有"大会的日子"（二

22a），意思本来是指节期，是表明上主与他的子民关系的日子，然而，在这里却被比喻为神呼唤仇敌攻击犹大的日子（二7c），与原来的意思形成十分强烈的对比，也呼应了仇敌"所指望的日子"（二16c）。

另外，还有17节提到"他拆毁并不顾惜"与22节"你宰杀并不顾惜"呼应，这个句式与诗章A"我主吞灭并不顾惜"亦相似，故此，透过以上的诗节结构，可见"不顾惜"这个元素，不但在整首诗歌首尾呼应，也在诗段三的首尾诗章相互呼应，诗人刻意用了相同的句子结构，分别转换了三个不同的近义词，加上句子所在的位置，可见此句在第二章的重要性。

透过以上对各诗章字词重复与呼应的分析，可以看到建议的诗节结构有助呈现第二章在用词及内容上的扇形结构，反映诗歌各部分的关系，有助理解全诗的脉络发展。

A 神怒气的日子：吞灭不顾惜，烈火四围而来（二1~3）
　B 神如仇敌：倾倒暴怒如火（二4~5）
　　C 上主谋定毁坏：毁坏大会、将锡安交付仇敌（二6~8）
　　　D 君王没有训诲、先知找不到默示、长老静默（二9~10）
　　　　E 双眼流泪、肝胆倾倒：孩童晕倒、倾倒性命（二11~12）
　　　D' 断裂如海，谁能医治？先知默示虚假和愚昧（二13~14）
　　C' 上主行了所定意：使仇敌嗤笑欢喜、拆毁不顾惜（二15~17）
　B' 向主哀求：倾倒你心如水（二18~19）
A' 神怒气的日子：宰杀不顾惜，惊吓四围而来（二20~22）

3.3.2 建议结构的脉络与特点

从以上的分析可见,建议的诗节结构建基于诗歌中的转折标记及诗节间之密切关系,而这个分段除了可呈现"扇形结构"外,也可按各诗章所描述的主体及内容,将全诗分为三个诗段:

a. 诗段一(二1~8)

诗段一以描述上主忿怒的行动为主,诗章 A 以不同的意象或比喻表示他的行动,如"遮蔽锡安"(二1a)、"将以色列的荣美掷落"(二1b)、"吞灭雅各的牧场"(二2a)、"拆毁犹大的堡垒"(二2b)、"砍断以色列的角"(二3a)、"燃烧烈火在雅各"(二3c),并清楚列出对象——锡安、以色列、雅各、犹大,每诗节提出两次地方名字,十分工整,也显出上主行动的针对性;诗章 B 不但延续忿怒的行动,"倾倒暴怒如火",更强调上主所作的有如以色列的仇敌,使锡安极其哀伤;接着,诗章 C 相较诗章 A 的描述更为实际具体,所提及的事物包括帐幕与大会(二6)、祭坛与圣所(二7)、城墙与外郭(二8),这些都代表了上主与他子民关系,以及带给他们保障的事物,但这些一一都被上主所摧毁、丢弃,到最后甚至提出他不叫他的手从吞灭中转回,可见上主的拆毁到了最严厉的地步,借描述上主对大会、圣所、祭坛的摧毁,甚至反映了上主与子民关系的破裂。

b. 诗段二(二9~14)

至于诗段二中的三个诗章,人称上均不相同,诗章 D(二9~10)用的是第三人称,诗章 E(二

11~12）用的是第一人称，诗章 D'（二 13~14）以第二人称为主，故似乎建议的诗节结构有一定的局限。

然而，关于 11 节中第一人称的身份，当中有两个可能性：第一，这是诗人透过第三人称转为第一人称来表达他对眼前惨况的哀伤；第二，这两节是锡安的发言，她以第一人称回应诗人之前所描述上主的攻击，在此直接表达她的伤痛之情，并提出孩童饿昏的惨况。[52] 事实上，根据字面的表达，两个情况都有可能，不过，就情绪的发展来说，假如这两节都是诗人的表达，那么他就是从一个较为客观冷静的描述（二 1~10），突然转到一个自身极度哀伤的状态（二 11~12），然而，13 节马上又转为一个安慰者，当然诗人可以是与哀伤的人同哭，但两次的转变显得较为突兀。

至于能否将 11 至 12 节理解为锡安的插入语，首先，考虑到"双眼流泪"与"心肠搅动"的意象曾在第一章以第一人称形容锡安，在此用来形容锡安是合理的；[53] 还有，11b 节描述"为我百姓女儿的断裂"中所运用的"我百姓"，将其理解为"锡安的百姓"

---

[52] 就 11 至 12 节的第一人称，Wiesmann 及 Renkema 认为是指锡安，Gerstenberger 认为这是出于上主的声音，其他大部分学者则认为是属于叙事者的发言，如 Bier 所说，11 节是叙事者以第一人称表达他个人的哀伤，进入苦难的经验，抒发作为见证人的主观感受，参 Wiesmann, *Die Klagelieder*, 151; Renkema, *Lamentations*, 268; Gerstenberger, *Lamentations*, 485, 488; Bier, *Perhaps There Is Hope*, 86。

[53] Renkema, *Lamentations*, 268.

比"叙事者的百姓"意思上亦较合理一点；加上，12节中以第三人称复数描述孩童饥饿的情况，也可以是由锡安的角度出发，就如一章19节中的锡安也是用第三人称复数，描述祭司和长老寻找粮食时在城中气绝，故将11至12节理解为锡安第一身的发言也是有可能的。[54] 因此，如果将11至12节的第一人称视作"锡安"，则可以说其实三个诗章（诗章D、E及D'）所描述的主体是一致的，即使代名词分别是"她"、"我"、"你"，但都是指向"锡安"。

故此，诗段二主要描述在上主的行动下锡安的处境，共通的字眼是"断裂"／"折断"（二9a、11b、13c），原文字根是שבר。诗章D（二9~10）以第三人称描述锡安在经历上主忿怒下，城中人与物的境况，包括她的城门、君王、王子、先知、长老及少女，均处于折断、失落、沉寂的状态；诗章E（二11~12）则以第一人称表达锡安（或诗人）为她百姓女

---

[54] 这样也可以解释到13节是叙事者因应11至12节锡安的发言以及其哀伤的状态，从第三人称的描述转为以第二人称直接向锡安发言。想像这是一个对话的情境，当锡安亲自道出她的哀伤，特别是孩童饿昏的苦况，就顺理成章地引出叙事者说"什么我可向你相比，什么我可向你比拟"，而接着以呼告格表达"耶路撒冷女儿啊"，也就要显示前两节的发言人正是"耶路撒冷女儿"。这样的理解，就使叙事者在13节突然改为第二人称的表达有了基础，也让20至22节锡安出场向上主的呼求不会显得太突然。如按这样的理解，11至12节划分出来作为一段也是合理的，虽然Renkema认为13节人称转换不必然要开新一段，然而，如之前的分析，11及12节的关系相当紧密，故13节连于下文或更为适当，这样也可以解决14节会被独立出来的问题。

儿的"断裂"——孩童饥饿面临死亡的情况，而流泪悲伤、心肠搅动、肝胆倾倒，与之前的描述相比，11至12节集中具体描写孩童与母亲，而且状况更为凄惨，因为孩童是最无辜软弱的一群，竟然也要面对这样的折磨；故此，到了诗章D'（二13~14），诗人以第二人称向锡安提问并陈述，表达锡安的"断裂"如海，其痛苦不能测度，无人可医治，即使先知所言也是虚假，不能带来真正的安慰。因此，诗段二虽然用了三种叙事人称，但其实也是从锡安的角度，理解她所面对的痛苦是到了极致，无可比拟。

c. 诗段三（二15~22）

诗段三则描写了对于锡安的处境，别人的反应以及锡安的回应。诗章C'描述了路过的人、仇敌如何以言行针对锡安落魄的处境，由此带出一切都是上主定意而行（二17），使仇敌欢喜并被高举，突出上主才是始作俑者，故也是哀求申诉的惟一对象；因此，诗章B'，诗人呼吁锡安要向上主哀求，"倾倒她的心如水"（二19a），特别为饥饿濒死的孩童举手（二19c）；而诗章A'就是由锡安以第一人称直接发出呼求，对上主严惩提出质问，交代了饥饿与杀戮的情况（二20~21），并申明无人能逃脱上主的怒气（二22）。

从这个诗节结构可以大致掌握诗歌发展的脉络，焦点从上主的行动（二1~8）到锡安处境（二9~14），再由别人对锡安的反应，到锡安向上主的回应（二15~22），可见诗人是层层推进、有组织地铺陈诗歌的内容。

3.3.3 从诗节结构看诗歌主题

通过以上对这个诗节结构的分析，可以看到不少字眼与句子刚巧处于一些对应的位置上，尤其是"倾倒"这个字眼，在三个诗段的中央部分均有出现，细心观察，这个字眼在不同诗段中有不同作用，甚至可以涵盖该诗段的大意。

a. 倾倒怒火

诗段一中，"他倾倒他的暴怒如火"（二 4c）这一句出现在诗段中央的部分，基本上，可以用来形容1 至 8 节所发生的情况,就是上主倾盆的忿怒临到锡安，当中"暴怒"的表达呼应诗段中"在他怒气中遮蔽"（二1a）、"在他怒气的日子"（二 1c）、"在他忿怒中拆毁"（二 2b）、"在怒气烈怒中砍断"（二 3a）、"在他怒气的怒恨中鄙视"（二 6c），而"火"的意象，也呼应了第 3 节"燃烧如烈焰之火在雅各"，可见这句十分具体化地表现了神在忿怒中所作的一切行动，也塑造了上主在第二章独特鲜明的形象。

b. 倾倒肝胆、倾倒生命

在诗段二中间的部分，两次出现"倾倒"这个字眼，首先是锡安形容自己"我的肝胆被倾倒在地上"（二11b），表达一种极度哀伤的状态，配合上文一连三句包括双眼流泪（二 11a）、心肠搅动（二 11a）、倾倒肝胆（二 11b），描述身体的不同部分的状况，以流露悲伤的感情，11b 的下半句就指出如此哀伤的原因，是为了"锡安百姓女儿的断裂"，因此，这个哀伤的表达既是对上文上主拆毁锡安的反应，也是为 11c 至 12 节描述孩童饥饿濒死的缘故，故这一段中"倾倒肝胆"所表达的哀伤，可以说是由于上主"倾倒忿怒"所致。

而在 12c 节，诗人重复用了"倾倒"（hitpael stem），形容孩童将自己的性命"倾倒"向母亲的怀中，按上文的理解，这不是描述一般情况下孩童被母亲怀抱的情况，因 12a 节提出孩童对母亲询问"五谷和酒在哪"，11c 与 12b 节更具体描写他们"晕倒在街上"，可见孩童是因没有食物而导致虚弱晕倒，故此，"倾倒性命"在此是形容城中最弱势的群体处于濒死的状态，可以说是锡安所面对最严峻的处境，也是上主倾倒忿怒下最令人难以接受的影响。因此，诗章 E 的两次"倾倒"正正表达了锡安身处上主严惩中最痛苦的心情与处境，也颇能涵盖整个诗章对锡安的描述。

c. 倾倒心意

至于诗段三中，19 节再次出现"倾倒"这个字眼，用法与之前却不相同,在此用了"命令式"(imperative)，是诗人向锡安的呼吁，要她在主面前"倾倒你的心如水"（二 19a），向上主哀求祷告，为那因饥饿发昏的孩童祈祷。因此，这次的"倾倒"是指向锡安在苦难中需要有的回应。除了"倾倒"，18 至 19 节与 11 至 12 节还有若干呼应之处，包括用字的重复如"眼睛"、"泪水"、"女儿"、"孩童"、"性命"，且 19c 节所特别提及的因饥饿发昏的孩童，正是 11 至 12 节描述的重点，也突出了这两段的相关性。故此，在诗章 E，锡安因孩童的"倾倒性命"而"倾倒肝胆"，而诗章 B' 表达的就是锡安要为这些孩童"倾倒心意"，这也是对上主"倾倒忿怒"的回应。由此可见，透过这个诗节结构，可以看到更多诗人在字词上的布局，也可以从中了解诗人对主题的铺陈。

d. 主不顾惜

此外，在第二章中，"不顾惜"的重复也是相当明显的，分别是"主吞灭并不顾惜"（二 2a）、"他拆毁并不顾惜"（二 17b）、"你宰杀并不顾惜"（二 21c），就上述建议的诗节结构来说，这三句分布在诗歌首尾的部分，以及诗段三的首尾诗章。这三句在句子结构上基本是一致的，只是句子中的动词有所不同，然而三个动词"吞灭"、"拆毁"与"宰杀"的意思类似，都表达了上主对锡安带有毁灭性的行动，而加上"并不顾惜"，就更强调破坏程度的彻底，完全没有任何余地。因此这个"并不顾惜"句式重复地出现，也仿佛成了一个主旋律，加上所用的动词"吞灭"（二 2a、5a、b、8、16b）、"拆毁"（二 2b、17b）也是多次重复，反映出第二章所描述的上主是毫不顾惜、不留余地的毁灭锡安，正如 22 节所描述"在上主怒气的日子，没有人成为逃脱者和生还者"。

不过，从上述建议的诗节结构可见，全诗首尾部分描述"不顾惜"，而诗的中间包含了"倾倒"（二 11~12）——倾倒肝胆、倾倒性命，表达对眼前苦难的哀伤；在诗段三的首尾两个诗章中间，也包含了"倾倒"，"倾倒你心如水"（二 19），反映出诗人不单是要强调"上主不顾惜"的主题，也突出了要向神倾倒心意，要毫无保留地呼求申诉。虽然上主"并不顾惜"的形象，与呼吁锡安要"倾心如水"两者之间有一定的张力，因为上主既然如此"不顾惜"地毁灭锡安，那么18至19节的呼吁及20至22节的呼求似乎就没有实际的意义，但在这个张力中，却反映了诗人认为上主不可能"不顾惜"，多番提及上主"不顾惜"其实是表达上主不应该"不顾惜"。故此，20节锡安呼求上主察看，并以反问且近乎威胁的语气表达，带出的意思就是"上主不可能如此严惩"。

由此可见，第二章与其说是对上主表达控诉与不满，不如说是以表面的控诉反映深切的渴求，依然希望并相信上主不会不顾惜锡安，故此在看似不顾惜之间，并在吞灭、拆毁、宰杀包围之中，锡安要选择向主"倾倒"，以回应上主倾倒的怒气。

3.4 总结

综观而言，透过分析第二章中诗节之间在人称、语气、语法、描述主体等的转折，并考虑部分诗节在用字、句式结构上的关系，尝试建议以上一个工整对称的诗节结构，从中可以看到全诗分为三部分，包括上主的行动（二 1~8）、锡安的处境（二 9~14），以及各人与锡安的反应（二 15~22），而且从重复字眼所呈现的扇形结构可见，各部分是层层递进，互相呼应，而非各自表述。

不过，这个分段亦有其限制，主要是 13 与 14 节的关系，相较其他诗章，这两个诗节在字面上的联系不算密切，14 节在意思及语气上与 13 节也略有不同，然而，在考虑 11 至 12 节及 15 至 17 节的分段，以及其与 9 至 10 节的对应关系，在此仍倾向将 13 至 14 节归为一段，另外，若从内容方面切入，这两节也有一定的关联。

在铺陈各诗章的重点及呼应之处，发现除了"上主忿怒"在整章中是明显的元素外，亦见"不顾惜"与"倾倒"的描述在结构中的位置颇为突出，类似于第一章"没有安慰"与"请求察看"之间存在的张力，"上主不顾惜"与"向上主倾倒"也同样有一定的张力。诗人一方面描述上主倾倒忿怒如仇敌，甚至拆毁代表他与子民关系的圣所，不顾惜地将锡安交予仇敌手中，另一方面又呼吁锡安要向这一位要毁灭她的上主倾倒心意，发出哀求，如此，反映出惟一可以医治的只有上主，越强调"不顾惜"越是表达深切希望上主会顾惜已被毁坏到极点的锡安。就如同第一章透过重复出现的"没有安慰"呼应开头所写锡安的"孤独"（一1a），同时以"请求察看"表达上主是惟一可以安慰锡安的那样，第二章则借再三出现的"不顾惜"呼应开始时描述上主的"怒气"（二1a），并以"向主倾倒"表达惟有上主会顾惜锡安。

从以上的分析可见，虽然第一章及第二章均是22个诗节，每节三句，在多方面都有相似之处，但按诗歌的转折与用字，两者的分段结构可以有不同的变化，不过，同时亦见这两章诗歌的结构有一定程度的工整性，反映希伯来诗歌存在工整诗节结构的可能。

04

耶利米哀歌三章的诗节结构

4.1 经文中译

1	我——那看见困苦的人，	אֲנִי הַגֶּבֶר רָאָה עֳנִי
	因他忿怒的杖；	בְּשֵׁבֶט עֶבְרָתוֹ׃
2	他引领并带我到黑暗，	אוֹתִי נָהַג וַיֹּלַךְ חֹשֶׁךְ
	没有光明；	וְלֹא־אוֹר׃
3	他确实要将我翻转，	אַךְ בִּי יָשֻׁב
	在所有日子他反手攻击。	יַהֲפֹךְ יָדוֹ כָּל־הַיּוֹם׃ ס
4	他使我的皮肉破损，	בִּלָּה בְשָׂרִי וְעוֹרִי
	折断我的骨头；	שִׁבַּר עַצְמוֹתָי׃
5	他在我身上建筑，¹	בָּנָה עָלַי
	并以苦楚和艰难² 围绕；	וַיַּקַּף רֹאשׁ וּתְלָאָה׃
6	他使我住在黑暗，	בְּמַחֲשַׁכִּים הוֹשִׁיבַנִי
	如死人到永远。	כְּמֵתֵי עוֹלָם׃ ס

---

¹ 第5节的断句，BHK, BHS及BHQ均在"围绕"(וַיַּקַּף)之后，这可能是出于对格律的考虑，然而，意思及语法上，将"围绕"置于下半句，可平行上半句的动词"建筑"，且与宾语的连接更紧密。

² "苦楚和艰难"(רֹאשׁ וּתְלָאָה)，"苦楚"原文与"头"相同。LXX译为ἐκύκλωσεν κεφαλήν μου καὶ ἐμόχθησεν，将רֹאשׁ译作"我的头"(κεφαλήν μου)，加上第一人称代词；而"艰难"(וּתְלָאָה)，本来为名词，LXX译作动词ἐμόχθησεν（主动陈述第三人称单数），解作"他受伤"，句子意思成了"他围绕我的头并他受伤"；V译作 felle et labore，与MT相符；由于19节同样也有"苦楚"一字，并与"茵陈"同列，因此在第三章רֹאשׁ解作"苦楚"的机会很高，故本译文选择将其译为"苦楚"。

7	他筑墙包围我,故我不能外出,	גָּדַר בַּעֲדִי וְלֹא אֵצֵא
	他使我的铜链沉重;	הִכְבִּיד נְחָשְׁתִּי:
8	而且,当我要呼喊求救时,	גַּם כִּי אֶזְעַק וַאֲשַׁוֵּעַ
	他止住了我的祷告;	שָׂתַם תְּפִלָּתִי:
9	他用凿过的石在我的路筑墙,	גָּדַר דְּרָכַי בְּגָזִית
	扭曲我的路径。	נְתִיבֹתַי עִוָּה: ס
10	熊——它正在向我埋伏,	דֹּב אֹרֵב הוּא לִי
	狮子在隐密处;	אֲרִי בְּמִסְתָּרִים:
11	他转离我的路,并将我撕碎,[3]	דְּרָכַי סוֹרֵר וַיְפַשְּׁחֵנִי
	置我于荒凉;	שָׂמַנִי שֹׁמֵם:
12	他拉开他的弓,使我立着	דָּרַךְ קַשְׁתּוֹ וַיַּצִּיבֵנִי
	像为箭作箭靶。	כַּמַּטָּרָא לַחֵץ: ס
13	他使他箭袋中的箭,	הֵבִיא בְּכִלְיוֹתָי
	进入我的肺腑;[4]	בְּנֵי אַשְׁפָּתוֹ:
14	我成了我所有百姓的笑话,	הָיִיתִי שְּׂחֹק לְכָל־עַמִּי
	他们终日的歌曲;	נְגִינָתָם כָּל־הַיּוֹם:
15	他以苦菜充满我,	הִשְׂבִּיעַנִי בַמְּרוֹרִים
	使我饱尝茵陈。	הִרְוַנִי לַעֲנָה: ס

---

[3] "他将我撕碎"(וַיְפַשְּׁחֵנִי),此字פשח在希伯来圣经只出现一次,参考BDB提出亚兰文的用法,意思是"撕碎";LXX译为κατέπαυσέν με,解作"使我静止",但由于解作"撕碎"较能承接第10节的意象,故在此这样翻译。

[4] 此句原文直译上下句次序应为"他使它进入我的肺腑,他箭袋中的箭"。

16	他又使我的牙在沙石上研磨，	וַיַּגְרֵס בֶּחָצָץ שִׁנָּי
	使我在灰尘中退缩；	הִכְפִּישַׁנִי בָּאֵפֶר׃
17	而我的性命拒绝平安，	וַתִּזְנַח מִשָּׁלוֹם נַפְשִׁי
	我已忘了美好；	נָשִׁיתִי טוֹבָה׃
18	我又说：我的将来已消逝，	וָאֹמַר אָבַד נִצְחִי
	并我从上主的等候。	וְתוֹחַלְתִּי מֵיְהוָה׃ ס
19	请记念[5]我的困苦和我的流离，	זְכָר־עָנְיִי וּמְרוּדִי
	苦楚和茵陈；	לַעֲנָה וָרֹאשׁ׃
20	我的性命一直记念，	זָכוֹר תִּזְכּוֹר
	却对我感到绝望；[6]	וְתָשִׁיחַ עָלַי נַפְשִׁי׃
21	我使这事转向我的心，	זֹאת אָשִׁיב אֶל־לִבִּי
	因此，我要等候。	עַל־כֵּן אוֹחִיל׃ ס

---

[5] "记念"（זְכָר），此处是用命令式；LXX译为ἐμνήσθην，用第一人称单数陈述语气，将此字读成זכרתי；虽然这里语气转换为命令式略为突然，但也不是没有可能（参哀一9、11），故建议维持MT的写法。

[6] "感到绝望"（וְתָשִׁיחַ），字根为שׁוּחַ，LXX译为καταδολεσχήσει，意思是"默想"，将此字读成ותשׂיח。但按文意，MT较可取。P将"记念"译为命令式，将整节当作向上主的请求，"我的性命"作为宾语，但此节"记念"与"感到绝望"都是第三人称阴性单数，主语应该是指"我的性命"（נַפְשִׁי），V及T都采取这种处理，参Salters, *Lamentations*, 222。关于第20节的断句，*BHK*及*BHS*均在"感到绝望"后分句，而*BHQ*则在"感到绝望"之前，为保持上下两句在意思及语法上能较平行，故本译文采用*BHQ*的分句。此句原文直译上下句次序应为"一直记念，我的性命却对我感到绝望"。

22	上主的慈爱，致使我们不断绝，[7]	חַסְדֵי יְהוָה כִּי לֹא־תָמְנוּ
	因他的怜悯不耗尽；[8]	כִּי לֹא־כָלוּ רַחֲמָיו׃
23	每早晨都是新的，	חֲדָשִׁים לַבְּקָרִים
	你的信实广大。	רַבָּה אֱמוּנָתֶךָ׃
24	我的性命说：上主——我的分，	חֶלְקִי יְהוָה אָמְרָה נַפְשִׁי
	因此，我要等候他。	עַל־כֵּן אוֹחִיל לוֹ׃ ס
25	美好是上主向凡仰望他的、	טוֹב יְהוָה לְקוָו
	以性命寻求他的；	לְנֶפֶשׁ תִּדְרְשֶׁנּוּ׃
26	美好是默然等候的，[9]	טוֹב וְיָחִיל וְדוּמָם
	为上主的救恩；	לִתְשׁוּעַת יְהוָה׃
27	美好是那人[10]	טוֹב לַגֶּבֶר
	因他在他年轻时负轭。	כִּי־יִשָּׂא עֹל בִּנְעוּרָיו׃ ס

---

[7] "我们不断绝"（לֹא־תָמְנוּ），MT用了第一人称复数，T用第三人称复数，将המנו读成תמו；虽然，第22节用第一人称复数颇为突兀，但第24节用了第一人称，这一节用复数表达也是有可能的，加上OL, V, Aq及Sym都是以第一人称复数表达，故在此仍沿用MT的写法。

[8] 第22至24节，LXX从缺。Albrektson认为因为24 b与21 b节几乎是相同的，因此出现了"跳读"（homoioteleuton）的情况，参Albrektson, *Studies in the Text*, 145。

[9] "默然等候"（וְיָחִיל וְדוּמָם），这两个字均为名词，"默然"（דוּמָם）这里用可作形容等候的状态；LXX译为ὑπομενεῖ καὶ ἡσυχάσει，均译成动词，BHK认为不太可能是וְיָחֵל וְדָמַם；BHS则认为将וְיָחִיל读成וְיָחֵל（Hiphil未完成式第三人称阳性单数），然而这样，宾语并不清晰，故建议沿用MT。

[10] 第27节的断句，BHK及BHS在"他负"（יִשָּׂא）之后分隔，而BHQ则在"他负"之前。在此参考BHQ的分句，因为将动词连于宾语，这样使下半句的意思较完整一点。

28 让他独坐并沉默,	יֵשֵׁב בָּדָד וְיִדֹּם
因重担加在他身上;	כִּי נָטַל עָלָיו׃
29 让他把他的口放在灰尘中,	יִתֵּן בֶּעָפָר פִּיהוּ
或许会有指望;[11]	אוּלַי יֵשׁ תִּקְוָה׃
30 让他把他的腮骨给那击打他的,	יִתֵּן לְמַכֵּהוּ לֶחִי
让羞辱充满他。	יִשְׂבַּע בְּחֶרְפָּה׃ ס
31 因主必不丢弃	כִּי לֹא יִזְנַח
到永远;[12]	לְעוֹלָם אֲדֹנָי׃
32 因他若使人愁苦,	כִּי אִם־הוֹגָה
也按他丰盛的慈爱施怜悯;	וְרִחַם כְּרֹב חֲסָדָו׃
33 因他不会从他的心苦待,	כִּי לֹא עִנָּה מִלִּבּוֹ
使世人愁苦。	וַיַּגֶּה בְּנֵי־אִישׁ׃ ס

---

[11] 第29节,LXX此节从缺,可能是因为第29与30节的开始一样而导致了跳读(homoioarcton)及漏写(haplography)。

[12] 由于此节较短,*BHK*及*BHS*的分句在第二行只有"主"(אֲדֹנָי),认为此句欠缺了动词;Salters引述部分学者提出这节应补上宾语,如Lowth认为要加上"他的仆人"(עבדיו),Bickell提议加上"他的百姓"(עמו),Löhr认为"世人"(בני איש)被删减了等等。然而,以上提议没有版本的佐证,故在此维持MT的写法,参Salters, *Lamentations*, 236–237。

34	粉碎在他脚之下，	לְדַכֵּא תַּחַת רַגְלָיו
	所有地上的囚犯；	כֹּל אֲסִירֵי אָרֶץ׃
35	扭曲人的公义，	לְהַטּוֹת מִשְׁפַּט־גָּבֶר
	对着至高者面前；	נֶגֶד פְּנֵי עֶלְיוֹן׃
36	在他的争辩中颠倒人，	לְעַוֵּת אָדָם בְּרִיבוֹ
	主岂不看见？ [13]	אֲדֹנָי לֹא רָאָה׃ ס

---

[13] 34至36节连续三节均以不定式(infinitive construct)作开始，分别是"粉碎"(לְדַכֵּא)、"扭曲"(לְהַטּוֹת)、"颠倒"(לְעַוֵּת)，三句中只有最后一句有一个限定动词(finite verb)"看见"(רָאָה)，所以，这三句较适宜作为一个整体来理解，前三个描述可以作为"看见"的宾语，表示"主岂不看见"的"三种情况"，参Salters, *Lamentations*, 240–241。另外，36b节的解释可归纳为三个情况：第一、36b节是陈述句，表示对于34至36a节所述三个不恰当对待囚犯的情况，上主没有看见，这个解释似乎是表达对上主容许不义之事存在的申诉；第二、维持36b节是陈述句，但将"看见"解作"认可"，即"上主不认可"，若以中文翻译，可译为"不看顾"，和修本译此句为"主看不中"，如此就与第一个解释的意思刚好相反，表示对于上文三个不恰当的对待，上主并不同意，这个解释倾向表达上主是公义的；第三、36b节是反问句，意思即是"对34至36a节所述三个不恰当的情况，（难道）上主不看见吗？"，换句话说就是上主"看见"了这些不义。以上三个解释均有可能，但第一个解释意思上较难明白，亦与下文祈求上主伸张公义的内容产生较大矛盾，而第二个解释则将"看见"理解为另一个较少采用的意思，至于第三个解释，若将此段与37至39节三个反问句一并理解，加上36b与37b句子结构相近，36b节以反问语气来理解的可能性亦相当高，参Parry, *Lamentations*, 108–113。

37	谁能说成，这就成了？	מִי זֶה אָמַר וַתֶּהִי
	主岂不吩咐？	אֲדֹנָי לֹא צִוָּה׃
38	岂不都从至高者的口中出来，	מִפִּי עֶלְיוֹן לֹא תֵצֵא
	那恶的与那好的？	הָרָעוֹת וְהַטּוֹב׃
39	活人为何要申诉	מַה־יִּתְאוֹנֵן אָדָם חָי
	人针对他的罪？	גֶּבֶר עַל־חֲטָאָו׃ ס
40	让我们考察并查究我们的路，	נַחְפְּשָׂה דְרָכֵינוּ וְנַחְקֹרָה
	让我们回转直到上主；	וְנָשׁוּבָה עַד־יְהוָה׃
41	让我们举起我们的心和双手	נִשָּׂא לְבָבֵנוּ אֶל־כַּפָּיִם
	向在天上的神；	אֶל־אֵל בַּשָּׁמָיִם׃
42	我们——我们背叛和悖逆，	נַחְנוּ פָשַׁעְנוּ וּמָרִינוּ
	你——你并不赦免。	אַתָּה לֹא סָלָחְתָּ׃ ס
43	你以怒气遮盖，并追赶我们，	סַכֹּתָה בָאַף וַתִּרְדְּפֵנוּ
	你杀戮并不顾惜；	הָרַגְתָּ לֹא חָמָלְתָּ׃
44	你以云遮盖你自己，	סַכּוֹתָה בֶעָנָן לָךְ
	免得祷告透入；	מֵעֲבוֹר תְּפִלָּה׃
45	你置我们为污秽和渣滓，	סְחִי וּמָאוֹס תְּשִׂימֵנוּ
	在众百姓的中间。	בְּקֶרֶב הָעַמִּים׃ ס
46	他们打开他们的口针对我们，	פָּצוּ עָלֵינוּ פִּיהֶם
	所有我们的仇敌；	כָּל־אֹיְבֵינוּ׃
47	它成了我们的恐惧与深坑，	פַּחַד וָפַחַת הָיָה לָנוּ
	那毁坏和断裂；	הַשֵּׁאת וְהַשָּׁבֶר׃
48	我的眼落下泪水如河流，	פַּלְגֵי־מַיִם תֵּרַד עֵינִי
	为我百姓女儿的断裂。	עַל־שֶׁבֶר בַּת־עַמִּי׃ ס

49	我的眼倾流不止息，	עֵינִי נִגְּרָה וְלֹא תִדְמֶה
	因没有喘息，	מֵאֵין הֲפֻגוֹת׃
50	直到上主垂看，	עַד־יַשְׁקִיף
	并让他从天上看；	וְיֵרֶא יְהוָה מִשָּׁמָיִם׃
51	我的眼使我的性命沉重，	עֵינִי עוֹלְלָה לְנַפְשִׁי
	因所有我城的女儿。	מִכֹּל בְּנוֹת עִירִי׃ ס
52	他们大大地猎取我如鸟，	צוֹד צָדוּנִי כַּצִּפּוֹר
	我的仇敌无故地；	אֹיְבַי חִנָּם׃
53	他们在井中灭绝我的生命，	צָמְתוּ בַבּוֹר חַיָּי
	并向我抛下石头；	וַיַּדּוּ־אֶבֶן בִּי׃
54	众水涌流超过我的头，	צָפוּ־מַיִם עַל־רֹאשִׁי
	我说：我被剪除了。	אָמַרְתִּי נִגְזָרְתִּי׃ ס
55	上主啊！我呼唤你的名字，	קָרָאתִי שִׁמְךָ יְהוָה
	从井的深处；	מִבּוֹר תַּחְתִּיּוֹת׃
56	你听见我的声音，	קוֹלִי שָׁמָעְתָּ אַל־תַּעְלֵם אָזְנְךָ
	不要掩藏你的耳，	לְרַוְחָתִי לְשַׁוְעָתִי׃
	对我的解脱与求救；	קָרַבְתָּ בְּיוֹם אֶקְרָאֶךָּ
57	在我呼唤你的日子你临近，	אָמַרְתָּ אַל־תִּירָא׃ ס
	你说：不要惧怕。	

58	主啊！你申辩我性命的冤屈，[14]	רַבְתָּ אֲדֹנָי רִיבֵי נַפְשִׁי
	你救赎我的生命；	גָּאַלְתָּ חַיָּי׃
59	上主啊！你看见我的委屈，[15]	רָאִיתָה יְהוָה עַוָּתָתִי
	求你审判我的判案；	שָׁפְטָה מִשְׁפָּטִי׃
60	你看见所有他们的报复，	רָאִיתָה כָּל־נִקְמָתָם
	所有他们向我的图谋。	כָּל־מַחְשְׁבֹתָם לִי׃ ס
61	上主啊！你听见他们的辱骂，	שָׁמַעְתָּ חֶרְפָּתָם יְהוָה
	所有他们针对我的图谋；	כָּל־מַחְשְׁבֹתָם עָלָי׃
62	那些起来攻击我的言论[16]与他们的意念，	שִׂפְתֵי קָמַי וְהֶגְיוֹנָם
	终日针对我；	עָלַי כָּל־הַיּוֹם׃
63	请察看，他们坐下或起来	שִׁבְתָּם וְקִימָתָם הַבִּיטָה
	以我为他们的歌曲。	אֲנִי מַנְגִּינָתָם׃ ס
64	上主啊！求你使他们得回报应，	תָּשִׁיב לָהֶם גְּמוּל יְהוָה
	按他们手所作的；	כְּמַעֲשֵׂה יְדֵיהֶם׃
65	求你给他们刚硬的心，	תִּתֵּן לָהֶם מְגִנַּת־לֵב
	使你的咒诅向他们；	תַּאֲלָתְךָ לָהֶם׃
66	求你在怒气中追赶并毁灭他们，	תִּרְדֹּף בְּאַף וְתַשְׁמִידֵם
	从上主的天之下。[17]	מִתַּחַת שְׁמֵי יְהוָה׃ פ

---

[14] "冤屈"（רִיבֵי），原文字根同"申辩"（רַבְתָּ），或译"争辩"、"争论"。
[15] "我的委屈"（עַוָּתָתִי），此字原意是"颠倒"，LXX译为τὰς ταραχάς，解作"困惑"或"麻烦"，用了复数（עַוּתֹתַי）。
[16] "言论"（שִׂפְתֵי），原文意思为"嘴唇"。
[17] "从上主的天之下"（מִתַּחַת בִּשְׁמֵי יְהוָה），LXX译为ὑποκάτω τοῦ οὐρανοῦ, κύριε，将"上主"译成呼告格(vocative)，然而在最后一句用呼告格的可能性较低，故将"上主"作为"天"的修饰语较合适。

4.2 学者的分段结构

相较第一及二章，第三章有颇多不同之处，如句首字母编排、跨诗节连续（enjambment of strophes）、没有明显的多重声音，以及诗歌中间部分出现对上主正面的描述，这些特点对于考虑分段结构有一定的影响。[18]

首先，虽然第三章与前两章长度相约，有 22 个诗节，每诗节三句，共 66 诗行，但字母编排却有不同，这章是三个连续诗行以相同字母开始，更突出字母诗格式，不过，因按内容有时选择在同一字母诗节中间分段，故未必反映此特点。[19]

其次，这章出现较多跨诗节连续，即相关内容横

---

[18] 另外，第三章没有以"何竟"作为开始，"挽歌"的元素相对没有那么明显。这一章亦完全没有提及任何地方名称，如锡安、犹大、耶路撒冷、雅各、以色列，就连列国的名称也均无出现。

[19] Hillers, *Lamentations: A New Translation*, 81–106; House, "Lamentations," 405; Parry, *Lamentations*, 92; Wright, *Lamentations*, 106–126.

跨不同字母诗节出现，如 Hillers 指出内容与字母诗节不吻合之处，包括 3 至 4 节、6 至 7 节、12 至 13 节、18 至 20 节、42 至 47 节、48 至 51 节、60 至 63 节，这也造成较难按字母分段。[20]

还有，在第一及二章，诗歌以女子形象表达锡安，叙事者及锡安的声音交替出现，可作分段参考；但第三章则主要以一把男性声音叙事，除 40 至 47 节用了复数"我们"，基本上，整首诗歌只有叙事者发言，[21]即使间中运用复数，仍可视作叙事者代表群体的表达，因此，第三章并没有明显多重声音可作分段参考。

此外，由于全书内容主要是描述苦难、向上主申诉，但第三章中间部分（三 22~39）却出现了对上主相当正面的描述，尤其 25 至 39 节用语类似约伯记，

---

[20] Hillers, *Lamentations: A New Translation*, 120；Berlin 也提出如 39 至 41 节、42 至 44 节、45 至 47 节、48 至 51 节，均出现跨行连续，参 Berlin, *Lamentations*, 85；Dobbs-Allsopp 则认为 3 至 4 节、6 至 7 节、12 至 13 节、28 至 36 节、42 至 43 节、48 至 51 节、53 至 55 节、60 至 63 节，都是相关的内容横跨了不同字母的诗节，参 Dobbs-Allsopp, *Lamentations*, 106。

[21] House 将有关第三章中叙事者身分的讨论归纳为六个看法：一、传统认为全书作者是耶利米，故第三章的叙事者就是耶利米；二、未必是耶利米本人，但以耶利米的身分叙事；三、圣经中的君王，如约雅斤、西底家；四、整个以色列群体或国家，不过以单数代表；五、一个无名个体，可以指"每个人"；六、群体或国家的代表，但无特殊身分。不过，基于诗歌第一节叙事者清晰地以一个无名者的个体自我介绍，加上第三章特别不交代任何具体历史事件与地点，因此，本文倾向按诗歌的资料，不外加任何身分在叙事者上，参 House,"Lamentations," 405–406。

体裁与上下文不一，故被视为来自智慧文学的传统，[22] 这假设亦影响全诗的结构分析。由此可见，上述特点与分段结构有一定关系，亦可能增加分段的困难，因此，下文会透过分析不同的分段方式，探讨如何处理这章特点，找出适合的分段结构。

a. 根据內容主题

Provan, Berlin 与 Salters 在这章仍以逐节解释为主，但也按內容作基本分段：[23]

Provan	1~18 叙事者的哀告
	19~21 从绝望到盼望的过渡
	22~33 对拯救的认信
	34~36 锡安对神掌管的疑问
	37~39 再确认神主权
	40~47 呼吁群众悔改祷告
	48~51 更多的哀告
	52~66 个人处境及祈求拯救
Berlin	1~21 叙事者经受苦难
	22~39 神的属性带来安慰与盼望
	40~66 哀告悔罪却仍陷苦境

---

[22] 有些学者认为这个部分是来自智慧文学的体裁，与约伯记关系密切，可以作为正统信仰的教导或神学反省，故在分段上倾向划分出来，参 Westermann, *Lamentations*, 178–179; Berlin, *Lamentations*, 92; Dobbs-Allsopp, *Lamentations*, 8; Parry, *Lamentations*, 102。不过，Renkema 不同意纯粹基于表面的描述，提出第三章属于教导性的诗歌，他认为把第三章看成受智慧文学影响并不合适，Renkema, *Lamentations*, 346。

[23] Provan, *Lamentations*, 83; Berlin, *Lamentations*, 86–96; Salters, *Lamentations*, 187–188.

Salters	1~25 诗人生活中的苦难 26~39 要等候信靠上主 40~47 群体哀告诗的一部分 48~66 诗人哭泣、赞美神的拯救

从上可见，Provan 认为除 34 至 36 节可能是锡安提出反对的声音，全诗皆为叙事者发言，[24] 故他主要按内容分段，简单勾勒出全诗脉络，指出叙事者在申诉苦难后随即表达盼望（三 21），中间部分肯定了静默与等候是美好，但由于呼吁祈祷后又再申诉（三 48~51），祈求对仇敌的报应（三 64~66），因此，第三章其实并无提供超越疑惑的信心，只是交代了当事人过程中的内在挣扎。[25]

Berlin 将全诗分为三大部分，1 至 21 节描述叙事者的苦难，当中引用不少诗篇八十八篇的表达；22 至 39 节关于神的属性带来安慰盼望，如智慧文学、约伯记，以第三人称描述神较抽象的特质，包括无限、全知、美善、公义；40 节是"过渡句"，从智慧言说转为哀告及悔罪，40 至 66 节描述神拒绝接受犹大的认罪，反映悔改不会自动带来赦免，而诗人亦再次以受苦者的角色出现。[26] 因此，Berlin 认为全诗欠缺清晰思路的进展，只是徘徊于绝望与盼望之间，将"对苦难的描述"

---

[24] Provan, *Lamentations*, 81.
[25] Ibid., 84.
[26] Berlin, *Lamentations*, 86–96；另她将部分经文组合为小单元解释，如 1~4, 5~17, 10~13, 14~17, 18~21, 22~23, 26~30, 31~36, 37~39, 40~44, 48~51, 53~55, 55~57, 58~60, 64~66，参 Ibid., 86–98。

结合"对苦难的神学反省",但最终未有解决眼前困境。[27]

Salters 认为第三章不但是借一个叙事者来代表众百姓记念这场可怕的悲剧,更包含教导群体的信息,就是苦难中的出路在于继续与那位惩罚他们的上主连系,因上主不会永远丢弃,并向受苦的施慈爱;故此,Salters 认为全诗的核心在于第二部分(三 26~39),因诗人透过来自智慧文学的教导来回应眼前的苦难。[28]

虽然上述学者将诗歌分为若干部分,但亦提出**诗歌思路进展不清晰或部分内容是没有系统地发展**,[29] 且由于当中没有明显的声音转换,故分段倾向以内容及风格的转变为考虑,并无坚持依据字母诗诗节的安排。另外,以上分段均表示中间部分(三 22~39)在主题及形式上较为突出,对上主描述比较正面,所用的形式类似智慧文学的教导,与上下文描述苦难及哀告的表达形成对比。而对于诗人结构上的安排,上述学者没有太深入的讨论,Provan 与 Berlin 认为那是反映诗人徘徊在绝望与盼望中的挣扎,Salters 就视此为诗人在苦难中的教导。[30]

另外,亦有学者尝试按内容作更仔细的分段,并列出标题以捕捉全诗脉络:[31]

---

[27] Berlin, *Lamentations*, 86.
[28] Salters, *Lamentations*, 186–187.
[29] Berlin, *Lamentations*, 86; Salters, *Lamentations*, 187.
[30] Provan, *Lamentations*, 84; Berlin, *Lamentations*, 86; Salters, *Lamentations*, 187.
[31] Hillers, *Lamentations: A New Translation*, 81–106; House, "Lamentations," 405; Parry, *Lamentations*, 92; Wright, *Lamentations*, 106–126.

Bergant	1~20 我是那人 21~24 我有盼望 25~39 上主是好的	40~47 让我们回转 48~57 我是迷失 58~66 报复他们
House	1~24 那人受苦的见证 　1~6 黑暗的意象 　7~9 行走的意象 　10~18 陷阱与危险 　19~24 认信神的美善 25~39 苦中如何行才好 　25~30 受苦者行出美好 　31~36 神的公义 　37~39 神的主权	40~47 呼吁群体祈祷 　40~41 呼吁祈祷 　42~45 承认罪孽 　46~47 仇敌攻击 48~66 认信祈祷作结 　48~51 诗人哀伤 　52~54 仇敌攻击 　55~63 神过去的帮助 　64~66 相信神报复仇敌
Parry	1~24 勇士苦难与期望 　1~18 勇士的苦难 　19~21 从绝望到盼望 　22~24 确信神的慈爱 25~39 对苦难的忠告 　25~30 受苦者如何自处 　31~33 盼望原因：神慈爱 　34~39 上主看见不义	40~51 呼吁悔改、哀求 　40~41 呼吁悔改 　42~47 群体的哀告 　48~51 勇士哭泣 52~66 被追赶与被救 　52~54 勇士被追赶 　55~58 勇士被救 　59~53 神知道仇敌所作 　64~66 宣告神惩罚仇敌
Wright	1~18 　1~6 上主如恶牧人 　7~9 围困生命 　10~13 追赶致死 　14~18 导向绝望 19~39 　19~20 痛苦记忆 　21~24 记念真理	25~30 等候盼望 31~33 等候的根基 34~39 神主权的安慰 40~51 盼望的哭泣： 　　　带领百姓认罪 52~66 盼望的祷告： 　　　鼓励百姓相信

透过上表,可看到大段落中进一步分段有助显示诗歌层次脉络,如 1 至 18 节大体是描述诗人的苦难,或是从上主而来的攻击,House 就当中意象再细分为三部分——"黑暗"、"行走"、"陷阱与危险";而 Wright 就从上主的行动来表达——"上主如恶牧人"、"围困诗人的生命"、"追逐诗人致死",最后"令诗人感到绝望"。这样进一步分段,既可突出诗人困苦中的不同状态,亦反映诗歌的层次变化。

而以上分段,整体上虽不一致,但有两个地方是较为接近:第一,在 40 节划分段落,这是基于人称从单数"我"转为复数"我们",且语气上是从陈述转为呼吁,内容上也从对上主主权的描述,过渡为百姓向上主的祈求;第二,52 节也是较一致的分段,因上文以描述诗人哭泣为主,52 节则再次描写仇敌对"我"的攻击,以记述事件为主,故在此开始一个新的段落也是合理的。

不过,以上的分段也反映因"跨诗节连续"的情况,难以完全贯彻字母诗的编排,不少地方需要在同一字母诗节内划分段落,当中较为明显的情况包括:[32]

■ 三章10至11节与12至13节

10 至 12 节均以字母"ד"开始,第 10 节描

---

[32] 此外,其他学者提出第三章还有一些段落内容与字母诗结构有不吻合的地方,如 3 至 4 节、6 至 7 节、28 至 36 节、39 至 41 节、53 至 55 节、60 至 63 节,都是相关的内容横跨了不同字母的诗节,参 Hillers, *Lamentations: A New Translation*, 120; Berlin, *Lamentations*, 85; Dobbs-Allsopp, *Lamentations*, 106。

述"熊"与"狮子",而11节则描述"他将我撕碎"（וַיְפַשְּׁחֵנִי），虽然这动词在旧约中只出现一次,但与上文提及"熊"与"狮"可能有一定相关性。不过,12节开始的意象是"箭"与"箭靶",与10至11节关系较薄弱,反而13节虽以字母"ה"开始,但内容明显承接12节以"箭"为喻,虽在原文用字上不同,12节用"חֵץ",13节则用"בְּנֵי",但内容上12节与13节确较10至11节密切,故有学者选择将12及13节归作一段。[33]

- ■ 三章19至20节与21至24节

19至21节均以字母"ז"开始,19及20节重复"记念"（זכר）一字,且两节都交代叙事者的困苦、苦楚、绝望的状况,而21节则有态度上的转变,表达他有一个"转向",正面地提出"我要等候",与20节所说的"绝望"成了一个对比。不过,21节中的"这"（זאת）所指的意思不太确定,既可能指涉上文的"绝望"（三20）,也可能是指向下文上主的慈爱与怜悯（三22）,[34] 故此,如从内容分段,很视乎对21节的理解,因它可以是紧扣上文或铺垫下文,又或是承上启下。

- ■ 三章40至41节与42至45节

40至42节均以字母"נ"为开始,40与41节都是用呼吁的语气及第一人称复数表达,呼吁"我们"考察自己,并举起心和手祷告,42节则转为陈述语气,并

---

[33] Wright, *Lamentations*, 108；高铭谦,《耶利米哀歌》,页94。
[34] Gottwald, *Lamentations*, 20; Parry, *Lamentations*, 100.

以独立人称代名词（נחנו）开始，交代"我们背叛和悖逆"，意思似与上文有分别，而42b节更转用第二人称，同样以独立人称代词（אתה），表达"你"（上主）并不赦免，因此，43节同样以第二人称描述上主以怒气遮盖，与42b节的关系密切，马上交代不赦免的具体行动。[35] 不过，42节虽然语气改变，但"我们背叛和悖逆"可以理解为向神祈祷的内容，因此，其实也是承接上文"举起我们的心和手"（三41），所以值得考虑是否必要在41节之后分段，将40及41节独立出来。

■ 三章46至47节与48至51节

同样，46至48节以字母"פ"为开始，46节描述所有仇敌打开口针对"我们"，47节提到"毁坏和断裂成了恐惧和深坑"，应也是指向仇敌攻击造成的破坏，故这两节内容密切；而48节从第一人称复数转为单数，形容"我的眼"流泪如河，与下文"我的眼"倾流不息（三49）、"我的眼"使我性命沉重（三51），不论在用字及内容都有密切关联，故从上表看，即使不符字母诗编排，Bergant, House及Parry都在48节开新段。然而，48节也并非与47节没有关连，两节重复"断裂"一词，上文提及"那毁坏和断裂"，48节所描述叙事者落泪正是为了"我百姓女儿的断裂"，换句话

---

[35] 高铭谦的分段是从42b节开始，他认为这半节与下文关连较大，可以作为下文的主题，参高铭谦，《耶利米哀歌》，页 113 – 114。不过，42a 及 42b 这两句均以独立人称代名词开始，两句的结构有一定的呼应，故是否适合在中间划分为两个段落，值得商榷。

说，48节是上文带来的结果，因仇敌破坏以致"我的眼"哭泣，而接着49至51节整个部分也可以是对48节流泪情况的演绎与描写。

■ 三章55至58节与59至63节

55至57节、58至60节、61至63节分别是以字母"ר"、"ק"及"ש"为开始，Parry认为58节应该归入55至57节一段，因为内容以"勇士被救"为主题，58节也提及"你救赎我的生命"。不过，58节与59至60节的语气、句子结构、动词时态都相似，均是以第二人称单数陈述上主的行动，而"你申辩"（三58）与"你审判"（三59），还有"我性命的冤屈"（三58）与"我的委屈"及"我的判案"（三59），都是类似范畴的事物，因此在58与59节中间划分的理据不算很充分。然而，60与61节在用字及内容十分接近，60b节的"所有他们向我的图谋"与61b节"所有他们针对我的图谋"两句几近相同，故这两节关系的确相当密切。

从以上五组经文可见，第三章"跨节连续"的情况颇为明显，特别是12及13节、42及43节、48及49节、60及61节的连系比较强，然而，第三章的字母诗格式又是最严谨密集的，换句话说，在最展示字母诗特色的一章中，却出现最多内容上"跨节连续"的情况，这是颇为特别的现象，值得关注的是，如完全根据内容为考虑，可能较易忽略字母诗格式的分段安排。

b. 根据哀告诗架构

另外，对于第三章中间部分有关上主正面的描述，Westermann 从诗歌体裁考虑，提出全诗实际上由不同体裁的片段拼凑而成，故所展示的主题及风格并不一致，字母诗编排只是后期用来串连不同的部分，使之表面上成为一个整体。[36] Westermann 认为这章主要由三个基本部分构成：第一是 1 至 25 节加上 64 至 66 节，为个人哀告诗；第二是 42 至 51 节，为群体哀告诗；第三部分是 52 至 58 节，为个人赞美诗；而 26 至 41 节与 59 至 63 节为两个后期扩充的部分。[37] 整体而言，第三章属于个人哀告诗，因为开首（三 1~25）与结束（三 64~66）均为这个体裁，两个扩展的部分（三 26~41 及 59~63）也是从这里延伸。[38]

按以上的理解，Westermann 就这五部分作出以下分析：

1 至 25 节包含个人哀告诗的结构特点，包括第 1 节为简介，2 至 17a 节为对神的控诉，[39] 17b 至 19 节

---

[36] Westermann, *Lamentations*, 191.
[37] Ibid., 168–170.
[38] Westermann 认为诗歌中间的部分（26 至 41 节），基本上并不属于任何的诗歌体裁，加入这个部分，应该是随意的，这反映了读者需要细心观察才能辨识全诗组织的特点，找出诗歌所属的体裁，参 Ibid., 169。
[39] Westermann 指出 2 至 17a 节是根据其主题被安排一起，因为都是表达相似的主题，以"神的行动"为结构的重心，当中 2 至 3 节及 5 至 7 节关于"黑暗"，4、15 及 16 节关于"皮肤枯萎"，12 至 13 节关于"箭"，10 至 11 节关于"仇敌"，14 节关于"嘲笑"，参 Ibid., 172–174。

为个人申诉，20 至 25 节为信心的誓言。不过，第三章缺乏了一般个人哀告诗体裁开首时会称呼上主（invocation of Yahweh），而且第 1 节一般是以第二人称向上主表达申诉，但在此以第三人称描述"因他忿怒的杖"（三 1b），可见诗人将个人哀告转化为对苦难的描述。[40]

26 至 41 节明显为后期扩充的部分，基于 25 节已结束了个人哀告诗的部分，42 至 51 节属于群体哀告诗的内容，而这部分内容主要是训诲（三 26~30 及 39~41），中间 31 至 38 节是解释与教导，语言风格有《米大示》（Midrash）的特性，故应是较后期写成的；加上，这部分以警戒教诲为主，劝说受苦的人要安静，否定了哀告，并强调要检视自身的罪与悔改（三 40），显然是以提醒回转向上主为目的，可见这段对于罪的处理与后面群体哀告诗的表达有所不同。[41]

42 至 51 节是群体哀告诗的部分，当中包含了向神的申诉与哀求，特别 48 节描述叙事者"我的眼落下泪水……"与一章 16 节及二章 11 节近乎一致，反映三者均源自群体哀告诗；[42] 不过，这部分作为群体哀告诗则欠缺了一些典型的元素，如开首时向上主的称呼，结束时亦没有求神介入及赞美的内容。[43]

---

[40] Ibid., 170.
[41] Ibid., 174–182.
[42] Westermann 认为这解释了为何选取将 42 至 51 节这个部分包含在诗歌当中，因为这部分与其他四章中的部分内容相似，故能有联结全书的作用，参 Ibid., 183–184。
[43] Ibid.

52 至 58 节是个人赞美诗的部分，诗人透过"我呼求"、"他听见"、"他拯救"三个部分，展示"我"被拯救的经过，与很多诗篇的哀告赞美诗相似，这里也表达了诗人如何直接向神呼求，以第二人称描述神的作为，故这段本身可作为一首独立的诗歌；然而，这部分没有呼吁赞美、赞美誓言，并非完整个人赞美诗。[44]

最后，59 至 63 节是另一个扩充部分，交代诗人向上主发出呼求，59 至 61 节均以相似的开首呼吁上主，表达对仇敌的申诉，以带出祈求报应临到，而 62 至 63 节在内容上显得较独立，故 64 至 66 节可直接连上 61 节作诗歌最后的祈祷。[45]

从以上分析可见，Westermann 假设了第三章是由不同的体裁，包括个人哀告诗、群体哀告诗、个人赞美诗、训诲的言语所组成，且编者最后以字母诗将各部分串连，使它表面上成为一个整体，与其余四首诗歌并列。[46] 故此，他一方面指出诗歌主体的三部分是与哀告诗体裁有关，另一方面，也突出作者（编辑者）补充 26 至 41 节是为了注入训诲教导的元素，提醒百姓要考察自身的罪并回转上主。

因此，Westermann 认为作者运用了高超技巧来隐藏不同体裁的过渡，如 25 至 27 节均用"好"（טוֹב）一字作为开始，以衔接第一部分的哀告诗与扩充部分

---

[44] Ibid., 184–186.
[45] Ibid., 187–189.
[46] Ibid., 191–192.

的训诲内容。[47] 由此反映 Westermann 的处理是尝试还原诗歌本来的状态与体裁，借以找出诗歌的分段及本来的功能，进而推敲后期作者扩充及拼合经文的目的。

Westermann 假设第三章是由不同体裁拼凑而成，虽未必有实据，但他的处理正反映了第三章内容的多元性，以及本身在分段结构上的困难，特别是中间一段劝说要默然等候的教导，似乎与上下文的连贯性不明显，故此，Westermann 假设 26 至 41 节为后期加入的材料，以解释为何中间出现一段以教诲为主的内容，另外，将字母诗编排看为隐藏这些过渡的工具，也解释了为何他会在同字母诗节中分段的情况，因为他着重体裁内容先于外在形式的编排。

不过，若以正典批判的角度考虑，最后的版本既是以这样的编排出现，加上 Westermann 亦形容作者是有意淡化不同体裁之间的过渡，[48] 换句话说，作者（编者）是期望第三章以一个整体的状态被阅读，故此，即使不能否认第三章有个人或群体哀告诗体裁的元素，但现在所呈现的编排显然未能符合既定体裁的框架，正如 Westermann 也多次提出第三章欠缺了部分哀告诗的项目，故值得思考的是作者透过现在的编排，特别是字母诗的严密排列，要引导读者如何理解的主题。

Gerstenberger 也同意第三章包含不同体裁的元素，但以个人哀告诗为主体。因此，他以个人哀告诗的框

---
[47] Ibid., 192.
[48] Ibid., 193.

架将全诗分为四个主要部分：[49]

1~18	申诉上主的惩罚
19~36	信心的确认
37~54	群体认信与申诉
55~66	祈祷

不过，他遇到类似 Westermann 的问题，认为 19 至 36 节虽交代与信心有关的内容，但缺乏传统认信，较少个人感情，即使 37 至 42 节主语用了复数"我们"，可被视作群体认信（communal confession），内容却以神学反省为主（三 37~39），故较难用形式批判体裁处理，尽管如此，他仍坚持全诗很接近个人哀告诗。[50]

另外，Gerstenberger 从礼仪角度考虑诗歌结构，认为当中包含礼仪过程的元素，如"申诉"（三 52~54）、"相信蒙垂听"、（三 55~58）、"祈求"（三 59），[51] 故提出第三章不是真正的个人哀告诗，而是借用这些元素的新体裁，以适用于犹太人群体的崇拜，所以，从实际运用上，第三章与前两章均属"群体哀告诗"，带出百姓需要认罪、相信上主恩典、对

---

[49] Gerstenberger, *Lamentations*, 492.
[50] Ibid., 493, 496；另外，Gestenberger 认为 48 至 51 节关于流泪哀伤的描述，所指的应是神自己，与二章 11 至 16 节的情况相似，参 Ibid., 495；不过，50 节中是以第三人称形容上主，与 48、49 及 51 节的第一人称所指的不是同一个对象，因此，Gestenberger 的假设似乎不太成立。
[51] Gestenberger 提出 56 节"你听见我的声音"可以理解为预期神的垂听，或对往事的回顾，参 Gerstenberger, *Lamentations*, 495。

重建存盼望的信息，于礼仪中发挥教导作用。[52]

基本上，Westermann 与 Gerstenberger 皆以哀告诗体裁分析第三章结构，不过，二人也发现**当中有些部分难以切合哀告诗体裁，反映了单以哀告诗体裁为分段参考的限制**。因此，Westermann 尝试将全诗解构还原至本来组成的部分，视 26 至 42 为后来扩充的部分，并将第三章中很明显的字母诗格式看为后期修饰，在分段结构上可以忽略；[53] Gerstenberger 则以礼仪功能解释全诗的编排，认为第三章是用于群众礼仪中带有教导成分的新体裁。[54]

c. 根据人称声音

如前所述，第三章只有一位发言者，没有明显的多重声音，故一般不倾向以人称转换为分段考虑，就连主张多重声音重要性的 O'Connor，在第三章也只是提出叙事者作了两次发言，没有根据人称转换分段。她认为这章的主要叙事者是"壮士"（strongman），[55]

---

[52] Ibid., 496.
[53] 不过，O'Connor 不同意字母诗为后期加入的形式，因为要将已经写好的诗歌加上字母诗格式是非常复杂的，参 O'Connor, *Lamentations and the Tears*, 46。
[54] Gestenberger 较倾向第三章是作者为群众聚会而撰写的记念性哀告诗歌，并基于诗歌文字上的一致性，似乎不太认同 Westermann 所提出的第三章是由多首古老的诗歌所组成，以达到群体哀告的目的，参 Gerstenberger, *Lamentations*, 496。
[55] Provan 认为第三章中"那人"与第一及二章的叙事者是相同的，不过，O'Connor 认为第三章的叙事者是一个新的角色，因为前两章的叙事者没有表达自己的苦况，而第三章提供了另一个在苦难中的图画，参 Provan, *Lamentations*, 81; O'Connor, *Lamentations and the Tears*, 44。

其中亦有群众联同"壮士"表达认罪及哀告的部分（三40~47）。因应壮士两次的申诉，她将全诗分成为三部分，分别是 1 至 21 节"壮士第一次申诉"、22 至 42 节"上帝的恩慈"及 43 至 66 节"壮士的第二次申诉"，透过描述叙事者申诉与中间关于上主恩慈的描述作对照，表达"壮士"的盼望并不确定，时有时无，以显示"壮士"在苦难中游走于盼望与绝望之间。[56]

至于 Bier 则仍坚持以"对话"（或"复调"）方式分析这一章，并以人称及说话对象的变化为分段考虑。首先，1 至 20 节是以第一人称表达对神的申诉，至于 21 至 24 节是第一及第三人称的描述，表达盼望的缘由；25 至 39 节对象基本上是没有特定人物（impersonal），属于关于苦难的智慧传统；40 至 41 节转为用第一人称复数，呼吁众人考察自己；42 至 47 节虽也是第一人称复数，但用了第二人称形容上主，表达认罪及上主不赦免；48 至 54 节则再次回到第一人称单数，但这次包含了群体角度，加入"我百姓"、"我城的女儿"的元素，抒发了叙事者的哀伤；最后，55 至 66 节是以第二人称向上主直接呼求，祈愿上主报复仇敌。[57]

Bier 认为即使只有单一发言者仍可借"内在对话"（internal dialogue）展示不同观点的互动，故以上分段可反映第三章叙事者的"内在对话"，如 21 至 39 节关于盼望的缘由是回应 1 至 20 节苦难中的体会；然

---

[56] O'Connor, *Lamentations and the Tears*, 44–45, 57.
[57] Bier, *Perhaps There Is Hope*, 110–125.

而，由于21至39节所代表的是一种"权威性言说"（authoritative discourse），其观念或意识形态主要来自传统的教导，可能包括申典传统、锡安神学、祭司传统、先知主题及智慧文学等，故与叙事者的真实经历有所冲突，因此，40至47节仿佛一次逆转，叙述上主并不赦免他们，反映之前的"权威性言说"与"内在说服性言说"（internally persuasive discourse）之间存在着落差与张力。[58]

根据Bakhtin的复调理论，Bier认为第三章中这种倾向"神义论"观点的"权威性言说"，与倾向"反神义论"观点的"内在说服性言说"是并存的，用以表达叙事者正挣扎，努力调和过去已存的神学认知与当下可怕的经历，而这才是第三章所要反映叙事者在苦难中的状态。故此，Bier不同意过去学者认为第三章中间的部分（三21~39）是统摄全书的主题，认为"要静默等候，忍受从上主而来的苦难"只是其中一个观点，若以复调方式阅读，可以看到第三章内同时出现多重中心（multiple centres），而这些观点最后不一定汇合为单一终极的看法。[59]

诚然，Bier对人称变化相当敏锐，相对O'Connor，更注意每个说话中发言者与对象的转变，因此，其分段结构颇能反映诗歌言说之间的互动，而她提出21至39节为一种"权威性言说"的假设，亦能处理这部分内容与上下文之间的矛盾之处，如叙事者初时提出"感

---

[58] Ibid., 107–109.
[59] Ibid., 125–138.

到绝望"（三 20），但后来又说"或会有指望"（三
29），以及在中间部分描述"上主的怜悯不耗尽"（三
22），但到后部分又说"上主并不赦免"（三 42），
Bier 的诠释可将这些矛盾视作内在对话中的不同观点。

的确，对受苦者来说，过往对上主的认知虽带来
一时安慰，但亦与当下痛苦经历形成对比，因此，叙
事者不会一面倒拥抱"权威性的言说"，也不致于否
定它，故 Bier 的分段与诠释颇能反映真实的挣扎，但
这种假设会将 21 至 39 节视为与处境"对立"的说法，
亦把此章主题看为纯粹反映内心挣扎，没有特定方向。

d. 根据诗节结构

从上可见，即使第三章字母诗编排是最为严谨，
但上述分段，无论是根据内容、哀告诗体裁、抑或人
称转换，均没有完全按字母诗格式，这反映第三章要
依据字母诗安排分段有一定困难。不过，一些以诗节
结构为分段考虑的学者，如 Renkema、Mackay、Berges
及李思敬，却仍维持字母诗编排，其中，Renkema 尝
试以工整的诗节结构为第三章分段，他认为第三章是
两大部分的平行结构：[60]

---

[60] Renkema, *Lamentations*, 341，Renkema 认为第三章应从中间分两大部分，并互相平行，他列出两大部分中每节对应经文内呼应的字眼，如第 1 节的"困苦"与"人"对应第 34 节的"粉碎"与"囚犯"等等，参 Ibid., 336–337；不过，实际上这些对应字眼在意思上有时并不明显。

	诗段	诗章	经文	重点	经文数目	诗节数目
第一部分	一	A	1~6	上主攻击围困人	6	2
		B	7~12	上主如猛兽埋伏被困者	6	2
		C	13~21	上主以苦楚使人绝望	9	3
	二	D	22~27	回复信心的原因	6	2
		E	28~33	上主不永远丢弃或许有盼望	6	2
第二部分	三	A'	34~39	申诉非上主所为的灾难	6	2
		B'	40~45	需悔改因上主未赦免	6	2
		C'	46~54	受折磨直至上主垂顾	9	3
	四	D'	55~60	向上主的祈求	6	2
		E'	61~66	祈求报复仇敌	6	2

首先，Renkema 认为第一部分的主题为"苦楚"，交代叙事者经历上主从各方面的攻击，虽然直至 18 节才正式交代行动的主语是上主，而第二部分内容则主要有关叙事者直接向神"申诉"。[61] 两大部分结构相似，均是前一个诗段（一及三）以较负面表达叙事者的困苦（三 1~21、34~54），而后一个诗段（二及四）则较正面表达叙事者仍对上主心存盼望及向上主呼求，反映他的信心与盼望（三 22~33、55~66），由此可见，每个部分有其独立主题，而就主题与语言，诗段间亦有对照平行，此外，两大部分中间的诗章（C 及 C'）是该部分的焦点，包含对称结构：[62]

---

[61] Renkema, *Lamentations*, 341–343, 348, 410.
[62] Ibid., 368.

13 节 "我的肺腑"
　14 节 "成了笑话"
　　15 节 "茵陈"
　　　16 节 "在灰尘中退缩"
　　　　17 节 "而我的性命拒绝平安，我已忘了美好"（中心句）
　　　18 节 "消逝⋯并我从上主的等候"
　　19 节 "茵陈"
　　20 节 "我的性命对我感到绝望"
　21 节 "我的心"

因此，Renkema 认为从 13 至 21 节（诗章 C）的同心圆结构，17 节可作第一部分的关键句，同样，在 46 至 54 节（诗章 C'）中，50 节为第二部分的关键句，因其上下两句 49 节及 51 节重复了 "我的眼"，[63] 故 17 节 "而我的性命失掉平安，我已忘了美好" 及 50 节 "直到上主垂看，并让他从天上看" 可以表达全诗主题。[64] 换句话说，这分段有助找出对应诗节，并透过上述同心圆结构找到中心句（三 17 及 50），以表达主题是虽面对极度困苦至绝望，但重得盼望以等候上主垂看。

虽然，将全诗分为两大部分有其理据，因第一部分明显以叙事者 "苦况" 为主，从 34 节开始描述上主的公义与主权，内容上有一个较大的转折，然而，

---

[63] 其余对应的字眼为 "针对我们"（עָלֵינוּ，三46）与 "超过"（עַל，三54）、"他们的口"（三46）与 "我的头"（三54）、"坑"（三47）与 "井"（三53）、"断裂"（三47）与 "向我抛下石头"（三53）。
[64] Renkema, *Lamentations*, 368.

Renkema 所列两大部分经文对应字眼的相似性与相关性则略为主观，如 1 节的"困苦"与 34 节的"粉碎"虽说都是负面字眼，但两者关连性并非很明显，故以此作为平行结构的理据略嫌薄弱。另外，诗章 C 及 C' 的同心圆结构也有类似情况，除 49 节及 51 节"我的眼"重复较明显外，其他对应经文字眼的相关性不高，而由此衍生 17 节与 50 节为全诗中心句的说服力不大。[65]

此外，对于上文提及"跨节连续"的情况，如 12 及 13 节，Renkema 虽明确指出，从内容上这两节都用"箭"的意象，但他却选择在两节中间分段。[66]另外，他亦提出 60 与 61 节内容相似，均与"他们向我的图谋"有关，并同样交代上主看见或听见，不过，他亦选择在中间划分。[67]这样处理虽然能维持字母诗格式，但因将两节紧密联系的句子分别置放于两个诗章，似乎淡化了两者的关系。

另外，李思敬亦尝试以工整的诗节结构处理第三章的分段，与 Renkema 不同的是，他将全诗分成七个部分，并表示当中包含扇形结构：[68]

---

[65] Mackay 就 Renkema 将诗歌分为两个平行部分，并以 17 节及 50 节为主题句的处理表示，虽然这个分析考虑了很多条件及展示了结构，但对于 22 至 24 节所表达的重要神学观点，并未给予充分重视，故 Mackay 并不同意 Renkema 的处理，参 Mackay, *Lamentations*, 123。

[66] Renkema, *Lamentations*, 360.

[67] Ibid., 463–465.

[68] 李思敬于 2015 年在中国神学研究院道学硕士"旧约神学"课程笔记（未出版）中，列出了第三章的分段及标题，但就分段大纲及诗歌主题则没有详述。

诗章	经文	重点	经文数目	诗节数目
A	1~9	上主忿怒将我围困	9	3
B	10~21	上主攻击却有指望	12	4
C	22~30	上主信实负轭是好	9	3
D	31~36	上主怜悯秉行公义	6	2
C'	37~45	认罪回转面对审判	9	3
B'	46~57	绝境之中坚持呼求	12	4
A'	58~66	信靠上主还我公道	9	3

首先，这个分段除了能维持字母诗编排外，亦展示诗歌可用工整的诗节结构排列，并兼顾"跨节连续"的经文，如 12 及 13 节、42 及 43 节、48 及 49 节、54 及 55 节、60 及 61 节，均能放置于同一个诗章内，使其较密切的关系得以保留。

而且，这结构能反映对称呼应，突出中间核心主题"上主怜悯秉行公义"，如诗章 A 与 A' 在用字及内容上呼应，1 节提到"他忿怒的杖"是攻击叙事者，与 66 节"求你在怒气中追赶并毁灭他们（仇敌）"正好形成对照；诗章 B 与 B' 均描述叙事者身陷险境，但同时发生了转变，从绝望到有指望（三 20~21），从困境中发出呼求（三 55~57）；诗章 C 与 C' 都交代了叙事者与他的百姓该如何面对苦难，前者要默然等候，在年轻时负轭（三 25 ~ 27），后者要认罪回转，面对上主的审判（三 40~45）；由此，自然地突出了中间 31 至 36 节对上主慈爱及公义的描述。

不过，Renkema提出34至39节行文上清楚显示这两个诗节有密切的关系，[69] 故若将34至36节与上文31至33节归作一段，虽然在内容上均是描述上主的属性，可以表示"上主的怜悯与公义"，但在用字、语气及内容上，34至36节的确与下文37至39节的相关性应较高。首先，这两段有多个重复字眼，包括"人"（גֶּבֶר）、"人"（אָדָם）、"至高者"（עֶלְיוֹן）、"主"（אֲדֹנָי）、"不"（לֹא）；[70] 另外，36b节与37b节两句句式十分相似：

36b 主岂不看见 אֲדֹנָי לֹא רָאָה

37b 主岂不吩咐 אֲדֹנָי לֹא צִוָּה

这两句刚好置放于35b节"至高者的面"（פְּנֵי עֶלְיוֹן）与38a节"至高者的口"（מִפִּי עֶלְיוֹן）中间，若非出于巧合，那可能是诗人要表达这两节之间有密切关系，加上，34至36节描述关于囚犯、审判与争辩的事情，而37至39节则关于吩咐、善恶与罪，都涉及上主公义与主权，可见从内容上看34至36节与下文关系比上文关于"慈爱怜悯"更密切，因此，值得考虑应否将31至36节归为一段。

大体上，以诗节结构作为考虑，可因应诗歌本身的格式、用词、句式、转折标记分段，从中观察段落的呼应，有助分析各段大意，找出经文脉络，无需

---

[69] Renkema, *Lamentations*, 412.
[70] "人"（גֶּבֶר）、"至高者"（עֶלְיוֹן）、"主"（אֲדֹנָי）、"不"（לֹא）在34至39节中重复出现的位置，可以构成一个倒影结构，这也可反映两个诗节之间的密切关系。

先入为主预设诗歌体裁的框架，亦不用预先受内容主导。因此，这种分段方式没有突显中间部分（22至39节）在内容或体裁上与上下文的差异，反而透过诗节结构，将相关经文分别置放于不同段落时，可以看到经文有一定渐进发展与呼应，故不必将第三章看为没有系统的发展、或各种体裁的拼凑、或徘徊两极的自我对话。

小结

综观而言，基于第三章较紧密的字母诗安排、较多跨诗节连续、没有多重声音叙事、中间部分对上主正面的描述的特点，可见在分段结构上引起的一些困难，是故学者一般未必贯彻字母诗的安排，甚至将第三章最为紧密的字母诗格式，看为是包装零散内容的工具，帮助衔接不同体裁的片段或不同神学观点的对话，使全诗成为一个整体，换句话说，字母诗格式对提示诗歌分段没有重要意义。

不过，既然诗人选择了运用字母诗格式，而且在第三章明显以更紧密的方式出现，是否可以因为内容表面上与字母诗格式不吻合，以及诗歌中内容主题出现对比与落差，就忽略字母诗格式在分段的作用，而选择优先考虑按内容、体裁、人称或神学观点分段？以及接受第三章并没有内在逻辑的安排、或有系统的发展脉络，纯粹呈现叙事者徘徊在传统智慧教导与真实困苦处境的张力中？

因此，主张以诗节结构为分段考虑的学者，尝试维持字母诗格式,并兼顾其他第三章的特点,以及留意诗节之间的关系,不预先假设诗歌是没有系统的拼凑,对于理解诗人在第三章的布局结构可能有一定帮助,虽然,在部分段落的划分仍在讨论的空间,但其建议的确有相当的参考价值。

4.3 诗节结构的建议

4.3.1 诗节结构的划分

从以上分析可见，基于第三章紧密的字母诗格式，以及明显的"跨诗节连续"，加上中间部分内容主题的变化，造成分段上不少难处，然而，从 Renkema 及李思敬可见，以诗节结构的处理，有可能兼顾字母诗格式及"跨诗节连续"的情况。如前所述，Renkema 提出第三章应分为两大平行部分，只是他所列出逐节对应的字眼部分略为牵强，未能充分反映其平行性质；而李思敬提出的分段，从内容及用字则可看到诗歌的扇形结构，但 31 至 36 节的处理仍有值得讨论之处。

故此，在这里尝试结合两者建议，提出另一个工整诗节结构，将全诗分为两大部分，但以扇形结构呈现诗章之间的呼应，并尽量维持诗人写作第三章的特别安排，避免在同一个字母诗节或在明显"跨诗节连续"的情况下划分段落：

	诗段	诗章	经文	重点	经文数目	诗节数目
第一部分	一	A	1~9	皮肉受苦被困黑暗	9	3
		B	10~15	受尽攻击饱尝苦楚	6	2
		C	16~21	我心绝望转念等候	6	2
	二	D	22~27	默然等候信实上主	6	2
		E	28~33	我主慈爱非真苦待	6	2
第二部分	三	E'	34~39	我主公义明察善恶	6	2
		D'	40~45	自省回转面对审判	6	2
	四	C'	46~51	我心沉重泪流成河	6	2
		B'	52~57	仇敌害命向主求救	6	2
		A'	58~66	求主辩屈报应仇敌	9	3

a. 定量结构

以上建议的结构主要分为两大部分，每部分有五个诗章，总共十个诗章。除了首尾两个诗章包含三个诗节，其余每个诗章都是包含两个诗节，在诗节数目上形成一个对称的结构。虽然诗节数目不是划一，但也有一定编排的模式，大致上符合定量结构的原则。

b. 转折标记

另外，以上的结构也考虑到段落的转折标记，如人称、时态或语气的转换，如前文提及，未必每次出现这些转换就代表必要开新段落，但这些标记可用作参考。

■ 三章1至33节

在第三章，第 10 节出现了独立人称代词"他"，按文意这是指"熊",在此用作强调主语,加强语气,故可作为一个转折的标记。之后,16 节在动词词态上改用了"ı 连续句"(waw consecutive),虽然这是因应字母诗需要以"ı"作为开首,但在此划分新段也可以反映时态的转换。同样,28 节开始从陈述句改以祈使式(jussive),显示了语气的转换,加上描述的主体从上主转为"那人",故也可以作为一个转折标记。不过,上述的结构仍有限制,未能反映以下两点可能的转折,包括 19 节以"请记念"(命令式)作开始,语气上突然的改变,虽然 20 节开始诗人再次转回陈述的表达,表示 19 至 21 节整体上都是陈述语气为主;另外,31 节以三个"因为"解释要接受苦难的原因,再次以上主为主体,虽然内容上可以承接上文,但建议的分段则未有反映在此处划分。

■ 三章34至66节

接着,34 节以三句不定式(infinitive)为开始,语气有明显的变化,且描述主体及内容亦与上文有不同,可见其实行文有所转折,这于下文会作较详细解释。至于 40 节则转为第一人称复数,这也可以作为一个转折标记,适宜在此划分新段。不过,到 46 节开始,转折的标记并不太明确,因此分段可能要考虑其他要素,如诗节之间内容的跨节连续,这于下文再作阐述。

c. 字词重复与呼应

此外,若根据以上分段,可有助呈现诗章之间的呼应，虽然在字眼上的呼应不如第一及二章般严谨，但也可以看到在内容有近似扇形结构的安排。

首先，诗章 A 与 A' 有一些重复的字眼，包括"看见"（三 1, 59）、"翻转（得回）"（三 3, 64）、"手"（三 3, 64）、"所有日子"（三 3, 62），而第 1 节提及"忿怒的杖"与 66 节的"怒气"在意思上也有一定的呼应，开首表示叙事者看见因上主忿怒带来的困苦，上主的行动是发生在叙事者身上，最后的部分则祈求上主为他辩屈，并让仇敌得回报应，上主的行动要作在仇敌身上。

其次，诗章 B 与 B' 用字上的呼应不多，只有"日子"是重复的（三 14, 57），不过这两段均是交代叙事者遭遇攻击的状况。诗章 B 以动物"熊"与"狮"的意象来比喻上主向他埋伏，伺机攻击，而诗章 B' 亦同样以"鸟"作为喻体，表达仇敌追击叙事者如捕猎鸟类一般，两个诗章均表示一种危在旦夕的处境，不过前者并未看见出路，受苦者只能成为被取笑的对象、"终日的歌曲"，而后者则在危难关头呼唤上主的日子，得到主的临近与安慰。

接着，诗章 C 与 C' 之间，除了重复"我的性命"（或译"我的心"）这个字眼外，在内容上均描述了叙事者个人的痛苦心境，前者表示因所遭遇的困苦，"我的性命"丢弃了平安、感到绝望（三 17, 20）；后者则描述因仇敌带来的毁坏，"我的性命"感到沉重（三 51），亦强调了"我的眼"泪流不息的情况（三 48~51），不过，在诗章 C 的最后一句"我使这转向我的心，因此我要等候"（三21）则表达了在痛苦中有一个转念。

至于诗章D与D'中重复的字眼是"负起（举起）"（三27,41），前者表达的是在年轻时"负"轭是好的，而后者则呼吁大家要向天上的神"举起"心和手，可说两者均是带出在困苦的处境下应有的行动，诗章D强调要"默然"、"等候"、"仰望"，诗章D'则呼吁要"考察"、"查究"、"回转"。不过，对于上主的描述，这两个诗节恰恰展示出截然不同的图画，诗章D描述上主是慈爱、怜悯、信实，且是"不断绝"与"不耗尽"（三22），而诗章D'则完全相反，所描写的上主是忿怒、杀戮、隔绝，是"不赦免"与"不顾惜"（三42~43），由此可见，将这两个诗节放在一起比较，两者均刻画上主的属性，但却正正呈现一个深刻的对照。

最后，诗章E与E'重复的字眼包括"口"（三29, 38）与"主"（三31, 36, 37），如上一个部分所述，31至33节及34至36节作为全诗的中间部分，这两个诗节分别是总结上文及铺垫下文，可以作为全诗的分水岭，虽然内容上颇不相同，然而，诗章E与E'也有相似的性质，前者表达要让人沉默忍受各种苦楚，然后以上主的慈爱的属性为原因，后者同样描述了各种不义之事，然后以上主的主权与公义的属性回应。

4.3.2 建议结构的脉络与特点

透过以上建议的诗节结构分段，希望能处理第三章在分段时遇到的问题。这个段落结构可以维持字母编排及跨节连续，并将全诗划分两大部分，展示全诗的脉络与发展。

a. 维持字母诗及跨节连续

如上文所提，第三章字母诗格式是最紧密，每连续三句用同一字母开始，但同时出现较多内容上跨节连续的情况，这两个现象表面上是有冲突的，因此，学者会有所取舍，若以表示内容的连续性为优先，就会放弃维持字母诗的编排，如13至15字均以"ה"为字母起首，但由于13节内容与12节均与"箭"有关，关系较与14节密切，故将13节归为上一段，在同一字母诗的诗节中间划分段落；[71] 相反，若要坚持字母诗编排，就未必会兼顾跨节连续的内容，即使内容的连系相当清晰，亦会在中间进行划分诗章，如在12及13节中间分段。[72]

因此，在此建议的诗节结构希望兼顾第三章这两个特色，除不会在同一字母诗节中划分段落，亦会将跨行连续的诗节归并为同一个诗章，包括以下五个情况：

---

[71] Wright, *Lamentations*, 108；高铭谦，《耶利米哀歌》，页94-95。
[72] Renkema, *Lamentations*, 360, 367; Berges, *Klagelieder*, 178.

诗章	诗节	字母	经文
B	10~12	ד	他拉开他的弓，使我立着，像为箭作箭靶（三 12）
	13~15	ה	他使他箭袋中的箭，进入我的肺腑（三 13）
D'	40~42	נ	我们——我们背叛和悖逆，你——你并不赦免（三 42）
	43~45	ס	你以怒气遮盖，并你追赶我们，你杀戮并不顾惜（三 43）
C'	46~48	פ	我的眼落下泪水如河流，为我百姓女儿的断裂（三 48）
	49~51	ע	我的眼倾流它不止息，因没有喘息（三 49）我的眼使我的性命沉重，因所有我城的女儿（三 51）
B'	52~54	צ	他们在井中灭绝我的生命，并向我抛下石头（三 53）众水涌流超过我的头，我说：我被剪除了（三 54）
	55~57	ק	上主啊，我呼唤你的名字，从井的深处（三 55）在我呼唤你的日子你临近，你说：不要惧怕（三 57）
A'	58~60	ר	你看见所有他们的报复，所有他们向我的图谋（三 60）
	61~63	ש	上主啊，你听见他们的辱骂，所有他们针对我的图谋（三 61）

从上表可见，从字眼及内容上看，跨诗节连续是颇为明显，如 48 与 49 节均提及"我的眼"与流泪的

意象，48节"因我百姓的女儿"与51节"因所有我城女儿"呼应，表示"פ"与"ע"两个诗节密切的关系；52至54节描述仇敌在"井中"灭绝"我的生命"，55节记"我"从"井"的深处呼唤上主，而且两个诗节均以一句说话作结，分别是"我说：我被剪除了"（三54b）及"你说：不要惧怕"（三57b），可见两个诗节有密切的关系。故此，以上所列的跨诗节的连续可能正正是诗人对于划分诗章的提示，希望读者能将有关段落看成相连的单元，而建议的诗节结构尽量都反映了以上跨诗节连续的情况。

b. 全诗划分两大部分

如前所述，学者认为22至39节这个部分较突出，因为在内容主题上是从刻画苦难转为对上主正面的描述，从体裁方面则认为是源自智慧文学，有别于哀告诗的表达，故倾向着力解释这部分的作用，以及它与诗歌其余部分之间的关系。然而，根据诗歌本身字词的提示，第三章是有可能分作两个大部分，当中关键的诗节是31至33节及34至36节，而这两个诗节在用字上亦分别与其他诗节有较多重复与呼应。

■ 第一部分（三1~33）

31至33节所用的字眼多与上文呼应，包括"丢弃"（三17）、"永远"（三6）、"丰盛（多大）"（三23）、"慈爱"（三22）、"怜悯"（三22）、"心"（三21）、"儿子（箭）"（三13），还有"苦待"（ענה）（三33）与"困苦"（עני）（三1）在原文字根上十分接近，除了"心"在下文41节重复出现外，基本上述的字眼于下文均再没有出现。而内容方面，31至33节解释上主不会永远将人丢弃，即使会使人受苦，也会按慈爱施怜悯，并不会存心苦待人，当中提及上主的属性主要是"慈爱怜悯"，呼应上文的描述（三22~23），并说明困苦是暂时的，也就成为上文在苦难中要"默然等候"的基础，最后更带出上主不会从心里苦待。由此可见，这一段以"上主的慈爱"来回应眼前的"苦"，也就是1至30节中所描述的重点，至于苦难的原因是否与罪有关，以致叙事者需要为自己的罪承担苦难等主题，到此仍未说明。

不过，这个假设仍有它的限制，在于28至30节与31至33节的关系不是十分明显，因为28至30节焦点在人的行动，而31至33节焦点在上主慈爱的属性，且两个诗节在用词上亦无特别的重复，但由于31至33节明显与诗歌上半部分的关连较大，故在此选择与上一个诗节归为一段，将31至33节对上主慈爱的描述理解为28至30节要求人继续在困苦中等候的原因。

■ 第二部分（三34~66）

34至36节所用的字眼则多与下文呼应，包括"之下"（三66）、"公义（审判）"（三59）、"至高者"（三38）、"颠倒（委屈）"（三59）、"人"（גבר）（三39）、"人"（אדם）（三39）、"争辩（争论）"（三58）、"看见"（三59、60），除了"看见"和"人"在上文曾出现外，其他字均在下文才有重复，而那些字眼似乎都与审判、辩屈有关。

由于34至36节都以不定式为开始,34及35节均没有限定动词(finite verb),只有36节出现"看见"(רָאָה)一词,因此,学者对此诗节提出不同解释,其中一个可能是36b节是反问句,意思即是对34至36a节所述三个不恰当的情况表达"(难道)上主不看见吗?"。[73] 若按此理解,可以将34至39节看为四个修辞性的反问句,所要表达的实际意思分别是"主并非不看见不义"(三36)、"主不吩咐事不会成就"(三37)、"坏的与好的都从至高者口中出来"(三38),以及"活人不要申诉针对他的罪"(三39),以突出上主的主权与公义。故此,34至36节可以说是下文有关呼吁认罪(三40~42)、呼求拯救(三52~57)、祈求报复仇敌(三61~66)的铺垫与基础。

由此可见,31至33节总结了上文的重点,而34至36节则开启了下文,前者着重描述上主的慈爱,后者则关注上主的公义,故此34节可以作为全诗的分水岭。诗歌的上半部(三1~33)以描述诗人个人面对的苦楚为主,攻击者应是指上主(三18),但没有提及罪与刑罚,亦没有涉及外来的仇敌;下半部(三34~66)则没有再提及与"苦楚"相关的意象,主要描述仇敌对个人及群体(百姓)的攻击,也提到罪和审判。

---

[73] Parry, *Lamentations*, 108–113.

4.3.3 从诗节结构看诗歌主题

关于第三章的主题,由于诗歌中间部分(三22~39)在内容上较为突出,故学者倾向认为这段对主题的表达有一定的作用,对此大致有以下三个解说:

一、较早期学者倾向认为这部分是表达在苦难中的盼望,对受困苦者的安慰,甚至认为这就是先知的言说,是对哀告的一种处理。[74] 不过,近代学者认为这样简单直接的安慰,对于如此深重的痛苦难以有长远的帮助,加上,诗歌后半部及第四、五章,反映出叙事者仍未得到安慰,故认为中间部分的正面信息不一定等于主题所在;[75]

二、另一说法认为中间这部分代表的是传统的声音,是叙事者尝试用来对应当下的处境,然而,这个传统声音与叙事者当下面对困苦的感受是冲突的,因此,第三章的目的就是呈现传统声音与叙事者内在声音的张力,反映叙事者在两者之间的挣扎,故认为第

---

[74] C.W. Eduard Naegelsbach, *Lamentations*, trans. William H. Hornblower, COT 12 (Edinburgh: T & T Clark, 1871), 114–115; R. Payne Smith, "Lamentations of Jeremiah," in *Holy Bible with Commentary*, ed. F. C. Cook, vol. 5 (London: John Murray, 1875), 594–597; Matthew Henry, "Lamentations," in *A Commentary on the Holy Bible. : Also Memoirs of His Life, Character and Writings*, vol. 4 (London; Edinburgh: Marshall Brothers, 1890), 1070–1073; A. W. Streane, *The Book of the Prophet Jeremiah Together with the Lamentations* (Cambridge: Cambridge University Press, 1913), 378–379; Rudolph, *Die Klagelieder*, 239–240.

[75] Provan, *Lamentations*, 22; Dobbs-Allsopp, *Lamentations*, 48; O'Connor, *Lamentations and the Tears*, 50.

三章并非真正提供了出路;[76]

三、还有,就哀告诗体裁而言,中间部分可以作为"信心的确认",但由于其表达方式类似智慧文学或教诲,有别于一般的哀告诗体裁,故亦提出有可能属于后加的部分,以此解释这些较正面的表达并不属于本来以哀告为主的诗歌。[77]

虽然以上三个对于中间部分的解释并不一样,带出的诗歌主题分别是"安慰"、"表达挣扎"及"哀告中有教导",但它们同样都将中间部分视为一个外在于叙事者当下的声音,把它看为"先知的言说"、"记忆中的传统教导"或"智慧文体的教诲",换句话说,将这部分排除于哀告目的之外。

不过,若根据以上建议的诗节结构分析,可见这首诗歌的主题不一定要从中间部分与上下文的反差来理解,也可以尝试以31至33节及34至36节作为线索,将经文分为两个主要部分,探讨全诗的主题。

a. 上主慈爱

第一个主要部分是1至33节。1至9节(诗章A)描述"他"使"我"受尽皮肉的折磨,令"我"住在黑暗,被困于墙垒苦楚之中,如死人一般,甚至断绝了求救之路,这段落所展示的痛苦是较个人化与切身的,强调了"黑暗"与"被困",但仍未至于致命的险境。11至15节(诗章B)继续交代"他"对"我"的攻击,如猛兽埋伏,将"我"撕碎,更把箭射向"我"的肺腑,

---
[76] Bier, *Perhaps There Is Hope*, 125–138.
[77] Westermann, *Lamentations*, 174–178.

令"我"被取笑、饱尝苦楚，15b节"他以苦菜充满我，他使我饱尝茵陈"可说是小结，表达整个过程充满痛苦，相较上一诗章，这一段描述的困境更严峻，到了生命受威胁的地步。

到了16至21节（诗章C）则从描述所受之苦到"我"的内心状态，16节描写"他"使"我"的牙在沙石上研磨，使"我"在灰尘中退缩，这个意象表示被欺压至最低处，17节似乎是改变了话题，开始抒发"我"的感受，但假如将整个诗节（三16~18）看作一个完整单元，就能理解那是一种在被苦待之下所表达的心情。换句话说，"我"在经历最严酷的欺压时，想到的是要丢弃平安与美好（三16~18），对于将来与等候上主感觉到的都是幻灭，只能恳请记念困苦，但又感到绝望（三19~20），不过，就在这最绝望的时刻，21节仿佛出现一个转向，让"我"坚持等候（三21）。其中21节"我使这转向我的心"的"这"，很可能就是指下文有关上主的描述（三22~27），部分学者认为这节开始出现转折，故在此划分新段。然而，诗人刻意将这节与上文关于绝望的描述放在同一个诗节，可能是为了突显这个转向与上文绝望情境的关系，加上，21节是用"我"作为主语，故这个转变并非来自外在，而是叙事者主动使它出现。

22至27节（诗章D）与上一段有密切联系，交代了转念的内容（三21），主要描述上主的慈爱、怜悯与信实，并由此带出"我的心（性命）说：我要等候他"（三24），此句与21b节呼应，但更强调了等候的对象"他"——上主。25至27节三句皆以"美好"开始，指出凡仰望寻求上主、默然等候救恩、年轻负轭的都是美好，同样呼应了上文"我已忘了美好"（三17），而"等候"也是对上一个诗章叙事者对等候失去指望的回应。由此可见，从内容而言，这一段与"我"所面对的处境构成极大的反差，但这正正是叙事者在绝望时提出的信念。

然而，这个"正面"的信念没有改变当下的现实，叙事者也知道这一点，他透过28至33节（诗章E）的描述，指出受苦的人仍然继续受苦，但"或许会有指望"（三28~30），所描述的情境"让他把他的口放在灰尘中"（三29）、"让他把他的腮骨给那击打他的"（三30）似乎与上文16节相似。换句话说，22至27节对上主慈爱的描述是继续等候的基础，31至33节就是为此作了一个小结，回应1至15节的"困苦"是暂时的，因为22至27节所言"上主的慈爱怜悯"，他不会真的从心里苦待人，以致叙事者在面对28至30节依然困苦的处境时能继续等候。

由此可见，诗章C、D及E是环环紧扣的三个诗章，环绕"上主慈爱"是困苦中坚持等候的原因，诗人并非展示钟摆一般的挣扎，反而是表示他已到了痛苦尽头，惟一可以凭借的就是紧紧抓着"上主是慈爱"的信仰，然而，这番话不是反映他有极大的信心，也不是"信心的宣告"，否则，29节不会出现"或许有指望"这样不确定的表达。

因此，22 至 33 节可说是叙事者在信心接近殆尽时说的一番话，表面上是对上主应许的信靠，其实深层是痛苦到了极致的表达；叙事者似乎是在提醒自己，但更可能是要提醒上主"你不会是存心要苦待我吧"。若如此理解第三章上半部，可以看到"信心的表达"未必是毫无疑惑的"信仰宣言"，而可以是在最失望、最绝望的一刻，即使带着不确定（三 29），仍用最后一口气捉紧上主仍是慈爱；所谓的"哀告"，不单是对上主不停的申诉，也可以是濒死一刻迸发出"你是慈爱信实"的认信，这也许是在最低谷最深层的哀告。

b. 上主公义

第二个主要部分是 34 至 66 节，34 至 39 节（诗章 E'）描述上主的公义与主权，强调上主"至高者"的身份，所针对的是各种不义的情况，如歪曲审判、颠倒争辩，且一切都是出于上主的吩咐、从他口中所出，故上主对罪人自有定断，没有理由申诉。换句话说，这是从上主公义的一面说明"人"应该服于上主的公义与审判，与上文描述上主慈爱的表达不同。由此带出 40 至 45 节（诗章 D'），叙事者基于上主的公义，呼吁众人自省，认罪回转上主，甚至面对上主怒气的惩罚。但从 46 节开始，焦点由"我们的罪"转移到"仇敌的恶行"，46 至 51 节（诗章 C'）描述仇敌的毁坏，使"我"为百姓伤痛流泪；52 至 57 节（诗章 B'）则记述仇敌要灭绝"我"，因此"我"呼唤上主拯救;[78] 58 至 66 节（诗章 A'）是叙事者向上主的祈求，主要是求主察看仇敌的攻击，以及求主为自己辩屈，最后求主报应毁灭仇敌。由此可见，最后三个诗章均与仇敌有关，也反映出叙事者面对仇敌攻击的三个反应——流泪、求救、求报应，而从诗章 A' 中提及上主申辩、看见、审判（三 61~66），以回应"我"的冤屈、委屈、判案（三 58~60），以致报应仇敌的恶行，均呼应 34 至 36 节所描述上主公义的形象，因此，叙事者得以向上主祈求报复仇敌是基于神的公义与主权。

综观而言，可以说第三章的两个部分分别都交代了叙事者的"**经历、反应、行动与行动的基础（上主的属性）**"。第一部分，是描述叙事者经历上主直接带给他个人切身的苦楚，令他感到绝望，但因着上主的慈爱，他继续等候；第二部分，是描述叙事者经历仇敌对自己及群体的攻击，他感到沉重哀伤，但因着上

---

[78] 关于 52 至 57 节，Provan 认为虽然是用完成式 (perfect tense)，但并非描述过去发生的事情，而是表达一种祈愿语气的完成式 (precative perfect)，故此他认为与下文（三 58~66）是属于一个整体，都是祈求的内容；不过，Parry 则认为既然诗人此段用完成式而非未完成式表达，可见是有意突出与下文的不一致，故倾向将这段理解为过去发生的事情；而 Gladson 则提出另一个可能性，就是那是描述当下的经验，不必然把这段视为过去式、将来式或祈愿语气，参 Iain W. Provan, "Past, Present and Future in Lamentations 3:52-66: The Case for a Precative Perfect Re-Examined," *VT* 41, no. 2 (April 1991): 166–175; Parry, *Lamentations*, 120–124; Jerry A. Gladson, "Postmodernism and the Deus Absconditus in Lamentations 3," *Bib* 91, no. 3 (2010): 326–329。

主的公义，他向主认罪并呼求。

因此，从以上的结构可以看到，第三章阐明了上主慈爱与公义的属性，表示叙事者在苦难中接近绝望之时，仍然确认上主的慈爱与公义，而基于这种认定，才能在困苦与危难中坚持地去等候与呼求。另外，对上主慈爱与公义的确认，一方面可以说是信心的表达，但更深层次是反映叙事者已到了人生的绝境，他惟一可以倚仗的就是上主的慈爱与公义，因此他在诗歌中所谓的"信仰宣言"，正正是他哀告的一部分，且是在绝路中最深的哀告。

4.4 总结

虽然过去有学者反映第三章是各种体裁七拼八凑、没有章法、没有逻辑顺序的内容描述，字母诗只是散乱内容包装的工具，因此认为分段无需根据字母编排，[79] 然而，若尝试维持字母诗编排，留意诗歌中跨诗节连续的部分，按诗节结构作工整的分段，则可以发现整首诗歌在字词上有不少呼应，加上紧密的字母诗编排，其实无需假设第三章是不同体裁的片段拼凑，它虽然有哀告诗的元素，但不完全符合典型哀告诗体裁，其中一个可能是因它本来并非按照既定的哀告诗体裁框架来写。

此外，透过诗节结构的分段，将诗歌分为对称的两大部分，上半部分是以"上主慈爱"支撑叙事者在"困苦"中仍然"等候"，下半部分是以"上主公义"

---

[79] Westermann, *Lamentations*, 191–192.

激发叙事者在"仇敌攻击"中向上主"认罪、呼求"。这可有助解释表面上与哀告目的格格不入的中间部分,这部分不一定要被视为外在而来处理哀伤的智慧教导,或是内心对话中的传统权威言说,而可以看到这是对上主属性的描述,与叙事者的行动是有紧密联系的。进一步来说,在此对上主属性的描述,其实是绝望中一种既是信心又是哀告的表达。

由此可见,以诗节结构的方式分段有助找出诗歌中的结构,而且第三章基本上也可以呈现一个颇为对称工整的结构,与第一及二章相仿,反映了希伯来诗歌存在工整诗节结构的可能。

05

耶利米哀歌
四章的诗节结构

5.1 经文中译

1a	何竟黄金变暗，	אֵיכָה יוּעַם זָהָב
	那美好的纯金改变？ [1]	יִשְׁנֶא הַכֶּתֶם הַטּוֹב
1b	圣洁的石头倾倒，	תִּשְׁתַּפֵּכְנָה אַבְנֵי־קֹדֶשׁ
	在所有外面的街头。	בְּרֹאשׁ כָּל־חוּצוֹת׃ ס
2a	锡安宝贵的众子，	בְּנֵי צִיּוֹן הַיְקָרִים
	那贵重的 [2] 精金；	הַמְסֻלָּאִים בַּפָּז
2b	何竟被算为瓦瓶，	אֵיכָה נֶחְשְׁבוּ לְנִבְלֵי־חֶרֶשׂ
	陶匠双手所作的？ [3]	מַעֲשֵׂה יְדֵי יוֹצֵר׃ ס

---

[1] "改变"（יִשְׁנֶא），MT 用 Qal 字干未完成式，LXX 译为 ἀλλοιωθήσεται，用了被动式，可能将יִשְׁנֶאּ读成יְשֻׁנֶּא；另有抄本 (MSSKen) 写作ישנה，反映可能有不同的串法，参 Salters, *Lamentations*, 285。另外，有关第 1 节第 1 行的断句 *BHK* 及 *BHS* 均在"改变"之后分隔，而 *BHQ* 则在"改变"之前分句，后者较为可取，因上下半句均有主语及动词，显得较平行呼应。

[2] "那贵重的"（הַמְסֻלָּאִים），Pual 分词阳性复数，字根应是סלל，原意是"称重"；LXX 译为 οἱ ἐπηρμένοι，意思是"举起"；P 译文意思是"谁比宝贵的石头更好"，V 译文意思是"以最精的金包装"，T 译文意思是"外表如精金"，Albrektson 认为 P 出于推测而将此字理解为"称重"是合适的。参考原文意思及各译文，本译文以"贵重"翻译此字，参 Albrektson, *Studies in the Text*, 174。

[3] 这句中的"陶匠双手所作"有两个可能的意思，一是用来形容"瓦瓶"就是"陶匠所作"，另一解释是指一种由陶匠所作比较矜贵的器皿，被看作低贱的瓦瓶，根据上文第 1 节的句子安排，后者的解释较有可能。

3a	狐狼尚且递出乳房，	גַּם־תַּנִּין חָלְצוּ שַׁד
	让她们年幼的吮吸；	הֵינִיקוּ גוּרֵיהֶן
3b	我百姓的女儿残忍，	בַּת־עַמִּי לְאַכְזָר
	就如鸵鸟[4]在旷野。	כִּי עֵנִים בַּמִּדְבָּר׃ ס
4a	吃奶的舌头因干渴	דָּבַק לְשׁוֹן יוֹנֵק
	紧贴他的上膛；[5]	אֶל־חִכּוֹ בַּצָּמָא
4b	孩童求要食物，	עוֹלָלִים שָׁאֲלוּ לֶחֶם
	没有人张开给他们。	פֹּרֵשׂ אֵין לָהֶם׃ ס
5a	那些吃美食的，	הָאֹכְלִים לְמַעֲדַנִּים
	在外面遭受荒凉；	נָשַׁמּוּ בַּחוּצוֹת
5b	那些被朱红保护的，	הָאֱמֻנִים עֲלֵי תוֹלָע
	拥抱废墟。	חִבְּקוּ אַשְׁפַּתּוֹת׃ ס

---

[4] "如鸵鸟"，MT(K)及MT(Q)分别是כי ענים与כיענים，BHS认为MT(K)的意思不明，而MT(Q)介词כ加上名词（阳性复数），可解作"如鸵鸟"，多个抄本用MT(Q)；LXX译为ὡς στρουθίον，也是采取了MT(Q)的解释，只是用了单数表达；故在此建议采用MT(Q)。

[5] 此句原文直译上下句次序应为"吃奶的舌头紧贴，他的上膛因干渴"。

6a 而我百姓女儿的罪刑⁶	וַיִּגְדַּל עֲוֺן בַּת־עַמִּי
比所多玛的罪更大；	מֵחַטַּאת סְדֹם
6b 那如瞬间被翻转的，	הַהֲפוּכָה כְמוֹ־רָגַע
并没有手在她之上旋转。	וְלֹא־חָלוּ בָהּ יָדָיִם׃ ס
7a 她的拿细耳人⁷比雪洁净，	זַכּוּ נְזִירֶיהָ מִשֶּׁלֶג
比牛奶亮白；	צַחוּ מֵחָלָב
7b 他们的骨头⁸比宝石更红，	אָדְמוּ עֶצֶם מִפְּנִינִים
他们的外表如蓝宝石。	סַפִּיר גִּזְרָתָם׃ ס

---

[6] "罪刑"(עָוֺן)，此字可以解作"罪孽"或"罪孽带来的刑罚"，LXX译为ἀνομία，解作"无律法"、"无法无天"，较接近"罪孽"这解释；T译为חובה，也是解作罪孽和罪疚；Salters认为这节中עָוֺן及מֵחַטַּאת除了解作"罪孽"，也包含"罪的结果"或"惩罚"的意思，但翻译时未能将蕴含的双重意思表达出来，因而Salters把此字译作"惩罚"，参Salters, *Lamentations*, 296–297；由于עָוֺן一字，在一些经文也有用作"罪刑"的意思，如创四23节和十五16节、出廿八章43节、王下七章9节、代上廿一章8节等，而根据哀四22a节似乎也有"刑罚"的意思，且也较为配合6b节所表达惩罚临到的景象，故在此译为"罪刑"，以表明其包含"罪孽"与"罪的结果"两个含义，而חַטָּאת根据上下文在此也很有可能包含"罪的结果"，但因חַטָּאת解作"惩罚"只出现在亚十四章19节，故在此翻译作"罪"。

[7] "拿细耳人"(נְזִירֶיהָ)，LXX, P, V, T都将此字译为"拿细耳人"；*BHK*建议此字应为נְעָרֶיהָ，但没有抄本的佐证，*BHQ*认为基于"两说取其难"的原则(*lectio facilior*)不同意*BHK*的建议，并提出"拿细耳人"的意思应从广义上理解为"贵胄"。

[8] "骨头"(עֶצֶם)，此字可引申解作"身体"，LXX没有翻译此字，但P, V及T均有显示此字，故MT的写法可取。

8a	他们的外貌比煤炭黑，	חָשַׁךְ מִשְּׁחוֹר תָּאֳרָם
	在外面不被认出；	לֹא נִכְּרוּ בַּחוּצוֹת
8b	他们的皮肤萎缩在他们的骨头上，	צָפַד עוֹרָם עַל־עַצְמָם
	枯干成了槁木般。	יָבֵשׁ הָיָה כָעֵץ׃ ס
9a	他们为刀剑所杀	טוֹבִים הָיוּ חַלְלֵי־חֶרֶב
	比饥饿所杀更好；	מֵחַלְלֵי רָעָב
9b	那些人四出游走，	שֶׁהֵם יָזוּבוּ מְדֻקָּרִים
	因田野的果实被刺穿。	מִתְּנוּבֹת שָׂדָי׃ ס
10a	慈心妇人的手，	יְדֵי נָשִׁים רַחֲמָנִיּוֹת
	煮了她们的孩子；	בִּשְּׁלוּ יַלְדֵיהֶן
10b	他们成了她们所吃的，	הָיוּ לְבָרוֹת לָמוֹ
	因我百姓女儿的断裂。	בְּשֶׁבֶר בַּת־עַמִּי׃ ס
11a	上主发尽他的暴怒，	כִּלָּה יְהוָה אֶת־חֲמָתוֹ
	倾倒他燃烧的怒气；	שָׁפַךְ חֲרוֹן אַפּוֹ
11b	他又在锡安使火燃起，	וַיַּצֶּת־אֵשׁ בְּצִיּוֹן
	焚烧她的根基。	וַתֹּאכַל יְסוֹדֹתֶיהָ׃ ס
12a	地上的君王	לֹא הֶאֱמִינוּ מַלְכֵי־אֶרֶץ
	和所有世上的居民不相信，	וְכֹל יֹשְׁבֵי תֵבֵל
12b	就是敌人和仇敌要进到	כִּי יָבֹא צַר וְאוֹיֵב
	耶路撒冷的城门。	בְּשַׁעֲרֵי יְרוּשָׁלָ͏ִם׃ ס
13a	因她先知的罪、	מֵחַטֹּאת נְבִיאֶיהָ
	她祭司的罪孽，	עֲוֹנוֹת כֹּהֲנֶיהָ
13b	他们在她中间倾倒	הַשֹּׁפְכִים בְּקִרְבָּהּ
	义人的血。	דַּם צַדִּיקִים׃ ס

14a 瞎子在外面摇摆，	נָע֤וּ עִוְרִים֙ בַּֽחוּצ֔וֹת
被血所玷污；	נְגֹֽאֲל֖וּ בַּדָּ֑ם
14b 没有人能够	בְּלֹ֣א יֽוּכְל֔וּ
触摸他们的衣服。	יִגְּע֖וּ בִּלְבֻשֵׁיהֶֽם׃ ס
15a 人们向他们呼叫：不洁[9]转离，	ס֣וּרוּ טָמֵ֞א קָ֣רְאוּ לָ֗מוֹ
转离、转离，不要触摸。	ס֤וּרוּ ס֙וּרוּ֙ אַל־תִּגָּ֔עוּ
15b 因他们逃跑且摇摆，	כִּ֥י נָצ֖וּ גַּם־נָ֑עוּ
人们在列国说：	אָֽמְרוּ֙ בַּגּוֹיִ֔ם לֹ֥א יוֹסִ֖פוּ לָגֽוּר
他们不要再寄居。	ס
16a 上主面前，他分散他们，	פְּנֵ֤י יְהוָה֙ חִלְּקָ֔ם
不再察看他们；	לֹ֥א יוֹסִ֖יף לְהַבִּיטָ֑ם
16b 他们不高举祭司的面，	פְּנֵ֤י כֹֽהֲנִים֙ לֹ֣א נָשָׂ֔אוּ
不恩待长老。	זְקֵנִ֖ים לֹ֥א חָנָֽנוּ׃ ס
17a 我们双眼再次耗尽，	עוֹדֵ֙ינוּ֙ תִּכְלֶ֣ינָה עֵינֵ֔ינוּ
帮助我们的是虚空；	אֶל־עֶזְרָתֵ֖נוּ הָ֑בֶל
17b 我们在我们的瞭望台瞭望，	בְּצִפִּיָּתֵ֣נוּ צִפִּ֔ינוּ
一个不会来拯救的国家。	אֶל־גּ֖וֹי לֹ֥א יוֹשִֽׁעַ׃ ס

---

[9] "不洁" (טָמֵא)，LXX译为ἀκαθάρτων，是用复数，P及V也是用复数，可能是将此字读成טְמֵאִים；而5QLamᵃ用טמאו，加上了代名词字尾；T则用单数，与MT相符。不过，因为动词"转离" (סוּרוּ)是第三人称复数，因此，若"不洁"是单数，两者并不相符；另外，若"不洁"作"转离"的宾语，一般需要加上前置词"从" (מִן)，故另一可能是将"不洁"理解为一个"不洁的群体"而作"转离"的主语，因"集体性单数的主语" (collective singular subject)有可能用复数动词，所以"不洁"可译作"转离"的主语，参Williams, *Williams' Hebrew Syntax*, 92。

18a 他们狩猎我们的脚踪， צָד֣וּ צְעָדֵ֔ינוּ
限制我们在街上行走； מִלֶּ֖כֶת בִּרְחֹבֹתֵ֑ינוּ
18b 我们的尽头临近，我们的日子已满， קָרַ֥ב קִצֵּ֛ינוּ מָלְא֥וּ יָמֵ֖ינוּ
因我们的尽头来到。 כִּי־בָ֥א קִצֵּֽינוּ׃ ס
19a 追赶我们的 קַלִּ֥ים הָי֖וּ רֹדְפֵ֑ינוּ
比天上的群鹰更迅速。 מִנִּשְׁרֵ֣י שָׁמָ֑יִם
19b 他们在山上追逼我们， עַל־הֶהָרִ֣ים דְּלָקֻ֔נוּ
在旷野埋伏我们。 בַּמִּדְבָּ֖ר אָ֥רְבוּ לָֽנוּ׃ ס
20a 我们鼻孔的气息——上主的受膏者[10] ר֤וּחַ אַפֵּ֙ינוּ֙ מְשִׁ֣יחַ יְהוָ֔ה
在他们的坑被捉住； נִלְכַּ֖ד בִּשְׁחִיתוֹתָ֑ם
20b 就他，我们曾说：在他的荫下， אֲשֶׁ֣ר אָמַ֔רְנוּ בְּצִלּ֖וֹ
我们要在列国中存活。 נִֽחְיֶ֥ה בַגּוֹיִֽם׃ ס
21a 欢喜快乐吧！以东女儿啊！ שִׂ֤ישִׂי וְשִׂמְחִי֙ בַּת־אֱד֔וֹם
那住在乌斯地[11] 的。 יוֹשַׁ֖בְתִּי בְּאֶ֣רֶץ ע֑וּץ
21b 同样，杯要传到你那里， גַּם־עָלַ֙יִךְ֙ תַּעֲבָר־כּ֔וֹס
你要喝醉并裸露自己。 תִּשְׁכְּרִ֖י וְתִתְעָרִֽי׃ ס
22a 锡安女儿啊！你罪刑已结束， תַּם־עֲוֹנֵךְ֙ בַּת־צִיּ֔וֹן
他不再使你流放； לֹ֥א יוֹסִ֖יף לְהַגְלוֹתֵ֑ךְ
22b 以东女儿啊！他惩罚你的罪孽， פָּקַ֤ד עֲוֹנֵךְ֙ בַּת־אֱד֔וֹם
揭露[12] 对你的罪。 גִּלָּ֖ה עַל־חַטֹּאתָֽיִךְ׃ פ

---

[10] "上主的受膏者" (מְשִׁיחַ יְהוָה)，参考撒上廿四7、11，廿六9、11、23；撒下一14、16，十九22，用מְשִׁיחַ יְהוָה这个片语表示"君王"，参Salters, *Lamentations*, 331–332。

[11] "乌斯地" (עוּץ)，LXX没有翻译此字，P及V则与MT相符。

[12] "揭露" (גִּלָּה)，原文与"流放"相同。

5.2 学者的分段结构

第四章字母诗的编排与第一及二章相似,每个诗节的首个字母均为顺序的字母,但每个诗节只包含两个诗行,较一至三章少一句,因此整首诗的篇幅相对较短。全诗主要为客观的叙述,欠缺直接祷告的部分,哀告诗体裁的元素较少,同时由于没有明显属于锡安女子的发言,故较难突显不同声音的对话,不过,诗歌中的人称语气仍有一定的变化,如 17 至 20 节及 21 至 22 节,故仍可用此作为分段参考。至于内容方面,第四章较特别之处是第 6 节关于所多玛的刑罚,以及 21 至 22 节突然出现关于以东的刑罚,这两处与上下文的衔接不明,较难解释。

a. 根据内容主题

如按内容划分,学者一般倾向分为三至四部分:1 至 16 节、17 至 20 节、21 至 22 节,或将 1 至 16 节再

分为 1 至 10 节与 11 至 16 节：[13]

Bergant	1~16 城市败落后情况 17~20 群体的哀告 21~22 嘲讽邻居以东	
House	1~10 耶路撒冷可怖处境 11~16 遭遇灾祸源于罪	17~20 城市陷落君王被捕 21~22 预告以东灾祸与耶路撒冷得解脱

Parry	1~16 城市的败落
	  1~10 被忽略的孩童与饥饿的居民
	  11~16 上主惩罚城与圣职人员
	    11~12 惩罚城市
	    13~16 惩罚圣职人员
		17~20 群体被追赶捉捕
		21~22 先知声音：审判与拯救的口谕

Wright	1~10
	  1~2 黄金变成泥土
	  3~4 孩童饥饿干渴
	  5~6 富者流落街头
	  7~9 健壮者骨瘦如柴
	  10 慈妇吃孩子
	11~16
	  11~12 不可思议的
	  13~16 不可触摸的
		17~20
		17 没有拯救
		18~19 没法逃脱
		20 没有盼望
		21~22 "安慰我的百姓"

---

[13] Bergant, *Lamentations*, 110; House, "Lamentations," 436; Parry, *Lamentations*, 133–134; Wright, *Lamentations*, 130–146.

House 指出第四章包含"四段发言"，分别是：第一段由群体中的一把声音交代耶路撒冷所面对的可怖处境（四 1~10）；第二段以同样视角交代耶路撒冷遭遇灾祸是源于她的罪（四 11~16）；第三段由叙事者代表整个群体描述城市的陷落，甚至君王被捕（四 17~20）；第四段是先知的声音预告以东的灾祸与耶路撒冷得到解脱（四 21~22），透过这四大部分，展示诗歌如何从"关于灾难的描述与原因"，过渡至"上主对耶路撒冷惩罚的终结"。[14] 由此可见，House 的分段同时考虑了人称声音与内容主题，以叙事角度的变化展示诗歌进程，相对 Bergant 只分作三个部分，他较突出 11 至 16 节中对灾祸源于领袖犯罪的描述。

在基础分段之上，Parry 与 Wright 按内容进一步分段，以显示其中的变化与发展。

■ 四章1至10节

Wright 认为 1 至 10 节可以再细分为五个小段，1 至 2 节交代黄金失色、圣殿及孩子的失落；4 至 10 节则分别描述四个不同群体在灾难中的状态，包括"孩童"（四 3~4）、"富者"（四 5~6）、"健壮者"（四 7~8）与"慈妇"（四 9~10），以显示 1 至 10 节中有不同的变化与重点。不过，当中较难处理的是第 6 节，因经文描述"我百姓女儿"与"所多玛"罪刑的比较，其焦点似乎不在"富者"身上。故此，Wright 将第 6 节单单联系于第 5 节，在解释这两节的关系上有些困难。

---

[14] House, "Lamentations," 436–437.

■ 四章11及12节

另外,在 11 至 16 节的大段落中,Parry 与 Wright 均将 11 及 12 节划分出来,认为这是在交代神的忿怒及其所带来的后果是世人难以置信的。这两节虽然在字眼上没有明显的重复,但 11 节描述上主用火焚烧锡安的根基,与 12 节叙述敌人要进到耶路撒冷的城门,有一定对应的关系,加上,他们认为 13 至 16 节与"先知和祭司的罪孽与不洁"有关,因此,若根据前后对应及内容主题来看,这样的分段也是合理的。[15]

总括而言,将 1 至 10 节及 11 至 16 节中间按内容再作细分,可突出其中的转折及内容元素,如 1 至 2 节的"黄金失色"、3 至 4 节的"饥饿"、11 至 12 节"神的忿怒与锡安不可思议的下场"、13 至 16 节"先知祭司的罪孽",让各段的特点及之间的关系更加清晰,不过,同时也能发现第 6 节在内容上较难配合小段落的标题。

b. 根据哀告诗架构

虽然第四章包含挽歌元素,如以"何竟"作为开

---

[15] 不过,高铭谦提出 11 节应连于 9 至 10 节,以阐述百姓经历的饥荒,而 12 节则应连于下文,归入 13 至 16 节当中,他认为这一节所论及的"锡安不毁论"是为下文"先知祭司长老的罪刑"作铺垫,提出诗人是以 13 至 16 节来解释为何"锡安不毁论"不成立,因此 13 至 16 节跟 12 节是有对应的关系,故可视 12 至 16 节为一个段落,参高铭谦,《耶利米哀歌》,页 143 - 144。不过,从用词及内容上来看,11 节没有与饥荒有关的元素,相较来说,11 节与 12 节关系较密切。

始、大量列举今非昔比的对照、欠缺祷告的部分等，[16] 不过，Westermann 与 Gerstenberger 仍以哀告诗的体裁来考虑第四章的分段。[17] 因 Westermann 认为祷告部分只是被 17 至 20 节取代，根据哀告诗体裁的项目，他提出的分段如下：[18]

1~10	群体直接的申诉
11~13	对上主的指控
14~16	直接申诉（承接第 10 节）
17~20	对仇敌申诉
21~22	总结

Westermann 认为 1 至 10 节是"群体直接的申诉"，但从一般所用的第二人称改为用第三人称描述灾难情况；11 至 13 节是"对上主的指控"，同样用第三人称，并在此交代灾难源于祭司和先知的罪；至于 14 至 16 节则是延续第 10 节的描述，亦属于"直接申诉"，只是经文次序受到字母诗格式干扰；[19] 17 至 20 节记述君王被掳以代替哀告诗中"对仇敌申诉"的部分，

---

[16] Westermann 认为四章 1 至 2 节是受到了挽歌格式的影响，参 Westermann, *Lamentations*, 201。

[17] Ibid., 208; Gerstenberger, *Lamentations*, 498.

[18] Westermann, *Lamentations*, 197–198.

[19] Westermann 提出 14 至 16 节应是承接 1 至 10 节，都是描述先知祭司群体的今昔对比，属于灾难描述的一部分，但可能因为受到字母诗编排的限制，导致次序上 14 至 16 节出现在 13 节之后，参 Ibid., 198, 202。不过，Renkema 不同意 Westermann 将诗歌的结构看为线性的发展，以及第四章的次序受干扰的看法，参 Renkema, *Lamentations*, 483–484。

不过，17 节的描述并非以哀告诗的语言表达，而且 17 至 20 节与其他部分没有内在关系；[20] 最后，21 至 22 节是对 1 至 16 节的总结，[21] 交代报应以东的祈愿，包含群体哀告诗的总结元素。[22]

基于以上分段，Westermann 认为第四章可以反映出哀告诗的编排，即使 21 至 22 节提及有关以东的刑罚临到与锡安刑罚的终结，诗歌的重心仍是强调"群体直接的申诉"，而不是关于犹大从被掳到回归的宣告或对犹大复兴的应许。[23]

另外，Gerstenberger 同样以哀告诗体裁分析第四章的分段结构：[24]

1a	开始的呼告
1b	整体的描述
2~10	百姓的苦难
11~16	上主的苛责
17~20	群体的哀告
21~22	威胁与应许

他提出 11 至 16 节是首尾呼应，因 11a 节的"上

---

[20] Westermann 指出 17 至 20 节既不属于哀告诗体裁，亦不属于挽歌的体裁，参 Westermann, *Lamentations*, 203。
[21] 不过，Westermann 认为 1 至 16 节与 21 至 22 节的关系是较松散的，故他推断 17 至 20 节不单是后加的部分，更可能是取代了某些原来的内容。然而，他的假设并没有其他版本或抄本的佐证，参 Ibid., 205。
[22] Ibid., 198–200.
[23] Ibid., 205–208.
[24] Gerstenberger, *Lamentations*, 497–498.

主发尽他的暴怒"与 16a 节"上主面前，他分散他们"，均描述"上主责罚的行动"，故这个部分自成一个单元；[25] 至于 17 至 20 节，Gerstenberger 与 Westermann 则相反，认为这部分并非不属于哀告诗体裁，反而确认它是"群体的哀告"，因为从 17 节人称突然转为第一人称复数，反映诗歌在聚会时的实际用途，表示是由发言者代表群众读出；最后，21 至 22 节则是对以东的谴责及对耶路撒冷的肯定。基于以上分段，他认为全诗主题是从"描述性的哀告"，过渡至"对仇敌的警告"及"对救赎的把握"。[26]

由此可见，Westermann 与 Gersternberger 的分段以"群体申诉"及"群体哀告"为重要元素，突出诗歌"哀告"的主题，但他们都承认这章实际上并无"以第二人称呼求上主"或"祷告"的部分，[27] 有违一般哀告诗体裁的框架。[28] 还有，以哀告诗体裁分段，较难解释 21 至 22 节对以东及锡安的宣告，因一般哀告诗是以"祈愿报复仇敌"作结，可见以哀告诗体裁解

---

[25] Ibid., 498.
[26] Ibid.
[27] 与 Westermann 及 Gerstenberger 相似，Renkema 也指出第四章欠缺祷告及表达信心的内容，不过，他认为可将以祷告为主要内容的第五章，视为第四章的延伸，这就补充了第四章所缺欠的祷告元素，亦可以反映第四章与第五章之间密切的关系，参 Renkema, *Lamentations*, 483–484。
[28] 不过，Gerstenberger 解释第四章没有完整的哀告诗框架，可能是因这首诗歌会用于会堂敬拜，配合其他礼仪一同使用，故项目有不齐全的情况，参 Gerstenberger, *Lamentations*, 498。

释这章的分段有一定的限制。

c. 根据人称声音

如前所述，因应人称可将第四章分为三大部分，分别是 1 至 16 节以第三人称描述锡安境况，17 至 20 节改用第一人称复数，21 至 22 节用第二人称称呼以东与锡安，虽然全章锡安没有发言，但有学者仍以声音之间的关系理解诗歌重点。

Provan 指出 1 至 16 节及 21 至 22 节皆为叙事者的叙述，17 至 20 节是锡安百姓的发言，更特别说明两个声音的关系，解释因两者都陈述了百姓"在街上"的苦况，加上"在街上"或"在外面"多次出现（四 1、5、8、14、18），显示诗人最关注的就是孩童所受之苦，故诗歌的重点就是描述"在街上"的苦难，虽然诗歌中也再次提出灾难发生的原因是百姓的罪，但 Provan 认为描述苦况是这章较主要的重点。[29]

至于 O'Connor 则将全诗分为 1 至 10 节、11 至 16 节、17 至 20 节及 21 至 22 节四大段落，她认为 1 至 10 节集中描述"耶路撒冷变得黯淡"，11 至 16 节是"解释苦难的原因"，17 至 20 节是群众重述"被侵略之苦"，21 至 22 节则是"将来的逆转"。她强调第四章叙事

---

[29] Provan, *Lamentations*, 109–110; Salters 作出与 Provan 一样的分段，1 至 16 节是叙事者对苦难的观察；17 至 20 节叙事者改以复数的表达，或代表整个群体申诉；21 至 22 节是先知的声音，宣告以东受威胁及预告锡安逆境的终结。不过，关于全诗主题则没有进一步阐述，只表示第四章结尾可激励在苦难中的犹太人，知道艰难将会结束，参 Salters, *Lamentations*, 282–283。

者与第一章相似，但表达语气较旁观，既没有用第一人称，亦不像锡安女子及壮士的见证，故认为这正突出了 17 至 20 节的"群众"，以第一人称重述被侵略的处境，借以带来戏剧效果，突显此为全诗重点。[30]

Bier 的分段与 O'Connor 一样，她指出诗歌主要以第三人称描述，但有别于前三章，第四章既没有锡安与叙事者的不同声音，亦完全没有向上主的发言，因此，这章没有明显展示"对话性"。[31] 故此，Bier 只提出以复调方式从不同角度来理解"对锡安的责罚"，带出诗歌一方面以"神义论"角度交代锡安的灾祸源于先知、祭司的罪孽（四 11~16），另一方面又以"反神义论"的角度表示无辜孩童承受惩罚带来最惨痛的结果（四 1~10），她透过分段呈现出这两个角度的张力。[32]

由此可见，人称转换是第四章分段的重要参考，有助反映全诗语气及主题的变化。Provan 着重的是两个声音内容上的重叠；O'Connor 则强调群众的声音；Bier 表达的是声音中差异观点的张力，可见声音变化对理解诗歌的作用。不过，对于没有人称转换的部分，如 1 至 10 节，Bier 就只以"苦难状况"来概括全段的内容。

---

[30] O'Connor, *Lamentations and the Tears*, 58–59；Berlin 认为 17 至 20 节是幸存群体对耶路撒冷倾覆最终状态的描述，当中用第一人称复数，可以理解为幸存的群体，又或者是从之前一个客观的观察者转为犹大群体内其中一员的描述，参 Berlin, *Lamentations*, 103–114。
[31] Bier, *Perhaps There Is Hope*, 143–144.
[32] Ibid., 143–144, 163–164.

d. 按诗节结构分段

相对来说，以诗节结构为考虑的学者，对于 1 至 10 节通常会有较仔细的分段，以保持诗歌段落较平均，其中 Renkema 提出第四章的诗节结构是有一定的安排，与第三章相似，他将全诗分为两个相等的部分，上下两个部分互相平行对照，并各自呈同心圆的结构，以突出中间的经文（四 6 及 17）为全诗的主题句：[33]

	诗章	经文	重点	诗节数目
第一部分	A	1~2	锡安与百姓的处境	2
	B	3~5	孩童饥饿的处境	3
	C	6	比所多玛的处境更差	1
	D	7~9	贵族的处境	3
	E	10~11	孩童和锡安被弃绝	2
第二部分	A'	12~13	倾覆源于先知祭司的罪	2
	B'	14~16	先知祭司及长老的处境	3
	C'	17	没有帮助临到	1
	D'	18~20	君王与百姓的处境	3
	E'	21~22	以东应受锡安同样的刑罚	2

同样，Berges 亦将全诗分为两大部分（四 1~11, 12~22），在每部分再细分三个段落，虽然他没有特别指出两个部分内容对称呼应，但诗节数目上是对称的：[34]

---

[33] Renkema, *Lamentations*, 483–484.
[34] Berges, *Klagelieder*, 239, 246, 252.

	诗章	经文	重点	诗节数目
第一部分	A	1~2	锡安众子的命运	2
	B	3~6	孩童面对饥荒因罪比所多玛大	4
	C	7~11	可怕的死亡现实	5
第二部分	D	12~16	领袖的责任与结局	5
	E	17~20	流离逃亡与被掳	4
	F	21~22	罪刑与惩罚的终结	2

另外，李思敬同样认为第四章的结构对称，他将经文分为四大部分：[35]

诗章	经文	重点	诗节数目
A	1~6	锡安转眼被上主倾覆	6
B	7~11	围城饥荒因上主发怒	5
C	12~16	领袖无道致流离失所	5
D	17~22	君王中伏让仇敌欢呼	6

从上可见，虽然同样以工整诗节结构分段，但学者之间亦得出不同结果，不过，由于他们并非预设某种体裁框架或内容主题，故可基于诗歌用词、转折标记、句式结构等，讨论有关分段的适切性，从而比较何种分段更能反映经文之间的关系。透过以上分段中

---

[35] 李思敬于 2015 年在中国神学研究院道学硕士"旧约神学"课程笔记（未出版）中，列出了耶利米哀歌四章的分段及标题，但就分段大纲及诗歌主题笔记中没有详细阐述。

的异同，发现有三个地方值得加以讨论：第一，第 6 节与 17 节是否适宜独立成段，并作为诗歌的中心句；第二，1 至 2 节及 21 至 22 节是否适合划分出来作为一个诗章；第三，11 与 12 节中间是否适宜作分段。

■ 四章6节与17节

首先，Renkema 将第 6 及 17 节独立出来，并以此为整首诗歌的重心，他认为第 6 节应自成一段基于四个原因：第一，因 3 至 5 节内在关连很强，均描述饥荒的情况，但第 6 节与上文的相关只有"我百姓女儿"字词上的重复；第二，第 6 节在内容上完全与锡安孩童饥荒无关；第三，"我百姓女儿"除出现在 3 及 6 节外，亦出现在第 10 节，故这个重复可能是从整首诗歌的层面展示段落之间的呼应；第四，第 6 节与下文在字词及内容上均没有联系。[36] 所以，Renkema 认为将第 6 节独立为一个小诗章（mini-canticle）是较可取的，而且这做法并非不常见。[37]

至于 17 节，Renkema 认为同样是自成一段，原因有三：第一，即使 15 节同样有"列国"一字，但两节并不一定在同一个诗章，而是表达较高层次的呼应；第二，17 节的人称有所转变，从第三人称转为第一人称复数，故从上文划分出来；第三，17 节的重点

---

[36] Renkema, *Lamentations*, 501.
[37] Renkema 认为诗章可以只包含一个诗节，这种情况并非不可能，参 Ibid., 507; 另参 Watson, *Classical Hebrew Poetry*, 162。

是不获列国帮助,而18节是关于被仇敌追赶,开始了新的主题,故17节适宜独立出来。加上,从整体结构看,将17节独立出来可以与第6节对照平行,在诗歌的上下两部分的中间位置均有一个独立成段的诗章。[38]

故此,Renkema根据这个工整对称的诗节结构,认为第四章的主题就在于说明"锡安的罪孽严重"(四6),以及"锡安得不到列国帮助"(四17)。而就内容而言,第6节表面上与上下文的关系不明显,因此,Renkema提出的结构或可处理这个问题。不过,Berges与李思敬均没有将6及17节独立成段,而是将第6节与上文归为同一个诗章,将3至5节有关"锡安城倾覆及饥荒",与第6节"锡安的罪比所多玛大"一同考虑,甚至视两者有所关连。[39]

就第6节及17节的分段需要考虑的是,首先,第6节的内容是否真的完全与上文所言的"饥荒"无关,因为这节的意思是指锡安的罪刑比所多玛的更大,形容所多玛所受刑罚在转眼之间、来得迅速,换句话说,这突出了锡安受的罪刑刚好相反,是一种长期的折磨,

---

[38] Mackay认为Renkema提出6节及17节为诗歌的中心句这观点,其中所引用的理据不足以支持他的说法,故Mackay不建议将第6及17节独立出来,参Mackay, *Lamentations*, 180。

[39] Berges, *Klagelieder*, 245.

当中所指很可能是被围困时所遭遇的饥荒；[40] 再者，Renkema 认为 6 及 17 节自成一段较合适，是因为它们分别与上下文关系不明显，故适宜独立出来，但同时他认为这两节是全诗中心，问题就在于，如这两句"中心句"与其他内容并不紧密的话，它们所表达的中心思想，与其他内容的相关性亦显得薄弱，因此，按这样分段找出的"主题"似乎较难贯穿整首诗歌。

■ 四章1至2节及21至22节

另外，对于 1 至 2 节及 21 至 22 节的分段，Renkema 及 Berges 认为这两个部分适合划分出来，而李思敬则以 1 至 6 节及 17 至 22 节为段落。

李思敬以"锡安转眼被上主倾覆"为 1 至 6 节的标题，可见"倾覆"是一个重点，以涵盖这六个诗节的内容，不过，Renkema 及 Berges 以"饥荒"作为第 3 至 5(6) 节段旨的做法，反映了他们认为这段经文与 1 至 2 节的重点不同，1 至 2 节是以较宏观抽象的描述，交代锡安众子的状况，故将 1 至 2 节看为一个段落。

---

[40] 有学者同意 Renkema 的看法，认为第 6 节在主题上与上下文均没有连系，是独立的一节，即使运用了"我百姓的女儿"这个片语（四3），参 Salters, *Lamentations*, 296，不过，也有学者理解由于耶路撒冷的罪比所多玛大，所以她要承受长时间的痛苦，正如第 3 至 5 节所描述的，而有别于所多玛倾刻间被毁灭、没有被围城及遭受人为攻击破坏的经历，这样的理解与第 9 节的意思也吻合，因为被刀剑所杀比被饥饿所杀更好，反映出饥荒的苦难是最痛苦的，参 Provan, *Lamentations*, 113; Hillers, *Lamentations: A New Translation*, 147; Berlin, *Lamentations*, 107; Dobbs-Allsopp, *Lamentations*, 132; House, "Lamentations," 440。

至于 21 至 22 节，Renkema 及 Berges 与大部分学者一样，因考虑诗歌在用词、语气及内容上的转折，认为这两节应划分出来表达"以东受罚"及"锡安罪刑终结"的主题；而李思敬则将 17 至 22 节视作一段处理，借此带出"以东要欢喜"与上文"锡安被追赶及君王被捕"有一定关连，不过，段落标题并没有反映出 22 节中"以东被罚、锡安罪刑结束"这个颇为重要的元素。故此，若要突出 21 至 22 节中人称、语气、用词，甚至主题上的变化，划作一个新段落也是合宜。

■ 四章11与12节

此外，以上三位学者均选择在11与12节之间作划分，Renkema将第10与11节放在一个诗章，虽然他指出10与11节在内容方面没有明显关连，而是与上文7至9节的主题较接近，因11节主要写锡安倾覆，完全是一个新重点，不过，他又指出7至9节针对的是"贵族"，10节已转为集中描述"慈妇"，且10至11节在用词上亦非全无相关性，第10节提及"食物"，11节"焚烧"（אכל）一字本身就是"吃"的意思，故两者也有一定的联系，因此，Renkema选择将10至11节放在同一个诗章，但他也不否认第10节与前文关系是密切的。[41]

另外两位学者则选择将7至11节看为一个段落，李思敬以11节"上主发怒"作为上文"围城饥荒"的原因，来显示11节与整段7至10节的关系，这也是一个可行的处理。不过，Berges虽然以7至11为一段，却在

---

[41] Renkema, *Lamentations*, 518.

解释经文时，又将11节分别出来，原因是7至10节与饥荒死亡有关，11节却转为交代上主的忿怒，故反映了他认为11节在描写的主体及内容上是有转折的。[42]

而对12节的处理，Renkma以"倾覆源于先知祭司的罪"为12至13节的段旨，反映他认为这两节乃因果关系，不过，他也指出两节之间呼应字眼不多。[43] 此外，Berges与李思敬认为12至16节的段旨分别为"领袖的责任与结局"及"领袖无道致流离失所"，两者均以概括13至16节的内容为主，却未反映出12节有关"世人不信耶路撒冷被攻陷"的内容，这可见12节与下文的内容不易整合，故值得考虑是否有必要将12节连系于下文关于"先知祭司"的部分。因此，从以上分段可见，将11与12节分别连系于上下文时，发现它们在用词及内容上与上下文的关系都不太明显，需加以推敲。故此，值得再讨论11与12节中间分段是否为最合适的做法。

诚然，上述三位学者展示了第四章可用工整诗节结构表达，借观察他们的分段位置，可比较何者更能反映经文转折与段落关系。因此，透过以上分析，可见第6节与17节较适合与上下文连结成段，1至2节及21至22节则较适合划分出来作一个诗章，而11与12节中间分段会引起一定困难，值得考虑其他尝试。

---

[42] Berges, *Klagelieder*, 248.
[43] 如"相信"（四 12a）呼应"义人"（四 13b）、"敌人和仇敌"（四 12b）呼应"先知和祭司"（四 13a），但实际上这些字眼的关联并非十分明显。

小结

综观而言，第四章某些分段是较有共识的，如 17 至 20 节及 21 至 22 节，但就 1 至 16 节的部分，则出现较多可能性，反映其中划分标记不太明显，故不易找出发展脉络，只能概括此部分为锡安苦难的描述，未必充分反映所包含的元素。

然而，若以哀告诗体裁处理，就会发现第四章欠缺了一个重要的元素，就是"直接向上主的祷告"；还有，21 至 22 节的表达也不常于一般哀告诗出现，故此，以哀告诗体裁分段有一定限制，可能需要假设有些部分被取代了（如四 17~20），或礼仪上有其他材料配合使用，不过，这些假设并无充分具体的证明。

至于以诗节结构分段，虽因应不同标记或相关字眼的考虑，存在不同分段的可能，但大致都反映了诗歌有工整对称的情况。不过，对于学者提出将第 6 节与 17 节独立成段，并作为全诗的中心句，以及在 11 及 12 节之间作出划分，从诗节之间的关系来看，则仍有可讨论的空间。

5.3 诗节结构的建议

5.3.1 诗节结构的划分

如前所提，Renkema、Berges 及李思敬均以工整的诗节结构来为第四章分段，从中不但可以看到诗节结构能反映诗歌字词之间的呼应，亦可依据诗人所运用的标记或重复字眼，找出诗歌呈现的脉络，进而按所得的分段探讨诗歌主题。不过，上文亦指出部分分段可能会引起的困难，故在他们的基础上稍作修订，并根据诗歌中的转折标记、重复字眼，尝试建议第四章的诗节结构如下：

诗章	经文	重点	诗节数目
A	1~2	美物改变倾倒 锡安众子被贬	2
B1	3~6	幼儿饥饿无依 比所多玛更惨	4
B2	7~10	贵族骨瘦如柴 慈妇吃儿充饥	4
A'	11~12	上主倾怒锡安 仇敌竟进城门	2
C1	13~16	先知祭司犯罪 不洁难居列国	4
C2	17~20	求助他国落空 反被仇敌追逼	4
A"	21~22	以东刑罚临到 锡安罪刑结束	2

a. 定量结构

第四章可以分为七个诗章,其中第一、四、七个诗章,均包含两个诗节,1 至 2 节、11 至 12 节及 21 至 22 节,由于在用词及内容上这三个诗章有一定的相关性,故分别以诗章 A, A' 及 A" 表达;另外四个诗章则各包含四个诗节,分别是 3 至 6 节、7 至 10 节、13 至 16 节及 17 至 20 节。当中 3 至 6 与 7 至 10 节关系较密切,而 13 至 16 节与 17 至 20 节亦有一定关连,所以分别以诗章 B1、B2 与 C1、C2 表达。因此,诗章中包含诗节的数目为 2.4.4.2.4.4.2,基本上也呈现工整结构。

b. 转折标记

以上建议的结构反映了诗歌中一些转折标记,包括第 3 节开始时用了一个连接词"尚且"(גַּם),用作表达强调及转折,突出连狐狼都会喂哺幼儿,锡安的女儿却如鸵鸟残忍不顾自己的儿女;第 11 及 12 节描述的主体从"锡安的百姓"(四 7~10)转为"上主及地上的君王",而 13 节开始再次以锡安群体中的先知与祭司为主语,故此,11 节与 13 节分别都有一个转折;17 节则较明显是主语从第三人称转为第一人称复数,故适宜开始一个新的段落;最后,21 及 22 节改以第二人称向以东及锡安作出宣告,而且动词的语气为命令式,如"欢喜与快乐吧",并运用了呼告格称呼"以东女儿啊"和"锡安女儿啊",显示了当中有转折之处。

不过，这个诗节结构未能反映第 6 节改用了 "ו 连续句" 的转折，由于字母诗的第六句需以 "ו" 作为开首，故在动词词态上有所变化，但如之前的部分所讨论，因应考虑此节与上文的其他关连，故未有在此划分新段。

c. 字眼重复与呼应

虽然相较第一及二章，第四章中诗章之间重复字眼及呼应不算多，但根据以上结构也可以呈现一些出现较多的字眼在诗歌中的分布，从而帮助理解诗歌各部分之间的呼应及诗歌的发展，当中包括：

"锡安"

锡安宝贵的众子，那贵重的精金（四 2a）[A]

他又在锡安使火燃起，焚烧她的根基（四 11b）[A']

锡安女儿啊！你罪刑已结束（四 22a）[A'']

"锡安"这个重要的名字在第四章中出现了三次，分别在诗歌的开头、中间及结尾的部分，若按以上的诗节结构，刚好是在诗章 A, A' 及 A" 这三个诗章内，这个分布或许只是巧合，但也有可能是诗人为分段所作的提示。另外，这三个诗章均是包含两个诗节，从内容上看，它们相较其他诗章，似乎以较象征及概括的字眼表达，而非叙述较具体的事件或仔细描述某些状态。[44]

---

[44] 此外，诗章 A 与 A' 重复了"倾倒"这个字眼，而诗章 A' 与 A" 则重复了"居住/居民"，也反映了这三个诗章之间的呼应。

"在外面"

圣洁的石头倾倒，<u>在</u>所有<u>外面</u>的街头（四 1b）[A]
那些吃美食的，<u>在外面</u>遭受荒凉　　（四 5a）[B1]
他们的外貌比煤炭黑，<u>在外面</u>不被认出（四 8a）[B2]
瞎子<u>在外面</u>摇摆，被血所玷污　　（四 14a）[C1]

"在外面"这个片语在第四章出现了四次，但主要集中在经文较前的部分，在头三个诗章中，都表达一种"逆转"的情况，显示美好事物的衰落或变质，以致流落在外，或在外不被认出，由此可以看到诗章 A、B1 及 B2 的相关性；14 节中突出的是"瞎子在外面"，虽然没有明显表达逆转或改变，但描述被血玷污，也是一种负面的状态。[45]

"我百姓的女儿"

<u>我百姓的女儿</u>残忍，就如鸵鸟在旷野（四 3b）[B1]
而<u>我百姓女儿</u>的罪刑，比所多玛的罪更大（四 6a）[B1]
他们因<u>我百姓女儿</u>的断裂,成了她们的食物（四 10b）[B2]

"我百姓的女儿"这个片语总共出现了三次，主要出现在 B1 及 B2 两个诗章，诗歌的后一部分则没有再以此为描述的主体，故可见 B1 与 B2 的相关性，也反映诗歌前一部分较强调"我百姓的女儿"这个身分，可见相对后一部分描写先知、祭司与君王的情况，诗章 B1 及 B2 以百姓群体的处境为主。

---

[45] 假如将"他们"理解为祭司与先知，则他们在外面如瞎子被玷污，也可以说是一种状态的逆转，因为本来代表圣洁的身分，如今却在外面被血所玷污。

"国家"

因他们逃跑且摇摆,人们在<u>列国</u>说:他们不要再寄居(四15b)[C1]

我们在我们的瞭望台瞭望,一个不会来拯救的<u>国家</u>(四17b)[C2]

就他,我们曾说"在他的荫下,我们要在<u>列国</u>中存活"(四20b)[C2]

"国家"这个字眼同样出现了三次,但与"我百姓的女儿"刚好相反,它主要分布在诗歌较后的部分,只出现在诗章C1及C2,这反映了诗歌的焦点从集中论述自己的百姓,加入了"其他国家"的元素。从诗句中表达了"列国"本来被期望作为"寄居之地"(四15b)、"拯救者"(四17b)及"存活之处"(四20b),但实际上这三个情况均落空,"列国"甚至可能更成为了18至20节中追赶锡安的仇敌。15节与20节均是直接引用说话,反映两者有一定的呼应。

"上主"

<u>上主</u>发尽他的暴怒,倾倒他燃烧的怒气(四11a)[A']

<u>上主</u>面前,他分散他们,不再察看他们(四16a)[C1]

我们鼻孔的气息——<u>上主</u>的受膏者,在他们的坑被捉住(四20a)[C2]

"上主"在第四章出现了三次,分别在诗歌第四、五、六个诗章之中,反映了这三个诗章之间的关连,突出"上主"在锡安面对困局中的角色,交代了"上主"

是发动灾难的主体（四11a），他以"分散"、"不察看"来回应领袖的罪（四16a），甚至象征着上主与他子民关系的领袖——"上主的受膏者"也被下在坑中（四20a），带出锡安完全失去存活于列国的冀盼。

"罪刑／孽……罪"

而我百姓女儿的<u>罪刑</u>，比所多玛的<u>罪</u>更大

（四6a）[B1]

因她先知的<u>罪</u>、她祭司的<u>罪孽</u>

（四13a）[C1]

锡安女儿啊！你<u>罪刑</u>已结束，他不再使你流放

（四22a）[A'']

以东女儿啊！他惩罚你的<u>罪孽</u>，揭露对你的<u>罪</u>

（四22b）[A'']

"罪刑／孽"在第四章中出现了四次，其中三次是以"罪刑／孽……罪"这个组合出现，并分布在诗章B1、C1，及最后一个诗章（A''）。以上的分段结构有助看到诗章B1与C1之间的呼应，B1的重心在"我百姓女儿"的罪，而C1则着重"先知与祭司"的罪，从这个重复，可以看到"罪"应该也是诗人要强调的重点，因此，最后一个诗章，其实也是呼应之前的部分，交代处理罪刑上出现了一个"逆转"，从表达"锡安罪刑比所多玛更大"，到"她的罪刑已结束"（四6a及22b），同时，亦表示从"责备先知祭司的罪"，到揭露"以东女儿的罪"（四13a及22a）。由此可见，最后一个诗章并非割裂的部分，而是与上文多个诗章有所呼应。

上述乃第四章重复次数较多（三次或以上）的字眼，假如这些字眼的重复及分布不是随意或偶然的话，它们都可以反映诗章之间的呼应，加上，其中一些字词如"在外面"、"我百姓的女儿"、"国家"、"罪刑……罪"在第四章出现的频率也较在其余的诗歌为多，因此，值得在划分段落时留意它们的分布与关系。

5.3.2 建议结构的脉络与特点

a. 诗章A（四1-2）

此外，建议的分段可以反映诗章中诗节之间在用词及内容上的关系，从而呈现诗歌的脉络。诗章A（四1~2）重复了"何竟"这字眼（四1a, 2a），均是表达对本来美好的东西变质，价值下降的诧异，如"黄金变暗"、"陶匠双手所作的被算为瓦瓶"，而当中"黄金"（四1a）、"纯金"（四1a）及"精金"（四2a）虽然字眼不同，但意思相近，可见这两节的关系密切，由此亦反映内容重点在本来贵重美好的事物，包括有如"圣洁的石头"与"锡安宝贵的众子"，也被遗弃与贬值。

b. 诗章B1及B2（四3-10）

诗章B1（四3-6）中，第3及6节重复了"我百姓女儿"这字眼（四3b, 6a），另外，第3至4节中运用"年幼的"、"吃奶的"、"孩童"等近义词，反映这两节以幼者为主体，描述锡安的孩童无人喂哺的情况，而第4及5节都分别提及"食物"、"吃"

和"美食",这些与"吃"有关的字眼,也是表达当时饥荒的处境。

诗章 B2(四 7-10)中第 7 至 8 节字眼上重复了"骨头",所反映的是一个强烈的对比,从"比宝石更红"的状态,到"皮肤萎缩在其上",反映饥荒对百姓(甚至是拿细耳人或贵胄)都有严重的影响,而这两节除了在字眼上重复外,当中提及"他们的骨头"、"他们的外表"、"他们的外貌"、"他们的皮肤",均包含第三人称复数的字尾,意思亦与"身体"有关,加上两节都用了不少比较、比喻与颜色的用词,如"比雪洁净"、"比牛奶亮白"、"比宝石更红"、"如蓝宝石"、"比煤炭黑"、"成了槁木般",以具体对比的意象,刻画饥荒前后贵胄的身体状态。

之后,第 9 节也用了两个事物"比较"的表达,不过这次是以"被刀剑所杀"比较"饥饿所杀",突出前者更"好",而 9b 至 10 节的内容正正是描述"被饥饿所杀"的情况,包括人因田野的果实被刺穿、慈妇煮了孩子作食物,另外第 8 及 10 节亦重复了"成了"这个字眼,一个是描写"皮肤成了槁木",另一个则写"孩子成了食物",都是本来有生命的事物变成死物一般,互相对照,故此,可以看见 7 至 10 节在描写手法及内容上有一定的呼应。

c. 诗章 A'(四 11-12)

接着,诗章 A'(四 11-12)中,11 节在用词上突出了上主发怒的情况，包括"暴怒"、"燃烧"、"怒气"、"火"、"燃起"、"焚烧"，[46] 虽然第 12 节在字眼上与 11 节没有明显的重复，不过 11 节描述焚烧的是"锡安的根基"，而 12 节则叙述敌人要进到"耶路撒冷的城门"，这两节均提及地方的名字，而"根基"与"城门"意思上也有一定的关联。

相对于上文 7 至 10 节与下文 13 至 16 节，描述的对象是属于锡安的群体，11 与 12 节则明显是"锡安以外"的角色，包括上主、地上众君王、其他居民、仇敌，而这两节要对付的对象都是"锡安"（耶路撒冷）。还有，11 及 12 节所表达的一方面是上主倾倒他的怒气向锡安，另一方面则是敌人攻进了耶路撒冷，都是令人难以置信的状况，在这一点上两者有所呼应。此外，这两节既总结了上文所描述锡安的逆转正是源于上主发怒及仇敌攻城，同时，也带出下文要交代出现 11 至 12 节的原因。

d. 诗章C1及C2（四13-20）

而在诗章 C1（四 13-16）中，重复了"祭司"（四 13a 及 16b）与"血"（四 13b 及 14a）这些字眼，且 14 及 15 节的连系是颇紧密的，除了重复了"摇摆"及"触摸"这两个字眼，15 节中人们呼叫"转离不洁"，也是呼应 14 节的"玷污"，从内容上这两节也有逻辑关系，先陈述"他们"（可能就是指先知及祭司，或指整个

---

[46] 不过有别于第二章类似的描述，关于上主怒气只密集地出现在第 11 节，在第四章其他地方没有再提及，内容与上文亦没有很直接明显的关联。

锡安群体）"摇摆、被血玷污、衣服不能被触摸",[47]再交代人们的反应,因"他们"的"不洁"与"摇摆"而呼叫"要转离"、"不要触摸"、"不要再寄居"。加上,15及16节重复了"不再"这个片语,同样表达某种状态不能延续;16节就再次提及"祭司",并加上对"长老"的描述,交代了上主及人们对祭司长老的态度,当中所提"分散"、"不再察看"、"不高举"、"不恩待",都可以是13至15节"被血玷污"所衍生的结果。

诗章C2（四17~20）是全诗中以第一人称复数叙述的段落,但这一段中诗节之间重复字眼不多,只有17节与20节重复了"国家",而在17节及18节中则分别重复了"守望"与"尽头"。不过,18至20节所用的动词,如"狩猎"、"追赶"、"追逼"、"埋伏"、"捉住",意思都十分接近,表达了仇敌（可能是指列国）对锡安的追捕,而17节的"耗尽"与18节的"尽头",也是近义的表达,形容锡安陷于绝境,这些意义相近的用词,都表达了诗节之间的相关性。

---

[47] 14节中的第三人称复数所指代的人物并不清晰,其中一个可能是指上文提及的先知及祭司,因为14节提到的"瞎子",可以令人联想到先知的意思就是"先见",与"看见"有所关连,故这里是以"瞎子"为喻,指出先知变成像瞎子般,失去应有的功能,参 Renkema, *Lamentations*, 531–532; Westermann, *Lamentations*, 202; Berlin, *Lamentations*, 110; Mackay, *Lamentations*, 193；另外,"他们"也有可能是指整个锡安群体,特别是将14节与下文15至16节一并理解,参 Hillers, *Lamentations: A New Translation*, 149–150; Provan, *Lamentations*, 117–118。

e. 诗章A"（四21-22）

最后，诗章 A"（四 21-22）中重复了"以东女儿"这个称呼，这两节均有向以东女儿发出的说话，同时 22 节亦有对"锡安女儿"的论述，与 21 节成为一个明显的对照；另外，21 节描述以东喝醉并"裸露自己"与 22 节上主要"揭露"以东的罪，在用词的意思上也有呼应的效果。

透过以上分析，可以看到建议的诗节结构，每个诗章内都有字词上的重复、近义词的呼应，在所描述的主体上都有一定的相关性，而从该段的重复字眼或相关概念，甚至可以看到段落所反映的重心与发展脉络。

5.3.3 从诗节结构看诗歌主题

透过上述结构中诗节及诗章之间互相呼应的地方，可以尝试找出第四章的主题思想。

a. 锡安的逆转

虽然这三个诗章（四 1~2, 11~12 及 21~22）骤眼看来并无很清晰的关连，但如前所述，它们在用字上有所呼应，如"锡安"（四 2a、11b、22a）、"倾倒"（1b、11a）、"居住"（12a、21a），若仔细察看，这三段之间的关系或许有助了解诗歌的脉络与主题。

首先，1 至 2 节（诗章 A）以不同的意象表达美好事物变质，包括以"黄金变暗"来表达最恒久有光泽的金属竟会变为暗淡失色;"圣洁石头",或是指圣殿的石头,[48]本来不可能在外面的街头,却变成随处可见;"陶匠所作"可以指矜贵的器皿,却被看为不值钱的瓦瓶。三个意象指向的本体就是"锡安宝贵的众子",本来是那贵重的精金,如今变暗、被弃、被看为低贱,诗人以强烈的对比,展示锡安从最美好的光境,落入恶劣的处境,这是令人"难以置信"的"逆转",诗章 A 中重复运用"何竟",也更突出了这种强烈落差带来的感受。基本上,第 1 至 2 节没有具体描述锡安的实际状况,只是以象征的意象带出"逆转"的元素,也为下文 3 至 10 节所描写的情况概括地点题。

至于,11 至 12 节(诗章 A')描述上主的怒火焚烧锡安的根基、仇敌进入耶路撒冷的城门,12 节指出"地上君王、和所有世上的居民都不相信",反映锡安与耶路撒冷被攻击是难以置信的情况,这可能是基于上主与以色列民立约,锡安与耶路撒冷应得到上主

---

[48] Bergant 提出石头被称为"圣洁",是指其本来在某些情况下是神圣的,这里强调的是逆转的程度,表示本来是神圣的事物,如今却被分散在街头,参 Bergant, *Lamentations*, 111;而 Renkema 更认为"圣洁石头"就是代表圣殿本身,故这里是对圣殿被毁的描述,Renkema, *Lamentations*, 494–495;但 House 认为这章主要关注的是百姓本身,重点并非在圣殿,故"圣洁石头"是一个比喻或象征,所指的是百姓,参 House, "Lamentations," 438。

的保护，⁴⁹ 但如今竟遭攻击，而且更是由上主倾倒怒气，亲自焚烧锡安，故此，这两节也展示了巨大的反差，是令人难以置信的转变，与第 1 至 2 节的情况相似；⁵⁰ 不过，这个诗章较 1 至 2 节加多了"地上的君王"、"世上的居民"、"敌人和仇敌"一些锡安以外的元素，而这个与其他国家相关的元素，在下文诗章 C1 及 C2 亦有出现（四 15b、17、20），故可见诗章 A' 有承上启下的作用，为下文作出铺垫。

最后，第 21 至 22 节（诗章 A"）以反讽语气表示，以东现在看着锡安受罚可以欢喜快乐，但她的惩罚就要临到，诗人用"杯要传到你那里"暗示以东将要遭受锡安的下场，反而锡安的罪刑可以结束，可以不用再流放。因此，这里作了一个强烈的反差与对比，一个正在欢喜快乐的国将要受罚，另一个正在遭受罪刑的则将要得到解脱，显示以东和锡安的命运将会颠倒，也是表达一种难以置信的逆转，与诗章 A 及 A' 所表达的有所呼应。

---

⁴⁹ 12 节反映了在当时可能存在的"耶路撒冷不毁论"或"锡安不毁论"，表示在百姓及君王心目中，耶路撒冷是不可能被攻陷的，参 Provan, *Lamentations*, 117; Renkema, *Lamentations*, 525; Berlin, *Lamentations*, 110; 高铭谦，《耶利米哀歌》，页 144; House 认为这节强调的不是耶路撒冷居民或锡安百姓自己的看法，而是以色列以外，列国居王、地上居民的看法，连他们都认为耶路撒冷不可能被仇敌攻陷，用以营造一个强烈的对比，参 House, "Lamentations," 443–444.

⁵⁰ 故此，虽然这里的描述与第二章关于上主的忿怒类似，但第二章强调的是上主"不顾惜"，而第四章这里强调的是所有人难以相信锡安与耶路撒冷的遭遇。

由此可见，诗章 A, A' 及 A" 都用较为象征性的言语，表达了"逆转"的发生，而且都透过强烈的反差来显示这种转变是超乎寻常，难以置信的。故此，这三个诗章在第四章中有点题的效果，而且，彼此之间存在一定的逻辑发展关系，基于诗章 A 与 A' 的"逆转"已经发生，即使难以置信，但正是锡安当下所经验，那么，诗章 A" 所宣告那仿佛是超越理解的"逆转"也是可以发生，换句话说，前面所描述"难以置信的逆转"，成为了最后一个"逆转"可以发生的基础。

b. 身心生活的逆转

诗章 B1 及 B2 可以说是诗章 A 的具体演绎。诗章 B1 描述的是锡安饥荒的状况，第 3 及 4 节以狐狼尚且会喂哺年幼的作对比，突出了本来应该被喂养和保护的孩童，现在连基本所需的都得不到；第 5 节亦以本来吃美食的，有朱红衣物保护的，如今都在外面遭受荒凉，这都反映了过去正常、美好的状态改变了；第 6 节虽然并非直接描写锡安饥荒的处境，但以所多玛转眼间的倾覆作比较，突出锡安受饥荒长期折磨的景况连所多玛都不如。因此，诗章 B1 透过不同的比较，如今昔的对比、与狐狼鸵鸟的对照、与所多玛作比较，来突显锡安在饥荒中，百姓生活状况面对非比寻常的逆转。

诗章 B2 基本上也是描述锡安百姓的情况，7 至 8 节更集中描述当中的拿细耳人或贵胄，以比喻及颜色的字眼，突出他们面对饥荒前后的差异，从本来肤色亮白转变为炭黑，从外表如宝石而变为枯干如槁木，反映连本来属于最优越的阶层亦无法幸免于难，变成骨瘦如柴，在外不被认出的模样，故带出第 9 节以被刀剑所杀作比较，突出被饥饿所杀的折磨更恶劣，而第 10 节将这个状况推到极致，就是本来慈心的妇人，煮了她们的孩子作食物，诗人特意形容妇人是"慈心"的，这与煮儿充饥的残暴行径形成更强烈的对比。由此可见，7 至 10 节以贵胄与慈妇在外表与性情上叫人难以置信的逆转，突显饥荒对他们的折磨。

因此，诗章 B1 与 B2 在主题上呼应诗章 A（四 1~2），诗章 B1（四 3~6）以描写饥荒中百姓生活状况的改变为主，而诗章 B2（四 7~10）就进一步仔细描述饥荒带来百姓在"外表"与"性情"上的扭曲，两个诗章都具体地描写锡安如何像黄金"变暗"，经历由盛而衰、由贵变贱的"逆转"。

c. 身分关系的逆转

诗章 C1 中 13 节提出先知与祭司的罪，而且以"因"作为开始，[51] 很可能是交代上文 11 至 12 节关于锡安面对攻击的原因。由于 14 节中的"他们"身分并不明确，可以是指"整个锡安的群体"，[52] 或承接上文是指"先知与祭司"，[53] 而根据 14 及 15 节关于"血的玷污"、"不要触摸衣服"、"呼吁转离不洁"的描写，都似乎与

---

[51] 13 节原文以"מֵחַטֹּאת"开始，前置词מן较适宜理解为"因为"（causal-מן）。
[52] Hillers, *Lamentations: A New Translation*, 149–150; Provan, *Lamentations*, 117–118.
[53] Westermann, *Lamentations*, 202; Berlin, *Lamentations*, 110–111; Renkema, *Lamentations*, 530–531.

祭司的职分有一定的关联，故此，将"他们"理解为"祭司"或相关的宗教领袖亦是合理。因此，这一段也带出了先知、祭司、长老等领袖在职能及地位上的逆转，从本来应分别为圣、离开不洁，现在自己却因倾倒义人的血而成为了不洁，不能被触摸，更要像癞疯病人呼叫别人转离（四15）；从本来应被尊重高举的，现在却为人们及列国所嫌弃（四15b、16）。

至于诗章C2是以第一人称复数表达锡安与列国关系的转变，从17节描写对于别国会帮助拯救的指望落空，换句话说，锡安认为其他国家本来可以作为拯救者，但最终他们不但没有施以援手，甚至更成为仇敌，18至19节描述他们狩猎、追赶、追逼、埋伏锡安，使锡安的尽头临近，20节更描述上主的受膏者——锡安的君王，本来被认为在他的荫下就能存活于列国，现在竟也被捉拿并下坑，换句话说，本来可以倚靠的对象——锡安中最高的代表也成了阶下囚，自身难保，这是一个相当强烈的对比以显示锡安的逆转，反映了锡安在列国中完全一败涂地的景象。在此的描述亦呼应了诗章A'中"地上的君王、世上的居民都不相信"的情境，就是敌人竟然进入了耶路撒冷（四12）。

总的来说，**第四章的主题可以说是"难以置信的逆转"**，诗人将各种最极端的状况表达出来，展示锡安如何从当初最美好的状态衰落，然而，这同样是锡安从困境中逆转的冀盼。故此，第四章不是纯粹描写灾难的状态，诗人刻画各种难以置信的变化，是为了铺陈最终同样叫人难以置信的拯救。所以，21至22节不是突而其来的宣告，仿佛与前文没有逻辑上的关连，反而那是经过诗人精心铺陈出现的终极逆转，这也呼应第四章一开始时所运用的关键字眼——"改变"（שנא）。

5.4 总结

过去学者认为第四章在内容上有四个较特别的地方，分别是：一、叙事者从一个较抽离的角度描写锡安面对的灾难；二、整首诗歌没有祷告的元素；三、在第三章表达了一定的信心后，第四章又重回灾难的现实；四、最后突然出现关于以东面对刑罚的宣告。因此，部分学者认为第四章没有一定的进程，只是将灾难的状态逐一铺陈，而哀告诗体裁的元素也较其他诗歌为少。另外，由于第四章中人称转换不如第一及二章频繁，故较难显示诗歌中不同声音的对话与张力。

然而，若尝试根据转折标记及重复字眼的联系，可以发现第四章某些相连诗节之间有明显密切的关系，如1至2节、3至4节、7至8节、13至16节、17至20节、21至22节。诚然，当中较难处理的是第6、11及12节，这些经文在内容及用词上，与上下文的联系并不明显，不过，若按以上建议的诗节结构，则可发现，1 至 2 节、11 至 12 节及 21 至 22 节三段之间存在字词及内容的呼应，甚至有助理解诗歌的脉络和主题。

从上述建议的结构，可以看到第四章的开始（四 1~2）、中间（四 11~12）及结尾部分（四 21~22）都以较为象征性的言语表达一种"难以置信的逆转"，而在这三个部分之间的内容，则具体展示了在围城饥荒下锡安百姓的"生活状态"（四 3~6）与"外表心性"（四 7~10）的转变，以及在遭受攻击时"领袖地位"（四 13~16）及"列国态度"（四 17~20）与所期望的落差。

由此可见，在第四章中，诗人运用了大量的对比来强调锡安在各方面所经历的令人难以置信的改变，这个关于"逆转"的元素几乎贯穿着每一个诗章，及至到最后一个诗章，诗人以宣告的方式表达最终的一个"逆转"，就是锡安罪刑的终结。在 1 至 20 节所铺陈的众多不能置信的"逆转"皆已发生的情况下，最后 21 至 22 节所宣告的"逆转"也就有了发生的可能。故此，最后的两节不是与上文无关、突如其来的宣告，若放下哀告诗体裁的既定框架，可以看到诗歌本身有其发展的脉络。

因此，透过以上建议的诗节结构，有助看到第四章的脉络与各段之间的呼应，从而帮助理解贯彻整首诗歌的元素。当然，从上述的分析，可以发现划分出工整的诗节结构未必一定就能找出诗歌的中心思想，有时可能因为刻意建构工整对称的诗节结构，反而模糊了诗歌的重点，如 Renkema 将诗歌划分为两大部分，把重点放在各部分中间的第 6 节及 17 节，就可能会得出第四章是在交代锡安罪刑极重及无人帮助锡安这结论。不过，正因为运用诗节结构分段，就可以尝试根据文本从多方验证，包括段落之间的重复字眼、内容主题的发展、中心句前后是否出现明显的呼应等等，以致可以评估建议的诗节结构是否合适。

总括而言，就以上建议的分段方式，反映了第四章也有机会呈现一个颇为对称工整的结构，而且有助反映出诗歌中不同段落的呼应及突出诗歌的主题。故此，与第一至三章相仿，第四章也反映了希伯来诗歌存在工整诗节结构的可能。

06

耶利米哀歌五章的诗节结构

6.1 经文中译

1 上主啊！请记念那些向我们发生的事，　　　זְכֹר יְהוָה מֶה־הָיָה לָנוּ
　　请察看，并看我们的羞辱。　　　הַבֵּיט וּרְאֵה אֶת־חֶרְפָּתֵנוּ׃
2 我们的产业被转给陌生人，　　　נַחֲלָתֵנוּ נֶהֶפְכָה לְזָרִים
　　我们的房屋[1]给外邦人。　　　בָּתֵּינוּ לְנָכְרִים׃
3 我们成了孤儿，没有父亲，　　　יְתוֹמִים הָיִינוּ אֵין אָב
　　我们的母亲像寡妇。　　　אִמֹּתֵינוּ כְּאַלְמָנוֹת׃
4 我们的水要付银钱[2]饮用，　　　מֵימֵינוּ בְּכֶסֶף שָׁתִינוּ
　　我们的木要以价格换来；　　　עֵצֵינוּ בִּמְחִיר יָבֹאוּ׃

---

[1] "我们的房屋"(בָּתֵּינוּ)，"房屋"是阳性复数，两个抄本(MS-S^Ken)写为בתנו，用了阳性单数；T写为ביתנא，也是用了单数，可能是认为其所指的是"圣殿"，因为上文提及的产业可以是指应许之地。然而，根据上下文，这里未必是特指"圣殿"，若是指一般的房屋，MT的用法在此配合复数人称字尾，故沿用MT，参Salters, *Lamentations*, 333–334。

[2] "付银钱"(בְּכֶסֶף)，原文是在"银子"(כֶּסֶף)前加上前置词בְּ，在此意思可理解为以价格交易，参Salters, *Lamentations*, 336。

5	我们被追赶到我们的颈项上，[3]	עַל צַוָּארֵ֙נוּ֙ נִרְדָּ֔פְנוּ
	我们劳累，没有安歇。[4]	יָגַ֖עְנוּ לֹ֥א הֽוּנַֽח־לָֽנוּ׃
6	我们将手交给埃及、亚述，	מִצְרַ֙יִם֙ נָתַ֣נּוּ יָ֔ד
	为要充满食物。[5]	אַשּׁ֖וּר לִשְׂבֹּ֥עַֽ לָֽחֶם׃
7	我们的列祖犯罪，他们已不在，	אֲבֹתֵ֤ינוּ חָֽטְאוּ֙ אֵינָ֔ם
	我们——我们担当了他们的罪孽。	אֲנַ֖חְנוּ עֲוֺנֹתֵיהֶ֥ם סָבָֽלְנוּ׃
8	奴仆管治我们，	עֲבָדִ֖ים מָ֣שְׁלוּ בָ֑נוּ
	没有人从他们的手中救出。	פֹּרֵ֖ק אֵ֥ין מִיָּדָֽם׃
9	我们用我们的性命，	בְּנַפְשֵׁ֙נוּ֙ נָבִ֣יא לַחְמֵ֔נוּ
	从那旷野刀剑面前带来我们的食物。	מִפְּנֵ֖י חֶ֥רֶב הַמִּדְבָּֽר׃
10	我们的皮肤被加热如炉，	עוֹרֵ֙נוּ֙ כְּתַנּ֣וּר נִכְמָ֔רוּ
	在饥饿灼热面前。	מִפְּנֵ֖י זַלְעֲפ֥וֹת רָעָֽב׃

---

[3] "到我们的颈项上" (עַל צַוָּארֵנוּ)，意思不明，BHS认为原文有残缺，建议读为עַל־אַרְצֵנוּ，意思是"在我们的土地上"；V译为cervicibus nostris；OL译为 in cervices nostras，V及OL译文没有反映עַל；Sym译为ζυγὸς κατὰ τοῦ τραχήλου ἡμῶν，将עַל读为עֹל（轭），故译作ζυγός，由于"轭"与"颈项"很多时候一同出现（赛十27；耶廿七8、11、12，廿八10、12、14，三十8;哀一14），且此句有残缺的机会很高，原文可能有两个עַל，故Salters译作"轭在我们的颈项上"(The yoke is on our necks)，参Salters, Lamentations, 347。然而，这句的动词是"追赶"，与"轭"的意象并不相符，因此，建议维持MT的写法，参Berlin, Lamentations, 119。

[4] "我们没有安歇" (לֹא הוּנַח לָנוּ)，MT(K)及MT(Q)分别是לֹא הוּנַח לָנוּ与וְלֹא הוּנַח לָנוּ，后者多了连接词ו。LXX及V是用MT(K)，多个抄本、P及T用MT(Q)。

[5] 关于这句在原文上的断句，BHK, BHS及BHQ均在"亚述"(אַשּׁוּר)之前，这样上句提及埃及，下句则是亚述，两个短句的结构较平行，下半句虽然"动词省略"，但这在诗歌中是常见的，上下半句同用一个动词(נָתְנוּ)。

11 他们在锡安折磨妇人，	נָשִׁים בְּצִיּוֹן עִנּוּ
少女在犹大的城市。	בְּתֻלֹת בְּעָרֵי יְהוּדָה׃
12 王子在他们手中被挂起，	שָׂרִים בְּיָדָם נִתְלוּ
长老的面不被尊重。	פְּנֵי זְקֵנִים לֹא נֶהְדָּרוּ׃
13 少年举起磨石，	בַּחוּרִים טְחוֹן נָשָׂאוּ
男孩也因木绊倒。	וּנְעָרִים בָּעֵץ כָּשָׁלוּ׃
14 长老从城门断绝，	זְקֵנִים מִשַּׁעַר שָׁבָתוּ
少年离开他们的音乐。	בַּחוּרִים מִנְּגִינָתָם׃
15 我们心中的喜悦断绝，	שָׁבַת מְשׂוֹשׂ לִבֵּנוּ
我们的舞蹈转为悲伤。	נֶהְפַּךְ לְאֵבֶל מְחֹלֵנוּ׃
16 我们头上的冠冕跌落，	נָפְלָה עֲטֶרֶת רֹאשֵׁנוּ
我们有祸了，因我们犯罪。	אוֹי־נָא לָנוּ כִּי חָטָאנוּ׃
17 我们的心为这变得发昏，	עַל־זֶה הָיָה דָוֶה לִבֵּנוּ
我们的眼睛为这些而昏暗。	עַל־אֵלֶּה חָשְׁכוּ עֵינֵינוּ׃
18 锡安山上荒凉，	עַל הַר־צִיּוֹן שֶׁשָּׁמֵם
狐狼行走在它其中。	שׁוּעָלִים הִלְּכוּ־בוֹ׃ פ
19 你 —— 上主，你必坐着到永远，	אַתָּה יְהוָה לְעוֹלָם תֵּשֵׁב
你的宝座到世世代代。	כִּסְאֲךָ לְדֹר וָדוֹר׃
20 你为何要一直 [6] 忘记我们？	לָמָּה לָנֶצַח תִּשְׁכָּחֵנוּ
你要离弃我们多长的日子？	תַּעַזְבֵנוּ לְאֹרֶךְ יָמִים׃

---

[6] "一直"(לָנֶצַח)，原意是"直到永远"，这里作为副词用来形容"忘记"，故译作"一直"；LXX一般会将此字译为 εἰς τέλος，但在这里译为εἰς νῖκος，意思是"直到胜利"，而 P, V 及 T 均符合MT的写法，故在此建议沿用MT。

21 上主啊！求使我们回转向你，　　　הֲשִׁיבֵ֨נוּ יְהוָ֤ה ׀ אֵלֶ֙יךָ֙ וְֽנָשׁ֔וּבָה
　　我们就回转，
　　　复新我们的日子像古时；　　　　חַדֵּ֥שׁ יָמֵ֖ינוּ כְּקֶֽדֶם׃
22 纵然[7]你大大地弃绝我们，　　　　כִּ֚י אִם־מָאֹ֣ס מְאַסְתָּ֔נוּ
　　你针对我们发怒到至极。　　　　　קָצַ֥פְתָּ עָלֵ֖ינוּ עַד־מְאֹֽד׃

---

[7] "纵然" (כִּי אִם)，这是一个常用片语，可以解作"若果"（如耶廿六15）、"除了"（如创十五4、民卅五33）、"但是"（如出十二9）、"肯定/必然"（如耶五十一14），以及"纵然"（如何九12，摩五22）。LXX及P没有翻译此字；V及T则译作"但是"，可能是要表达21节后有转折的意思；Salters建议译作"纵然"，参考了阿摩司书五章22节的处理，参Salters, *Lamentations*, 373–374。

6.2 学者的分段结构

在整卷耶利米哀歌中，第五章十分独特，主要有以下特点：一、句首字母并非按字母顺序，严格来说它不是"字母诗"，虽然因全诗包含22句，亦有被称为"仿字母诗"；[8] 二、大部分诗行内的两个短句长度较平均，较少出现"挽歌格律"或"跨行连续"的情况；三、全诗基本上以第一人称复数表达，没有对话与多重声音的转换，可说是一个"群体的声音"，近乎是"独白式"的表达；[9] 四、第五章有较明显群体哀告诗的元素，故被认为是最接近群体哀告

---

[8] Gerstenberger 认为第五章是运用"字母诗化"风格 (alphabetizing style)，如诗篇三十三篇，参 Gerstenberger, *Lamentations*, 501。不过，Berlin 则认为 22 句可能只是巧合，因诗篇也不时出现 21、22 或 23 句的诗歌，参 Berlin, *Lamentations*, 117。

[9] Bier, *Perhaps There Is Hope*, 166.

诗体裁。[10]

虽然第五章有以上特点，但它与前四章仍有一定的呼应，[11] 包括用词及主题方面，均与其他篇章有相似之处，尤其与第一章的重复较多，如：求主察看百姓苦难（一 9、11，五 1）、城变得荒凉（一 1，五 18）、城门变得空虚（一 4，五 14）、地为外邦人管治（一 5、10，五 2、8）、百姓被追赶（一 3、6，五 5）、群体对领袖不尊重（一 6，五 12）、少年不能幸免于难（一 5，五 13）、百姓寻找食物（一 11，五 9）、对古时日子的怀缅（一 7，五 21）、苦难源于过去的

---

[10] Gunkel 将第五章归入群体哀告诗的类别，因当中包含关于苦难的申诉、祈求神改变现况，以及承认自己的罪孽，参 Gunkel, *Introduction to Psalms*, 4; House, "Lamentations," 445；Westermann 也认为第五章是最接近传统群体哀告诗的体裁，参 Westermann, *Lamentations*, 211; Parry 更提出几乎所有学者都在某程度上同意第五章为群体哀告诗，参 Parry, *Lamentations*, 146。不过，Renkema 及 Berlin 则提出应该视第五章为祈祷诗，一方面，根据部分古希腊及拉丁文译本将此章定为"祈祷诗"，另一方面，也因为当中描述苦难的部分较长，欠缺关于圣殿或礼仪的描述，加上诗歌以叙述具体的历史处境为主，故有别于一般的群体哀告诗，参 Renkema, *Lamentations*, 586; Berlin, *Lamentations*, 116; Mackay 也认为不一定需要将群体哀告诗的框架套在第五章之上，加上以三个请求的字眼开始，故应视此诗为"祷告"多于"哀告诗"，参 Mackay, *Lamentations*, 208。

[11] Johnson 认为第五章属于全书最早期的作品，一至四章是后期参考第五章包含 22 节的情况，而编排为字母诗，参 B. Johnson, "Form and Message in Lamentations," *ZAW* 97, no. 1 (1985): 72；Westermann 也认为基于第五章最能保留群体哀告诗的特色，并没有字母诗的干扰，故应是从被掳前的诗歌作品扩充而成的，参 Westermann, *Lamentations*, 211。

罪孽等（一 5、8，五 16）。[12]

另外，由于第五章群体哀告诗元素较明显，故除运用形式批判的学者 Westermann 及 Gerstenberger 外，不少学者亦以哀告诗体裁的框架来分段，故分段倾向将 1 至 18 节或 2 至 18 节视为一个大段落，亦较少作进一步细分。不过，仍有部分学者以内容主题及诗节结构来处理第五章的段落安排，故就其分段结构，主要有以下三个情况，分别是按哀告诗体裁、按人称及内容变化、按诗节结构分段。

a. 根据哀告诗架构

Westermann 同样是以哀告诗体裁作为分段基础，他更指出由于第五首并非字母诗，故不受字母诗的限制，所以诗歌结构与传统群体哀告诗最相似：[13]

1	开首呼求上主关注
2~18	群体直接的申诉，融合苦难的描述
19	对神的赞美（取代了认信誓词）
20	以质问表达对神直接的控诉
21	祈求神的拯救介入
22	不确定的疑问（承接 20 节的问题）

---

[12] Mackay, *Lamentations*, 207；另外，一些第一章与第五章完全的重复的字眼，包括"像寡妇"（一 1，五 3）、"追赶"（一 3，五 5）、"安歇"（一 3，五 5）、"在这些上"（一 16，五 17）、"荒凉"（一 16，五 18）、"眼睛"（一 16，五 17），参 Thomas, *Poetry and Theology*, 239–240。
[13] Westermann, *Lamentations*, 211–212.

Westermann 认为第 1 节对上主的称呼,以及用祈使语气呼求上主"记念"与"察看",是最明显反映这章作为群体哀告诗的表达;2 至 18 节可以再细分多项元素,当中虽部分与挽歌体裁有关,但并不影响全诗作为群体哀告诗体裁;[14] 19 节则借用了诗篇中一些称颂上主的话,以表达对神的赞美;20 与 22 节均可视为对神直接的控诉或质疑,这都是一般群体哀告诗常有的主题,[15] 从这分段可反映第五章与被掳前的群体哀告诗十分接近,而主题亦以直接申诉为主。

另外,Gerstenberger 同样以群体哀告诗框架分析第五章:

1	开首祈祷
2~18	哀告
2~10	集体的哀告
11~14	社会各群体的描述
15~18	集体的哀告
19~22	祈求
19	赞美的颂词
20	哀怨的疑问
21~22	祈求主帮助

---

[14] Ibid., 213–217; Westermann 在 2 至 18 节再细分多项元素,包括百姓丧亲之痛(五 3、11、12)、城镇房屋产业的毁坏(五 2、18)、胜利者下作奴役(五 5、8、13)、饥饿干渴与身体苦楚(五 4、6、9、10)、节期与欢庆的失落(五 14、15、16)、苦难的描述(五 17)与承认罪孽(五 7、16),参 Ibid., 212。

[15] Ibid., 219,虽然他也提出 22 节可理解为"除非你已完全弃绝了我们",但其中表达的"不确定性"一般不会出现在群体哀告诗当中。

Gerstenberger 认为第五章从语言、内容元素、写作方法、整体流程都适合界定为"群体哀告诗"类别，[16] 就 2 至 18 节，他按此体裁划分为三部分，并同时反映当中人称变化，因 2 至 10 节与 15 至 18 节是以第一人称复数表达，11 至 14 节则以第三人称描述各群体的处境。[17] 从 Gerstenberger 分段反映第五章的表达符合哀告诗传统的模式，加上，7 与 16 节中包含"认罪"的元素，以及 19 至 21 节也展示了三重的祈祷，故以哀告诗体裁分析结构是有其原因的。

此外，还有一些学者与 Gerstenberger 一样，参考群体哀告诗结构，将全诗先划分为基本的三部分：[18]

1	开首：呼求上主
2~18	对苦难的描述与申诉
19~22	总结：祈求上主的帮助

虽然 Dobbs-Allsopp 提出这首诗歌中对群体苦难的描述（五 2~18）较一般同类哀告诗长，但也认为第五章是按照群体哀告诗的基本模式描写，包含了最主要的元素开首呼求、申诉及祈求介入。[19]

---

[16] 特别是第一至四章开始（一 1，二 1，三 1 及四 1）均欠缺"开始的呼求"，可能是基于前四章都受挽歌体裁所影响；而第五章较明确的体裁形式，也反映了在后期的群体纪念礼仪中一些不同体裁风格的混杂情况，参 Gerstenberger, *Lamentations*, 502。
[17] Ibid., 502–505.
[18] House, "Lamentations," 456; Parry, *Lamentations*, 147; Salters, *Lamentations*, 339.
[19] Dobbs-Allsopp, *Lamentations*, 143.

■ 五章2至18节

就第二部分（五2~18），有学者按内容主题或人称代词加以分段如下：[20]

2~10	在外邦管治下的经济贫困（第一人称复数）
11~14	社会各群体面对的羞辱
15~18	群体的哀伤与政治的失落（第一人称复数）

从上可见，这三个小段落并非以哀告诗体裁的项目细分，而是以内容为基础，反映了以色列民在耶路撒冷倾覆后各方面具体的生活处境。不过，若以群体哀告诗的框架来理解，这些处境的描述都可被视作向上主申诉的内容，为全诗最后祈求的部分作铺垫。

■ 五章19至22节

另外，亦有学者选择在19至22节中再作分段，以突出当中哀告诗体裁的项目：如将19节独立出来自成一段，以强调向神颂赞的元素，表达诗人对神永恒主权的信心，作为呼求上主介入拯救的基础。[21]而陈廷忠更提出将19节划分出来后，20至22节可以组成一个交叉平衡的结构：

你离弃了我们（五20）

　　求你复新我们（五21）

---

[20] House, "Lamentations," 456, 472; Parry, *Lamentations*, 147; Salters, *Lamentations*, 339.

[21] Bergant, *Lamentations*, 126, 131; 陈廷忠，《耶利米哀歌》（香港：基督教文艺出版社，2006，中文圣经注释），页135。

你弃绝了我们(五 22)

他认为因应这结构的表达,20 至 22 节无须被视为"怀疑"或"不确定"的结尾,反而突出了"求神复新"才是诗歌的主题。[22]

整体而言,第五章参考哀告诗体裁分段,可有助发现诗歌所包含哀告诗的元素,同时,基于对哀告诗本身功能的理解,亦倾向将末段视作全诗的主题,因此,一般认为第五章指向他们纵然现在被上主弃绝,但仍祈求可以恢复与上主的关系,使他们恢复如古时的日子(五 21~22),以致当下的苦况(五 2~18)得以结束。[23]

然而,就以上分段,也可见当中有值得关注的地方:如 2 至 18 节作为描述苦难的篇幅相对较长,内容亦较难归纳为哀告诗体裁的元素;此外,19 节与上下文的关连似乎并不紧密,似是为满足体裁需要而存在的赞美之言;而末段虽有"呼求上主介入"的元素,但 22 节所表达的"不确定性"则鲜见于哀告诗中。[24]

b. 根据人称及内容

部分学者虽不否定第五章可以归类为群体哀告诗,但在分段时却没有以符合哀告诗框架为优先考虑,

---

[22] 陈廷忠,《耶利米哀歌》,页 135-136。
[23] House, "Lamentations," 457.
[24] Westermann, *Lamentations*, 219.

基本上仍是按照诗歌内容与人称而分段及标示重点:[25]

Hillers	1~18 当下困难与原因 1 呼求主注意 2~18 困难与原因 19~21 赞美与求助 22 结束的哀告
O'Connor	1~18 神要看见的事 19~22 神要施行的事
Bier	1~10 可怕的苦况 11~14 特别群体的处境 15~18 欢乐的终结 19~22 祈求上主结束困境
Wright	1~10 挣扎求生 11~14 羞辱中的苦难 15~18 为锡安悲伤 19~22 寻求神

---

[25] Bergant, House 及 Parry 虽然在一至四章主要根据内容分段，但第五章均参考哀告诗体裁分段。实际上，这部分列出的学者在分段上与哀告诗体裁的结构亦有相似，如一般将 19 至 22 节归为一个段落，而较大的分别在于他们（Hillers 除外）没有将第 1 节划分出来，以突显该句为向上主呼求的开场说话，而且他们倾向认为第五章并非必须以哀告诗体裁来理解，参 Hillers, *Lamentations: A New Translation*, 146; O'Connor, *Lamentations and the Tears*, 72–79; Bier, *Perhaps There Is Hope*, 168–179; Wright, *Lamentations*, 150–156。

从上表可见，Hillers 与 O'Connor 只为第五章作了十分概略的分段。Hillers 指出 1 至 18 节是交代当下之苦况与导致困境的原因，除了将第 1 节划分出来外，2 至 18 节均没有再作仔细的分段。不过，他指出 18 节不单是该部分的结尾，也是高潮所在，因为锡安山是神临在的重要象征，而 18 节表示这个可见的标记陷落，反映圣殿荒凉，甚至被亵渎的情况，突出了 18 节在结构上的重要性。[26]

另外，O'Connor 也是将 1 至 18 节归为一段，虽然她一向以人称为分段考虑，但在第五章因群体已取代了所有发言者，故前四章的发言者很可能已联合成为一个群体声音，[27] 因此，她只将全诗分为两大部分，1 至 18 节"神需要看见的事情"，及 19 至 22 节"神要施行的事情"。同样，她没有再就 1 至 18 节分段，并指出第五章因篇幅较短且结构不明显，加上诗人放弃了采用一个有秩序的字母格式描述苦难，以突出麻木、绝望的情绪，旨在配合没有确定性的结尾，展示群体对神的疑惑，最终令整首诗歌可以成为一个容许抒发哀伤的空间。[28] 换句话说，她认为这章没有很明确的结构与外在形式，正正是发挥它抒发悲伤的作用。

另外，从上表可见，Bier、Wright 的分段完全相同，除了考虑内容外，人称变化也是主要根据，因 1

---

[26] Hillers, *Lamentations: A New Translation*, 162.
[27] Kathleen M. O'Connor, "Lamentations," in *The New Interpreter's Bible*, ed. Leander E. Keck, vol. 6 (Nashville: Abingdon, 2001), 1067.
[28] O'Connor, *Lamentations and the Tears*, 72, 77–79.

至 10 节是用"我们"描述生活苦况，11 至 14 节以第三人称叙述城中不同群体的苦难，15 至 18 节再用"我们"描写欢乐的终结，最后，19 至 22 节加上第二人称，叙述群体向上主的祈求。[29] 以上分段反映了人称转换，并展示了诗歌脉络，既有概括全民的描述，亦有个别群体的特写，不过，对于 11 至 14 节转换第三人称的原因，相关解释则着墨不多。[30] 另外，18 节实际上亦是第三人称，若将 15 至 18 节归作一段，则似乎未有完全反映人称的转换情况。

综观而言，根据内容与人称变化来分段，其分段的位置与根据哀告诗体裁的情况相差不大，不过，由于不一定要规限以哀告诗体裁的项目作为表达，较可以反映诗歌在内容及人称上的变化。

---

[29] Bier, *Perhaps There Is Hope*, 168, 172; Mackay 也是作出类似分段，不过，他明言无需以群体哀告诗为框架，但却与 Hillers 一样，将第 1 节分出作为祈祷的表达，2 至 10 节为经济及政治上的困境，11 至 14 节是个人面对的羞辱，15 至 18 节是无望的荒凉，19 至 22 节是求主恢复，并强调 18 节是一个重要的转折，将诗歌从描述性过渡至祈祷，参 Mackay, *Lamentations*, 209, 221。

[30] 不过，也有学者提出在 13 与 14 节之间作出划分，因从用字及内容看，14 节交代"长老从城门断绝，少年离开他们的音乐"，与下文 15 节提及"喜悦断绝"、"舞蹈转为悲伤"有较密切关连，都是表达城中热闹、欢乐的气氛不再，故将 14 至 18 节视作一个段落，参唐佑之，《耶利米哀歌》，页 159 – 160。另外，House 提出 14 节其实是衔接 15 至 18 节的"过渡"，因它重复了长老与少年的描述，形容他们正常生活的消逝，主题与下文相关，参 House, "Lamentations," 466。

c. 根据诗节结构

虽然，第五章在一定程度上反映了群体哀告诗的格式，但仍有尝试以诗节结构方式的分段。全诗共 22 个诗行，Renkema 及 Berges 认为每两个诗行应组成一个诗节，[31] 而 Renkema 根据诗句的用字及内容，提出了诗章及诗段的划分：[32]

诗段	诗章	经文	重点	诗行数目	诗节数目
一	A	1~4	产业的失去	4	2
	B	5~10	压迫与饥饿	6	3
二	C	11~14	污秽痛苦、死亡哀伤	4	2
	D	15~18	锡安毁坏的哀伤	4	2
	E	19~22	呼求上主恢复锡安	4	2

虽然因应哀告诗体裁一般会将第 1 节独立成段，但从 Renkema 分段可见，他认为 1 至 2 节属于一个诗节，因"羞辱"与"失去产业"关系密切（珥二17）；[33] 5 至 6 节则转入关于"压迫"的新主题，提

---

[31] Berges 认为每两行为一个诗节，共 11 个诗节，而诗章的分段，基本上与 Renkema 一致，都是 1 至 4 节、5 至 10 节、11 至 14 节、15 至 18 节及 19 至 22 节，但对诗章的划分，则未如 Renkema 那样详细说明，参 Renkema, *Lamentations*, 575; Berges, *Klagelieder*, 274。

[32] Renkema, *Lamentations*, 584–586, 612。

[33] 因为对以色列民来说，"失去产业"会带来"羞辱"，故 1 至 2 节有较密切的相关性（珥二 17；结卅五 12、15，卅六 4）；另外，Renkema 提出第二个原因是第 3 节可以作为一个新的开始，因为其用字与第 7 节上半句相似，都包含"父亲"、"没有"这两个字眼，参 Ibid., 585。

及埃及与亚述；而 11 节焦点从"土地"转移至"城市"，具体交代锡安与犹大；15 至 18 节就再次运用"我们"，描述失去欢乐与圣殿被毁；最后，19 至 22 节以呼求上主恢复锡安从前的荣耀作结。[34]

Renkema 认为从以上的分段，可看到诗章 B（五 5~10）的中心是 7 至 8 节，因这两节所带出"压迫与饥饿是源于列祖犯罪"的信息是诗章的核心。[35] 另外，他提出诗章 C（五 11~14）是全诗的中心，因它在五个诗章的中间位置，亦是惟一没有运用"我们"的诗章，当中交代各个群体的苦况，包括妇女和少女、王子和长老、少年和男孩，突出"百姓在灾难中无一幸免"的重点。最后，Renkema 也指出全诗是首尾呼应，开始结尾都是祷告的形式，也反映"祷告"是此章重心。[36]

由此可见，虽然第五章没有字母诗格式，Renkema 仍能表达出连续诗行之间的关系，反映诗节的存在，而且诗章基本上维持在相若的长度，包含四至六个诗行，展示诗歌有一定的韵律。相较其他学者的分段，Renkema 在 1 至 10 节中间加以细分，并能从中找出诗章之间不同的重点。不过，由于上述分段并非对称，故 11 至 14 节其实并非全诗正中间位置，故以这段所在的位置作为全诗中心的考虑，可能会引起疑问。

除了以上分段外，李思敬亦尝试在第五章找出工

---

[34] Ibid., 584–586, 612.
[35] Ibid., 600–621.
[36] Ibid., 586, 621.

整的诗节结构：[37]

诗节	经文	重点	诗行数目
A	1~4	凌辱之中 求主记念	4
B	5~6	沦为奴隶 不得温饱	2
C	7~10	承担罪责 重回旷野	4
D	11~12	惨遭蹂躏 生不如死	2
E	13~16	犯罪致祸 人人哀愁	4
F	17~18	锡安荒凉 泪眼昏花	2
G	19~22	上主烈怒 恳求回转	4

这个结构将全诗分为七个诗节，单数诗节包含四个诗行，双数诗节为两个诗行，两者交替出现，呈现工整的结构。[38] 与 Renkema 相同之处是 1 至 4 节及 19 至 22 节的分段，不过，11 至 14 节则没有按人称变化分段，反而 11 至 12 节被划分出来，作为全诗的中间部分，让诗歌分段维持对称结构。从标题可见，每个诗节均有明确的重点，并反映诗节之间的呼应，如诗节 C 及 E 这两段包含了对罪孽及后果的描述（五 7 及 16），以及诗节 A 与 G 均包含对上主的呼求（五 1 及 21）。然而，这个分段较大的限制在于没有将 11 至 14 节放在同一个段落，未能反映这四节经文从人称、内容、句式各方面相似的表达。

---

[37] 李思敬于 2015 年在中国神学研究院道学硕士"旧约神学"课程笔记（未出版）中，列出了第五章的分段及标题，但就分段大纲及诗歌主题则没有详述。

[38] 李思敬没有像 Renkema 那样，特别交代以两个诗行为一个诗节，故在此只作一个层次的分段，以"诗节"为单位，并计算每个诗节所包含的诗行数目。

小结

整体而言，由于第五章首尾两部分都包含对上主直接的呼求，全诗亦主要以第一人称复数表达，相较前四首诗歌，更接近群体哀告诗体裁，故学者大多倾向以此框架来理解第五章，并将全诗分为三个基本部分：开首的呼求（五1）、苦难的描述（五2~18）、呼求主帮助（五19~22）。由于已前设第五章为群体哀告诗，故对其主题的理解，也符合所属的体裁，即这首诗歌主要为向上主直接发出呼求，祈求上主拯救他的子民脱离当下苦难。

然而，如前所述，2至18节作为描述苦难情况的篇幅相对较长，而其中内容较难归纳为哀告诗体裁的其他元素，故亦有学者根据内容及人称加以细分，以展示诗歌的脉络发展。此外，仍有以诗节结构作为分段考虑的结构，同样希望能找出诗歌中各诗节之间的关系，从而理解整首诗歌的铺排及主题，但具体的分段及如何反映诗歌中心句则仍有讨论的空间。

6.3 诗节结构的建议

6.3.1 诗节结构的划分

以上分析可见第五章除了运用群体哀告诗框架作分段参考外,亦有尝试以诗节结构分段,只是 Renkema, Berges 均未特别关注结构上的对称与工整。而李思敬提出的分段虽维持了结构上的工整,但在 11 至 14 节的分段上则有一定限制,故在此尝试根据诗歌中的转折标记,提出另一个可能的分段结构,希望能反映第五章诗节之间的关系,以及全诗的脉络与发展:

诗章	诗节	经文	重点	诗行数目
A	I	1~3	求主记念,羞辱孤苦	3
A	II	4~5	生活困迫,不得安歇	2
A	III	6~8	列祖犯罪,奴仆管治	3
B	IV	9~10	刀剑威胁,饥饿煎熬	2
B	V	11~12	妇女受凌,领袖被辱	2
B	VI	13~14	少年劳动,长老绝迹	2

	VII	15~17	悲伤发昏,承认犯罪	3
C	VIII	18~19	锡安荒凉,上主仍坐	2
	IX	20~22	上主弃绝,恳求回转	3

a. 定量结构

由于第五章的篇幅较短,只有 22 个诗行,因此,上述建议的结构并没有诗段的层次,而只将全诗分为三个诗章,每个诗章均有三个诗节,每个诗节包含 2 至 3 个诗行。在诗章 A 及 C 中,诗节包含的诗行数目都是 3.2.3,在诗章 B 中,诗行数目是 2.2.2。所以,整体而言,虽然诗节长短不一,但这个分段仍算是工整对称的。

b. 转折标记

相较前四章来说,第五章的转折标记并不十分清晰,但以上的分段还是尽量考虑诗行之间在语法、语气、人称上的转折,并反映诗节内一些重复的字眼。

■ 五章1至8节

诗章A的第1节是以祈使语气表达,较为独特,但正如Renkema所提出第2节关于"产业"是承接第1节的"羞辱"来描述,接着,2至5节的内容其实是颇一气呵成的,似乎是一连串关于"我们"生活的描述。不过从句子的结构看,2至3节的下半句句子较短,原文均没有动词——"我们的房屋给外邦人"(בָּתֵּינוּ לְנָכְרִים)、"我们的母亲像寡妇"(אִמֹּתֵינוּ כְּאַלְמָנוֹת),而4至5节的上下半句明显是比较平行的,句子结构上相似,故可以与上文稍作区分。第6节开始时出现了"埃及"与"亚述"

这两个专有名词，而且是放在句子的开头，带有强调的作用，故此，语气上有较清晰的转折，另外，6与8节重复了"手"这个字眼，也反映诗节内的呼应。

■ 五章9至14节

诗章B中，9至10节有较密切的联系，两节的结构十分相似，上半句"我们的性命"（בְּנַפְשֵׁנוּ）与"我们的皮肤"（עוֹרֵנוּ）平行，下半句均以"从面前"（מִפְּנֵי）为开始，而"旷野的刀剑"（חֶרֶב הַמִּדְבָּר）与"饥饿的灼热"（זַלְעֲפוֹת רָעָב）也可以作为平行，故考虑作为一个诗节。11节开始以第三人称描述，人称出现变化，故也可作为一个新的转折，而13节同样用第三人称，一般不作分段。然而，若比较11至12节与13至14节的描述，前者的人物均是处于"被动"的角色，如妇人被折磨、王子被挂起、长老不被尊重，而后者提及的少年、男孩与长老则是"施动者"，故从内容上理解，11至12节的重点在于人物的"遭遇"，而13至14节则较着重人物的"行动"，故13节开始也出现了转折，不过，由于与上文关系仍密切，故11至14节仍较适合放在一个诗章内。

■ 五章15至22节

诗章C中15至17节再次运用第一人称复数，而且重复"我们的心"（לִבֵּנוּ）（五15及17），而"我们的头"（רֹאשֵׁנוּ）（五16）与上下文也有呼应，且内容主题有密切关系，都是交代喜悦与荣耀的失落，故适宜放在一段。反而，18节的处理较为困难，因为19节开始有第二人称的出现，故倾向以19至22节为一个段落，为避免将18节独立出来而将15至18节视作一段。不过，实际上，18节不论在人称、语气、描述对象上都与上文有明显的分别，18节是以第三人称交代锡安山荒凉的情境，显示了一个转折。因此，值得考虑是18节与19节会否有一定的关连，因这两节刚好没有提及"我们"，与第20至22节以第一人称为主的陈述也有分别，所以，将18至19节视为一个诗节是建议结构一个较特别的处理。

c. 字词重复与呼应

除了考虑诗节之间的转折外，相连诗节之间亦有呼应，故诗章的划分就是将较为密切的诗节放在一起，以显示诗歌字词上的呼应。

诗章A中的诗节I及II重复字眼虽只有"向我们"（לָנוּ）（五1及5），但当中一连串以第一人称复数形容的名词，如"我们的羞辱"、"我们的产业"、"我们的房屋"、"我们的母亲"、"我们的水"、"我们的木"、"我们的颈项"，都反映这两个诗节有所呼应。诗节I与III之间则重复了"父亲/列祖"（אָב）（五3及7）、"没有"（אֵין）（五3、7及8），而且第6节提及的"埃及"、"亚述"与第2节的"外邦人"、"陌生人"亦有呼应。

诗章B诗节IV中较明显的重复是"面前"（מִפְּנֵי），这与诗节V"长老的面"（זְקֵנִים פְּנֵי）也有呼应（五9、10及12），而诗节V与VI则重复了"长老"

（זְקֵנִים）这个词语（五12、14）。另外，"性命"（五9）、"皮肤"（五10）、"手"（五12）、"面"（五12）都是与身体的描述有关，彼此也有关连。从内容方面，诗节IV至VI都是交代各种受凌辱折磨的处境，包括了刀剑与饥饿的威胁（五9~10）、在城市中遭蹂躏凌辱（五11~12）、承担低贱的劳动工作（五13~14）。

诗章C中诗节之间重复的字眼不多，诗节VII与VIII只重复了"前置词"（עַל）（五17、18），而诗节VIII及IX则重复了"上主"（五19、21），并且这两个诗节均包含第二人称的表达。不过，诗节VII及IX皆运用第一人称复数，同样是强调"我们"的感受（五15、17），还有16节提到"我们头上的冠冕"与19节"你（上主）的宝座"，两者都与君王的意象有关，亦显示两者的呼应。

另外，虽然不像第二及三章有较明显的扇形结构，但一些对应的诗节在内容上也包含相关的元素，就如诗节I及IX首尾两个诗节重复了"上主"与"什么"（מָה）的字眼，这两段都是明显向上主直接的呼求，不过，前者求主"记念"与"察看"，后者则求主"回转"与"复新"；还有，诗节III与VII这两个对应的段落也与"犯罪"有关，前者交代"列祖犯罪"

（五7），后者则指出"我们犯罪"（五16）；[39] 此外，这两个诗节同样都包含"主权失落"的元素，诗节III交代锡安向"埃及"、"亚述"交出了手（五6），而且又提出"奴仆管治"（五8），显示政权的失落，诗节VII描述"冠冕跌落"（五16）也有相关的意思，这可

---

[39] 虽然有学者指出第 7 与 16 节是矛盾有冲突的，因为第 7 节解释以色列民是因为列祖的罪而承受苦难，仿佛是无辜的，但 16 节又提出他们犯罪，两者好像并不协调，难以阐明眼前苦难与羞辱究竟是源于父辈们，抑或是自己。故此，学者们尝试以不同的手法来消解这个张力，如 Brunet 认为 1 至 14 节及 15 至 22 节这两段分别是两首诗歌，故 7 与 16 节是来自于不同的来源，参 Gilbert Brunet, "La Cinquième Lamentation," *VT* 33, no. 2 (April 1983): 149–170；不过，Brunet 的观点基本上没有其他学者明确地同意，原因在于虽然这样表面上能解决 7 与 16 节之间的矛盾，但实际上也忽略了第五章中同心圆的结构，以及 19 至 22 节与诗歌开首的呼应，参 Renkema, *Lamentations*, 582–583, 586；加上，这两大部分中其他元素的相关性，例如 14 与 15 节在字眼及内容上有明显的联系，因此，从整体上而言，第五章应该是一个完整的单元。Bier 承认第 7 与 16 节的矛盾是分别来自"反神义论"与"神义论"的两种观点，诗人将两个观点放在一起，目的是展示诗歌中的张力，当中提出诗人刻意将两个表面有矛盾的观点并存，用意是一方面反映锡安对上主的不满，因要他们承担不是他们的罪责，另一方面指出锡安自己也有责任，这可以显示诗歌存在两种不同的声音，故可以运用"复调"(polyphonic) 的角度来理解，参 Bier, *Perhaps There Is Hope*, 171–172。但事实上，第 7 节及 16 节两个说法不一定互相排斥，因以色列民既承担了列祖的罪，同时也要承担自己的罪带来的后果，故此这两节经文其实是并存而呼应的，参 Renkema, *Lamentations*, 582, 605；另外，Berlin 认为第 7 节的重点不在于当时以色列民要承担父辈们的罪孽是不公平，而是要带出他们质疑为何直至耶路撒冷被毁、父辈们已经不在的时候，惩罚仍未终止，参 Berlin, *Lamentations*, 121。故此，第 7 节与下文第 16 节的表达并不构成矛盾。

以反映"犯罪"与"失落主权"之间有一定的关系。

6.3.2 建议结构的脉络与特点

若不根据哀告诗体裁的分段，而将全诗分为三大部分，可以看到每部分各有突出的元素，呈现诗歌有一定的进程，可以有助观察诗歌的脉络。

a. 诗章A（五1~8）

诗章A以请求主记念及察看"我们的羞辱"为开始，接着所描述的，除了是前四章提及过的生活艰苦、饥饿无依等情境外，第五章这三个诗节都突出了一个元素，就是"锡安已逐渐失去了自主"。诗节I交代产业与房屋的"拥有权"转给了"外邦人"与"陌生人"，诗节II除了描述锡安被追赶不得安歇外，更特别交代生活基本所需——"水与木材"，都要以银子去换，也反映了他们已失去这些事物的"拥有权"，诗节III更表示描述向"埃及、亚述""交出手"来"充满食物"，[40] 这不仅仅是表示饥饿的问题严重，更是交代锡安为了生活所需求助于埃及与亚述，这两

---

[40] 关于"埃及与亚述"的解释，一般被理解为以色列在历史中的敌人或不可靠的同盟，参 Parry, Lamentations, 149；这个组合在旧约中，特别是在何西亚书，有多重的意义，包括：一、作为政治上的联盟；二、作为审判，表示以色列民被掳去之地；三、作为救赎的预言，表示要从当地归回，参 Renkema, *Lamentations*, 602。另外，Berlin 认为"埃及与亚述"在这里所指的是在耶路撒冷被毁前的政治军事同盟，而亚述可以被理解为美索不达米亚之地，这两个地方亦可以象征以色列"错误的同盟"或"被放逐之地"，亦代表以色列在西南及东北方向的两个强大帝国，参 Berlin, *Lamentations*, 119。

个被视为以色列的仇敌或不可靠的盟国，显出他们委曲求全，不惜交出自己；而第8节中"奴仆管治"，[41]"无人从他们的手夺去"，也是呼应这个主题，清晰交代锡安失去了管治的主权，而且无法夺回。故此，第3节及7节重复了"没有父亲"、"列祖不在"的表达（原文的字眼相近，均包含אב及אין），也很有可能是反映本来应该作为父权、领导的代表，可以倚仗的人物现在都已"不在"，最后罪责也要由"我们"承担。**由此可见，整个诗章与"主权的失落"有密切关系。**

b. 诗章B （五9~14）

诗章B中诗节IV（五9~10）再次涉及饥饿的问题，但有别于诗歌之前的部分，这里提到"性命"、"旷野"、"刀剑"、"皮肤被加热"等，重点不单是饥荒或主权失落，更是突出身体与性命都陷入极度的危险，所承受的煎熬是更切身具体的。[42] 接着，诗节V（五11~12）描述妇人少女被折磨、凌辱，当中强调了"在锡

---

[41] House 综合了几个有关奴仆的说法，包括认为奴仆可能是泛指巴比伦，或指巴比伦的士兵、巴比伦的长官，以及巴比伦负责管治以色列的奴仆，参 House, "Lamentations," 464；Renkema 提出可能是曾被以色列管治的以东，或巴比伦委任的其他国家，参 Renkema, *Lamentations*, 606–607；Provan 则认为没有特定所指，此句重点在于强调以色列状态的逆转，从管治到被管治，参 Provan, *Lamentations*, 129。

[42] 第 9 节表示要以性命从旷野刀剑中取得食物，可能是由于犹太人会将食物藏在旷野，而敌人会趁他们取食物时伏击他们，参 Parry, *Lamentations*, 151。

安"、"在犹大的城市"这些地点，更突出攻击者猖獗的暴行，并对锡安犹大严重的羞辱；另外，交代王子与长老被侮辱的情况，显示犹大的领袖已失去管治的位置。至于诗节VI（五13~14）描述少年举磨石、男孩被树木绊倒（五13），长老绝迹于城门、少年离开了他们的音乐（五14），都反映了因着时局的变迁，他们转投低贱的劳动行列，失去本来的尊严。由此可见，**诗章B的三个诗节道尽锡安所遭受身心的侮辱，可以说是上文失去主权之后的结果。**

c. 诗章C （五15~22）

最后，诗章C诗节VII（五15~17）中的"喜悦"、"舞蹈"、"冠冕"，都是充满热闹愉悦的字眼，而且容易令人联想到关于节期与庆典，[43] 但诗人则以"断绝"、"转为悲伤"、"跌落"来表达这种愉悦与辉煌已经不再的光境，形成强烈的对比，16节更交代这源于"我们犯罪致祸"，接着，17节直接抒发了诗人悲痛的感受，指"为这"、"为这些"，[44] "我们的心发昏"、"我们的眼睛黑暗"，这三节经文表达了哀伤沉痛的感情。

---

[43] Gerstenberger, *Lamentations*, 503; Renkema, *Lamentations*, 615.
[44] 17节的"为这"、"为这些"有三个可能性，既可以是指15至16节所言今非昔比的状况，亦可以是呼应上文所有关于锡安惨况的描述，又或是指涉下文18节"锡安山上荒凉"的情境。

接着，诗节VIII（五18~19）描述了锡安山的荒凉、被狐狼占据，也暗示圣殿被毁，这可能呼应了上文提及的节期与敬拜，另一方面，也带出连百姓可以献祭来处理罪的途径也失去，他们与上主的关系面临断绝，借此带出"上主的离弃"；然而，若将18与19节一并来看，可以看到19节正正显示一个强烈的呼应与对比，以"上主坐着到永远"对应"狐狼行走在它其中"，并以"上主的宝座到世世代代"，对应"锡安山上荒凉"。[45]

最后，诗节X（五20~22），诗人申诉上主"一直忘记"（五20）、"离弃多时"（五20）、"大大弃绝"（五22），"针对锡安发怒到至极"（五22），这反映诗人最担心的其实是与上主关系的断绝，故此，发出21节的祈求，祈求主使他们"回转"向上主，也就是希望关系重新修复，求主"复新"他们的日子如从前。这个结尾呼应了诗歌的开始，请求上主"记念"他们（五1），结束他们当下的"羞辱"，虽然在诗歌的最后一节（五22）仍强调当下上主是发

---

[45] Berlin 认为这是一句重要的神学陈述，因为上主是永远坐着为王，纵然圣殿被毁，但上主并不受限于圣殿的空间，他的存在并不倚靠实体的建筑，故此19节的宣告是对于18节的描述，参 Berlin, *Lamentations*, 125。

怒至极，大大离弃了他们，[46] 反映了对于上主如何回应尚有不确定性，然而，在不确定下诗人仍然发出呼求。[47] 因此，**诗章C的三个诗节都呈现了"惨遭上主弃绝的悲伤荒凉"**。

---

[46] 22节句首的连接词，原文可以有多个可能性，包括"纵然"、"若果"、"除了"、"但是"、"必然"等。事实上，若将22节句首的连接词翻译为"若果"、"除了"、"但是"，或是"难道"（参和合本修订版）以反问句表达，末句的意思也会显得较为负面，也带出较大的不确定性，而且所表达的意思是22节"上主大大弃绝"的情况尚未完全发生。不过，根据20节的祈求，"离弃我们"已经持续了很长的日子，故此，22节比较适合理解为当下的处境，这也符合上文关于锡安苦难及第二章有关"上主怒气"的描述，因此，将连接词译为"纵然"、"虽然"，较能表达22节是已经发生的情况，而所表达的意思就是"就算当下上主已大大弃绝，我们仍然祈求我们回转向你"。

[47] O'Connor 认为最末的不确定性，是让书卷给予哀伤的空间，没有予以否定，也没有以情感的祈愿、神学的空想或过早的结论来克服这种不确定性，参 O'Connor, *Lamentations and the Tears*, 79；而 Bier 亦有类似的理解，她认为开放性的结尾可以让耶利米哀歌在表达伤痛与不确定的同时，并保持着 Bakhtin 所描述的那种复调文本的"未完成性"(unfinshedness)，使整卷书能以对话式的方式阅读，参 Bier, *Perhaps There Is Hope*, 189–191。另外，Linafelt 提出22节因上帝没有回应，故属于一个开放性的结尾，但 Berlin 认为对于古代的作者来说，这种理解过于"现代"，而在犹太人的传统中，对于以负面信息作结的书卷，如以赛亚书、玛拉基书、传道书及耶利米哀歌，在聚会诵读时，均会重复倒数第二句，使书卷可以有一个正面的结束，参 Tod Linafelt, "Surviving Lamentations (One More Time)," in *Lamentations in Ancient and Contemporary Cultural Contexts*, ed. Nancy C. Lee and Carleen Mandolfo (Atlanta: Society of Biblical Literature, 2008), 57–63; Berlin, *Lamentations*, 126。

6.3.3 从诗节结构看诗歌主题

a. 我们的羞辱

首先，如参考以上建议的诗节结构，可以看到全诗三大部分逐步表达锡安如何**经历"失去主权"（诗章 A）、"受尽凌辱"（诗章 B）与"惨遭弃绝"（诗章 C）**，这三方面可以呼应诗歌开始时提及"我们的羞辱"（五 1）。透过诗歌的三个部分，可看到锡安分别在生活上、肉体上、心灵上，所承受的痛苦与羞辱，可以说是逐步递进，若按这个铺陈，亦突出 18 节所描述"锡安山荒凉"、以及其所象征上主所居住之处被毁，正是锡安面对"最严峻的羞辱"。故此，如前所述，接下来 19 节交代"上主啊，你必坐着到永远"，就是对应这个最严峻的处境，即使实体的圣殿被毁、锡安山荒凉，但上主却不受限于此，他是依然在宝座上坐着。

b. 上主的王权

其次，上述三个部分都有与"王权管治"有关的元素，包括诗章 A "求助埃及亚述"与"奴仆管治"、诗章 B 的"王子被挂"、诗章 C 的"冠冕跌落"与"锡安山荒凉"，而这些描述都可以说是反映了锡安在"主权"与"管治"上的失落，这也是成为锡安羞辱重要的元素。因此，19 节对上主主权的宣告正正呼应了上述的处境，指出真正的主权是属于上主，即使"列祖已不在"（五 7）、"王子会被挂"（五 12）、"冠冕会跌落"（五 16）、"锡安山会荒凉"（五 18），但上主的宝座是直到永远（五19），从这个角度看，19节不是纯粹为满足体裁需要而突兀出现的一句赞美，反而是呼应诗歌之前的部分，相当针对锡安处境的重要宣告。

c. 我们要回转

故此，19节带出"上主永远的宝座"，就成为锡安当下惟一可以倚靠的出路，锡安需要与上主重新建立关系，而非与其他外邦建立关系，这也成了最后一个诗节祷告的基础。所以，20至22节中，锡安要祈求的就是不要再被上主"忘记"、"离弃"（五20），并求主使他们"回转"向上主，因为当他们知道与上主关系破裂源于列祖与自己的罪孽（五7、16），他们惟一的出路在于"回转"，重修与上主的关系，以求重新得到上主的"记念"。于是，诗人发出20至22节的呼求，希望上主不要离弃他们太久，求主恢复他们从前的日子。虽然最后22节提出"上主大大地弃绝"、"上主发怒至极"，不论对"כִּי אִם"的翻译是如何，所表达出来都是对结果的不确定。然而，19节对"上主永远坐着"是确定的，而这就成为在苦难与羞辱中继续呼求的基础，由此，可以看到19节在整首诗歌结构中所发挥的作用。

综观而言，从以上建议的结构，可以看到第五章强调锡安因失去主权所面对的种种羞辱，但同时也展现了上主的主权，以及锡安对恢复与上主关系的渴想。[48] 故此，虽然与第一章相同，在这章有"请求察看"（五1），也有第二章描述的"上主发怒"（五22），但其重心在于申诉上主一直的"忘记"与"离弃"（五20），最终要表达其实是希望上主不要再忘记与弃绝（五20、22）。另外，第五章没有再提及要报复仇敌，只是祈求自己能"回转"向主，这也带出了真正能消除羞辱的出路，就是与上主重建失落了的关系。[49]

---

[48] Mackay 亦认为第 21 节是表达诗人感到无力于修补与神断绝了之关系的祈求，参 Mackay, *Lamentations*, 223。

[49] Parry 提出诗篇八十九 50 至 51 节可以作为第五章末段的平行，因诗人同样祈求上主记念他所受的羞辱，参 Parry, *Lamentations*, 157；而 House 则提出第五章中群体的声音并非单单祈求结束他们的痛苦，更重要的是，他们呼求重修与上主的关系，参 House, "Lamentations," 457。

6.4 总结

第五章是全书五首诗歌中最明显拥有群体哀告诗特色的一首，因为全诗基本上以第一人称复数叙述，开始及结尾有呼求的元素，中间也包含了认罪及申诉的地方，因此若分段根据群体哀告诗的框架，可以找到诗歌基本的发展脉络，反映诗歌主题在于表达群体在苦难中向上主的哀告。

然而，这样的分段一般会将 2 至 18 节看为一个大段落，以描述锡安倾覆时的景象，又或将 11 至 14 节因为人称的转换划分出来作为描述不同人物在苦难中的状态，却未必会再考虑诗歌可再细分以突出各部分的重点。这个处理可能基于一个假设是，在哀求的时候心情是相当澎湃与混乱，因此，诗句的次序没有特别的铺排。不过，从一些重复字眼的布置，仍是值得考虑诗句之间的关连与呼应，故此，参考 Renkema 及李思敬的处理，在此尝试提出诗节结构的分段，以反映诗歌中一些转折标记及诗节间的呼应，从而找出每个诗节的重点，梳理整首诗歌的脉络。

本章建议的诗节结构的特色在于展示诗歌每部分的相关性，在每个诗章中有一定的重点，而且关于"羞辱"与"主权"的元素贯穿于诗歌的不同部分，从而带出最后祈求的部分是如何呼应前文内容的表达，由此可见，全诗并非散乱的灾难剪影、或杂乱无章的哀恸之言。全诗是诗人逐步描述所经历的羞辱，尤其是在遭到上主弃绝、丧失主权的情况下，如何因"上主是永远坐着"（五19）而发出最后的呼求，从无望的深渊中发出终极的祈祷，并在面对上主"大大的弃绝"下，恳求回转的深切哀告。从中可见，19节不只是一句为符合体裁框架而设的"赞美之言"，更是承上启下的重要枢纽，由此带出**锡安惟一的解救是恢复与这位永远坐着为王的上主的关系**，即使诗歌最终没有对终局的确认，诗人表达了回转向上主才是锡安惟一的出路。

虽然，以上建议的诗节结构及解释只是众多可能之一，不过，它也反映了运用诗节结构分段，在某程度上有助看到诗节之间的呼应及整首诗歌的铺排，同时，也显示了第五章包含工整诗节结构的可能。

07 结论

第七章 结论   343

■ 耶利米哀歌的分段与诗节结构

透过以上探讨学者对耶利米哀歌中五首诗歌的分段，可以看到大致有四类情况：一、按内容主题分段，顺序展示诗歌内容的逻辑发展；二、按形式批判的哀告诗结构分段，显示诗歌所包含各项体裁的元素；三、按人称声音的转变分段，突出各种声音的互动及张力；四、根据诗节结构的方式分段，反映诗歌中的转折标记及重复字眼的呼应。

实际上，大部分学者都未必将一个分段原则贯彻于五首诗歌中，而是按各首诗歌的特色选取不同的分段原则，如第一及第二首倾向聚焦于人称转变，第五首则以哀告诗体裁的元素，其他则多以内容主题的转折来分段，没有限定单一的分段方式。然而，其中有部分学者会尝试根据特定原则为五首诗歌分段，如 Westermann 在五首诗歌均以哀告诗体裁来分段，以突显它们哀告的主题；Bier 则按人称声音的转变分段，突出五首诗歌中均有"神义论"及"反神义论"的观点。不过，前者在处理第一、二及第四首时也发现当中包含相当的"挽歌元素"而未能完全贯彻哀告诗体裁的框架，而后者则在处理第五首时也遇到难以单用人称转变来分段的情况，由此可见，要以一个原则为五首诗歌分段亦有相当的限制。

相对来说，诗节结构是较可以同时用于五首诗歌的分段方式，如 Renkema、Berges 及李思敬均尝试以诗节结构为五首诗歌分段，并尽量突出诗歌中的对称或平行,从而找出诗歌重点。虽然,学者的分段未必一致,但由于他们并非预设了体裁框架或内容主题的发展,而就蕴藏在诗歌本身中的用字、句式及转折标记等来分段,故此有较客观的根据,可以作为比较不同分段的基础。

因此,本文参考 van der Lugt 划分诗节的方法,以转折标记、重复字眼及定量结构(或工整结构)为考虑为耶利米哀歌五首诗歌分段。结果发现五首诗歌若运用工整的诗节结构表达,不但可呈现诗歌中重复字词的分布,反映诗章及诗节之间的呼应,更可由此观察诗歌段落的发展,有助发现诗歌的主题。诚然,本文所提出的分段结构并非惟一与绝对,主要是用来显示诗歌以诗节结构分段的可行性及重要性,且验证这个方法有助找出诗人在诗歌中所设置的提示,而避免纯粹以一个外在体裁的框架或某个神学命题套入诗歌,只注意符合体裁与神学命题的元素,而忽略了整首诗歌的脉络与重点。

■ 以诗节结构看耶利米哀歌的主题

至于五首诗歌的结构与主题,透过诗节结构的分析,可以发现每首诗歌都有一定的逻辑发展、层层递进、环环相扣,并非如一些学者所认为的只是散乱无章法的情绪表达,或只以字母诗的外在格式来限制澎湃的感情。主题方面,虽然五首诗歌有很多相似及相关的地方,如对灾难的描写、对上主的控诉、对仇敌的不满,以及一些重复出现的元素,如饥荒、被追赶、犯罪、哀哭、领袖被凌辱等,但在诗节结构分段的帮助下，可以看到每首诗歌都有其独特的焦点：

	诗节结构	内容主题
第一首	2.3.2 | 3.2.3 | 2.3.2	孤独无安慰中， 不住求上主察看
第二首	3.2.3 | 2.2.2 | 3.2.3	主倾倒忿怒时， 向上主倾心申诉
第三首	3.2 | 2.2.2 || 2.2.2 | 2.3	困苦之中， 仰望上主的慈爱公义
第四首	2 | 4.4 | 2 | 4.4 | 2	急剧转变下， 冀望上主终极逆转
第五首	3.2.3 | 2.2.2 | 3.2.3	羞辱遭弃时， 祈求上主回转复新

由此可见，五首诗歌虽然重复运用相同或相关的素材，但基于诗歌不同的铺陈与结构，可以发现每首诗歌有其特别的重心。即使不确定整卷书是否出于一人之手，但若从整卷书的角度看，仍可以尝试观察五首诗歌的关系，每首诗歌都突出了灾难中某种状态与情绪，分别是孤独、忿怒、困苦、转变、羞辱，可见全书包含了不同的面向，十分丰富。

而另一方面，每首诗歌也突出了上主不同的形象及特质，包括上主是安慰者、上主像仇敌、上主慈爱公义并存、上主施行改变、上主坐着为王，这些形象与描述就成为了诗人哀告呼求的基础。的确，全书没有交代上主的声音与回应，亦没有太多具体的应许与盼望，甚至到全书之末仍是充满不确定，似乎申诉祈求就是全书的主题。然而，因着每首诗歌呈现锡安在灾难中不同的状态，以及上主不同的特质，书卷的主题不单单展现诗人的呼求，给人在苦难中申诉的空间，更是突出他们呼求的对象是怎样的上主。

就耶利米哀歌的主题，过去学者的看法主要有三方面：一、显明罪与刑罚的关系，因每章均提及锡安犯罪与认罪；二、带出苦难中仍有盼望，因当中提及神的信实慈爱、锡安刑罚的终结，而且诗人坚持呼求本身也是一种盼望的表达；三、向神表达对苦难的申诉与哀告，因每章主要的篇幅是描述苦难的情况，第二章亦特别表达对上主刑罚的控诉，带出神的刑罚过重。其中，也有认为这三方面的主题都并存，以显出整卷书中的张力，例如指出全书既有承认锡安有罪、理应受罚的"神义论"，亦有控诉上主惩罚过重的"反神义论"，而其主题就在于两者之间的互动。不过，以上主题一般是从五首诗歌抽出重复、相近的要素，加以归纳而来，又或者以第三章中间的部分为全书中心，却较少是结合每首诗歌所表达的主题，思考整卷书的重点。

故此，在分析每首诗歌的结构与主题后，再将五首诗歌置放在一起，可以发现五首诗歌分别描述了锡安身处不同状态下的呼求，如何突出上主不同的形象，以显出上主是："惟一的安慰"、"攻击的源头"、"慈爱与公义"、"逆转的盼望"、"永远的坐着"。虽然这些形象表面上互有矛盾，如上主既是安慰者又是攻击者，既是慈爱又是公义，既是带来改变又是永恒的主，但上述特质全都是在苦难中继续呼求上主的凭据，缺一不可。由此可见，耶利米哀歌借着五首诗歌展示了在苦难之中为何要向上主呼求，不单是承认罪过、申述苦难、祈求改变，更是基于五首诗歌所表达上主的形象，突出了"上主是惟一可以申诉祈求的对象"，即使上主此刻仿佛是沉默不语，且患难的日子似乎仍未结束，在苦难与盼望、在认罪与申诉的张力之中，我们亦别无其他选择，只能回转呼求上主。

■ 诗节结构对研究希伯来诗歌的意义

综观来说，运用诗节结构来分析希伯来诗歌，可以有助发现诗歌段落之间的呼应、每首诗歌的主题发展，换句话说，希伯来诗歌的诗节划分，对理解诗歌有一定的作用和重要性，而且就耶利米哀歌五首诗歌的分析，亦见工整诗节结构存在的可能。另外，从五首诗歌所展示不同诗节的组合，可以看见诗节结构是有一定的变化与弹性，不必然限定于包含相同数目的诗行。

至于 van der Lugt 提出有关诗节划分的准则，包括转折标记、重复字眼、定量结构都是重要的参考。然而，从分析过程中可见，这些准则亦并非机械性的绝对公式，也就是说，不一定每次出现某些转折字眼或人称转变就等于必需划分段落，因为划分段落有时需要同时考虑不同因素，如人称、句式、用字、语气等等，故即使有客观的标记，仍有机会涉及主观的取舍。因此，如前所述，所建议的诗节结构并非绝对或惟一的可能。然而，透过比较不同的分段结构，可以选择最能反映诗歌文本所显示的标记或字眼的分段结构加以分析。

总括而言，过去学者在分析希伯来诗歌的特点上较着重格律、平行体，并以此为辨识诗歌的准则，而近代开始则提出要更多注意诗歌行文修辞方面的特色，这些对研究诗歌也有一定作用。然而，对于诗歌组织结构，尤其诗节结构的分析至今仍相对较少，纵然在实际分析诗歌结构时多会为诗歌分段，但却甚少运用诗节结构作为参考，故此，本研究透过比较学者对耶利米哀歌五首诗歌的分段，发现工整的诗节结构可以用于分析希伯来诗歌，有助呈现诗歌中的呼应与脉络，由此可以提出诗节结构对分析希伯来诗歌有一定作用，亦是希伯来诗歌重要的特色，可用于识别诗歌体，值得被更多重视与关注。

诚然，这次研究只集中于五首诗歌，数量较少，加上这五首属于字母诗或仿字母诗，可能在诗节结构上有一定的特性，故建议未来可就诗节结构方面，继续尝试以其他字母诗或其他书卷的诗歌作为研究对象，以试验诗节结构在研究希伯来诗歌方面可以发挥怎样的作用。

参考书目

Adeney, Walter Frederic. *The Song of Solomon and the Lamentations of Jeremiah*. New York ; London: Armstrong, 1895.

Albrektson, Bertil. *Studies in the Text and Theology of the Book of Lamentations with a Critical Edition of the Peshitta Text*. STL 21. Lund: Gleerup, 1963.

Alden, Robert L. "Chiastic Psalms: A Study in the Mechanics of Semitic Poetry in Psalms 1-50." *JETS* 17, no. 1 (1974): 11–28.

Alexander, Philip S. *The Targum of Lamentations*. ArBib 17B. Collegeville: Liturgical Press, 2008.

Allen, Leslie C. *A Liturgy of Grief: A Pastoral Commentary on Lamentations*. Grand Rapids: Baker Academic, 2011.

Alter, Robert. "Structures of Intensification in Biblical Poetry." In *Judaic Perspectives on Ancient Israel*, edited by Jacob Neusner, Baruch A. Levine, and Ernest S. Frerichs, 189–206. Philadelphia: Fortress Press, 1987.

———. *The Art of Biblical Poetry*. 1985. New and revised ed. New York: Basic Books, 2011.

———. "The Characteristics of Ancient Hebrew Poetry." In *The Literary Guide to the Bible*, edited by Robert Alter and Frank Kermode, 611–624. Cambridge, MA: Belknap Press, 1987.

———. "The Poetic and Wisdom Books." In *The Cambridge Companion to Biblical Interpretation*, edited by John Barton, 226–240. Cambridge Companions to Religion. Cambridge ; New York: Cambridge University Press, 1998.

―――. *The World of Biblical Literature*. New York: Basic Books, 1992.

Alter, Robert, and Frank Kermode, eds. *The Literary Guide to the Bible*. Cambridge, MA: Belknap Press, 1987.

Andersen, T. David. "Problems in Analyzing Hebrew Poetry." *EAJT* 4, no. 2 (1986): 68–87.

Aristotle. *Poetics*. Edited by Stephen Halliwell. Translated by Stephen Halliwell. Cambridge, MA; London: Harvard University Press, 1995.

Assis, Elie. "The Alphabetic Acrostic in the Book of Lamentations." *CBQ* 69, no. 4 (2007): 710–724.

―――. "The Unity of the Book of Lamentations." *CBQ* 71, no. 2 (April 2009): 306–329.

Ayars, Matthew I. *The Shape of Hebrew Poetry: Exploring the Discourse Function of Linguistic Parallelism in the Egyptian Hallel*. SSN 70. Leiden ; Boston: Brill, 2019.

Baker, Aelred. "Parallelism: England's Contribution to Biblical Studies." *CBQ* 35, no. 4 (1973): 429–440.

Bakhtin, M. M. *Problems of Dostoevsky's Poetics*. Translated by Caryl Emerson. Minneapolis: University of Minnesota, 1984.

―――. *Speech Genres and Other Late Essays*. UTPSS 8. Austin: University of Texas Press, 1986.

Barré, Michael L. "Terminative Terms in Hebrew Acrostics." In *Wisdom, You Are My Sister: Studies in Honor of Roland E. Murphy, O. Carm, on the Occasion of His Eightieth Birthday*, edited by Michael L. Barré, 207–215. CBQMS 29. Washington: Catholic Biblical Association of America, 1997.

Beaucamp, Paul-Évode. "Structure strophique des Psaumes." *Recherches de Science Religieuse*, no. 56 (1968): 199–223.

Begrich, Joachim. "Das priesterliche Heilsorakel." *ZAW* 52, no. 1 (1934): 81–92.

Bellermann, J. J. *Versuch über die Metrik der Hebräer: eine Beilage zu den hebräischen Sprachlehren und zu den Einleitung in die Schriften des Alten Testaments.* Berlin: Maurerschen Buchhandlung, 1813. Quoted in Kraft, Charles F. *The Strophic Structure of Hebrew Poetry : As Illustrated in the First Book of the Psalter* (Chicago: University of Chicago Press, 1938), 1.

Bennett, Stephen J. *Ecclesiastes/Lamentations: A Commentary in the Wesleyan Tradition.* NBBC. Kansas City: Beacon Hill Press, 2010.

Benun, Ronald. "Evil and the Disruption of Order: A Structural Analysis of the Acrostics in the First Book of Psalms." *The Journal of Hebrew Scriptures* 6 (2006): 1–30.

Bergant, Dianne. *Lamentations.* AOTC. Nashville: Abingdon, 2003.

Berges, Ulrich. *Klagelieder.* HThKAT. Freiburg: Herder, 2002.

Berlin, Adele. "Azariah de' Rossi on Biblical Poetry." *Proof* 12, no. 2 (May 1992): 175–183.

———. "Grammatical Aspects of Biblical Parallelism." *HUCA* 50 (1979): 17–43.

———. "Introduction to Hebrew Poetry." In *The New Interpreter's Bible*, edited by Leander E. Keck, 4:301–315. Nashville: Abingdon, 1996.

———. *Lamentations: A Commentary.* OTL. Louisville: John Knox Press, 2002.

———. "On Reading Biblical Poetry: The Role of Metaphor." In *Congress Volume: Cambridge, 1995*, edited by John Adney Emerton, 25–36. VTSup 66. Leiden ; New York: Brill, 1997.

———. "Parallel Word Pairs: A Linguistic Explanation." *Ugarit-Forschungen* 15 (1983): 7–16.

———. "Reading Biblical Poetry." In *The Jewish Study Bible*, edited by Adele Berlin and Marc Zvi Brettler, 2184–2191.

2004. 2nd ed. Oxford ; New York: Oxford University Press, 2014.

———. *The Dynamics of Biblical Parallelism*. Revised and Expanded. Grand Rapids; Dearborn: Eerdmans; Dove Booksellers, 2008.

Bier, Miriam J. *"Perhaps There Is Hope": Reading Lamentations as a Polyphony of Pain, Penitence, and Protest*. LHBOTS 603. New York: T & T Clark, 2015.

———. "Theological Interpretation and the Book of Lamentations: A Polyphonic Reconsideration." In *Ears That Hear: Explorations in Theological Interpretation of the Bible*, edited by Joel B. Green and Tim Meadowcroft, 204-222. Sheffield: Phoenix Press, 2013.

———. "'We Have Sinned and Rebelled; You Have Not Forgiven': The Dialogic Interaction between Authoritative and Internally Persuasive Discourse in Lamentations 3." *BibInt* 22, no. 2 (2014): 146–167.

Bliese, Loren F. "A Cryptic Chiastic Acrostic: Finding Meaning from Structure in the Poetry of Nahum." *JOTT* 7, no. 3 (1995): 48–81.

Boadt, Lawrence. "Reflections on the Study of Hebrew Poetry Today." *Concordia Journal* 24, no. 2 (April 1998): 156–163.

Boase, Elizabeth. "Constructing Meaning in the Face of Suffering: Theodicy in Lamentations." *VT* 58, no. 4–5 (2008): 449–468.

———. "Grounded in the Body: A Bakhtinian Reading of Lamentations 2 from Another Perspective." *BibInt* 22, no. 3 (2014): 292–306.

———. *The Fulfilment of Doom? The Dialogic Interaction between the Book of Lamentations and the Pre-Exilic*. LHBOTS 437. New York: T & T Clark, 2006.

———. "The Many Voices of Lament: An Exploration of the

Book of Lamentations." *Australian Journal of Liturgy* 10, no. 1 (January 2005): 3–26.

Boda, Mark J. "Lamentations." In *Dictionary of the Old Testament: Wisdom, Poetry & Writings*, edited by Tremper Longman and Peter Enns, 399–410. IVPBDS. Downers Grove ; Nottingham: IVP Academic ; Inter-Varsity Press, 2008.

Boecker, Hans Jochen. *Klagelieder*. ZBK 21. Zurich: Theologischer Verlag, 1985.

Boer, Roland, ed. *Bakhtin and Genre Theory in Biblical Studies*. SemeiaSt 63. Atlanta: Society of Biblical Literature, 2007.

———. "Introduction: Bakhtin, Genre and Biblical Studies." In *Bakhtin and Genre Theory in Biblical Studies*, edited by Roland Boer, 1–7. Atlanta: Society of Biblical Literature, 2007.

Boerger, Brenda H. "Extending Translation Principles for Poetry and Biblical Acrostics." *Notes on Translation* 11, no. 2 (1997): 35–56.

Bosman, H. J. "Prosodic Influence on the Text Syntax of Lamentations." Amsterdam: Vrije Universiteit, 2019.

Bouzard, Walter C. "Boxed by the Orthodox: The Function of Lamentations 3:22-39 in the Message of the Book." In *Why? ... How Long? Studies on Voice(s) of Lamentation Rooted in Biblical Hebrew Poetry*, edited by LeAnn Snow Flesher, Carol J. Dempsey, and Mark J. Boda, 68–82. New York: T & T Clark, 2014.

Bracke, John M. *Jeremiah 30-52 and Lamentations*. WesBC. Louisville: John Knox Press, 2000.

Brady, Christian M. M. "Lamentations." In *Theological Interpretation of the Old Testament: A Book-by-Book Survey*, edited by Kevin J. Vanhoozer, 221–225. Grand Rapids: Baker Academic, 2008.

———. "Targum Lamentations." In *Great Is Thy Faithfulness?*, edited by Heath A. Thomas and Robin Allinson Parry, 70–76. Eugene: Pickwick, 2011.

———. "Targum Lamentations 1:1-4: A Theological Prologue." In *Targum and Scripture: Studies in Aramaic Translations and Interpretation in Memory of Ernest G. Clarke*, edited by P. M. Flesher, 175–183. SAIS 2. Leiden ; Boston: Brill, 2002.

———. *The Rabbinic Targum of Lamentations: Vindicating God*. SAIS 3. Leiden ; Boston: Brill, 2003.

Brandscheidt, Renate. *Gotteszorn und Menschenleid: Die Gerichtsklage des leidenden Gerechten in Klgl 3*. Trier: Paulinus-Verlag, 1983.

Brueggemann, Walter. "Necessary Conditions of a Good Loud Lament." *Horizons in Biblical Theology* 25, no. 1 (June 2003): 19–49.

Brug, John F. "Biblical Acrostics and Their Relationship to Other Ancient Near Eastern Acrostics." In *Bible in the Light of Cuneiform Literature: Scripture in Context III*, edited by William W. Hallo, Bruce William Jones, and Gerald L. Mattingly, 283–304. Lewiston: Edwin Mellen, 1990.

Brunet, Gilbert. "La cinquième Lamentation." *VT* 33, no. 2 (April 1983): 149–170.

Budde, Karl. "Das Hebräische Klagelied." *ZAW* 2, no. 1 (1882): 1–52.

———. "Die Klagelieder." In *Die Fünf Megillot: Das Hohelied, Das Buch Ruth, Die Klagelieder, Der Prediger, Das Buch Esther*, by Karl Budde, Alfred Bertholet, and G. Wildeboer, 70–108. KHC 17. Freiburg: Mohr, 1898.

———. "Poetry (Hebrew)." In *A Dictionary of the Bible: Dealing with Its Language, Literature, and Contents, Including the Biblical Theology*, edited by James Hastings, 2–13. New York: Scribner, 1898.

Bullock, C. H. *An Introduction to the Old Testament Poetic*

Books. 1979. Revised and expanded. Chicago: Moody Press, 1988.

Byington, Steven T. "A Mathematical Approach to Hebrew Meters." *JBL* 66, no. 1 (March 1947): 63–77.

Calvin, John. *Jeremiah and Lamentations*. The Crossway Classic Commentaries. Wheaton: Crossway Books, 2000.

Ceresko, Anthony R. "Chiastic Word Pattern in Hebrew." *CBQ* 38, no. 3 (July 1976): 303–311.

———. "Endings and Beginnings: Alphabetic Thinking and the Shaping of Psalms 106 and 150." *CBQ* 68, no. 1 (January 2006): 32–46.

———. "Function of Chiasmus in Hebrew Poetry." *CBQ* 40, no. 1 (January 1978): 1–10.

———. "Recent Study of Hebrew Poetry: Implications for Theology and Worship." In *Psalmists and Sages: Studies in Old Testament Poetry and Religion*, 130–147. Bangalore: St. Peter's Pontifical Institute, 1994.

———. "The ABCs of Wisdom in Psalm 34." *VT* 35, no. 1 (January 1985): 99–104.

Cheyne, T. K. *Jeremiah and Lamentations*. Vol. 1. 2 vols. London; New York, 1906.

Christensen, Duane L. "Acrostic of Nahum Reconsidered." *ZAW* 87, no. 1 (1975): 17–30.

———. "The Acrostic of Nahum Once Again: A Prosodic Analysis of Nahum 1:1-10." *ZAW* 99, no. 3 (1987): 409–415.

Claassens, L. Juliana M. "Biblical Theology as Dialogue: Continuing the Conversation on Mikhail Bakhtin and Biblical Theology." *JBL* 122, no. 1 (2003): 127–144.

Clines, D. J. A. "Lamentations." In *Eerdmans Commentary on the Bible*, edited by James D. G. Dunn and J. W. Rogerson, 617–622. Grand Rapids: Eerdmans, 2003.

Cloete, Walter T. W. "Distinguishing Prose and Verse in 2 Ki 19:14-19." In *Verse in Ancient Near Eastern Prose*, edited by Johannes C. de Moor and Wilfred G. E. Watson, 31–40. Neukirchen-Vluyn: Verlag Butzon & Bercker, 1993.

———. "The Colometry of Hebrew Verse." *JNSL* 15 (1989): 15–29.

———. "Versification and Syntax in Jeremiah 2-25 : Syntactical Constraints in Hebrew Colometry." Thesis (D. Litt.)--University of Stellenbosch, 1987, 1989.

Cobb, William Henry. *A Criticism of Systems of Hebrew Metre : An Elementary Treatise*. Oxford: Clarendon, 1905.

Cody, Aelred. "The Forms and Genres of the Book of Lamentations: A Dirge and More." *BilTo* 43, no. 2 (March 2005): 79–82.

Cohen, A., and A. J. Rosenberg, eds. *The Five Megilloth: Hebrew Text & English Translation with an Introduction and Commentary*. Rev. ed. The Soncino Books of the Bible. London: Soncino Press, 1984.

Collins, Terence. "Line-Forms in Hebrew Poetry." *Journal of Semitic Studies* 23, no. 2 (October 1, 1978): 228–244.

———. *Line-Forms in Hebrew Poetry : A Grammatical Approach to the Stylistic Study of the Hebrew Prophets*. Rome: Biblical Institute, 1978.

Condamin, Albert. "Symmetrical Repetitions in 'Lamentations' Chapters I and II." *JTS* 7, no. 25 (1905): 137–140.

Cooper, Alan. "On Reading Biblical Poetry." *Maarav* 4 (1987): 221–241.

———. "Two Recent Works on the Structure of Biblical Hebrew Poetry." Edited by Dennis Pardee, Willem van der Meer, and Johannes C. de Moor. *Journal of the American Oriental Society* 110, no. 4 (1990): 687–690.

Cooper, Alan Mitchell. "The Message of Lamentations." *JANES* 28 (2001): 1–18.

Corley, Jeremy. "Rhyme in the Hebrew Prophets and Wisdom Poetry." *Biblische Notizen* 132 (2007): 55–69.

Couey, J. Blake, and Elaine T. James, eds. *Biblical Poetry and the Art of Close Reading*. Cambridge: University Press, 2018.

Cox, Harvey Gallagher, and Stephanie Paulsell. *Lamentations and the Song of Songs*. Louisville: John Knox Press, 2012.

Cross, Frank Moore. "Studies in the Structure of Hebrew Verse: The Prosody of Lamentations 1:1-22." In *The Word of the Lord Shall Go Forth: Essays in Honor of David Noel Freedman in Celebration of His Sixtieth Birthday*, edited by Carol L. Meyers and Michael P. O'Connor, 129–155. Winona Lake: Eisenbrauns, 1983.

Cross, Frank Moore, and David Noel Freedman. *Studies in Ancient Yahwistic Poetry*. Missoula : Scholars Press, 1975. New ed. Grand Rapids: Eerdmans, 1997.

Culley, Robert C. "Metrical Analysis of Classical Hebrew Poetry." In *Essays on the Ancient Semitic World*, edited by John William Wevers and Donald B. Redford, 12–28. TSTS. Toronto: University of Toronto Press, 1970.

Dahood, Mitchell Joseph. "New Metrical Pattern in Biblical Poetry." *CBQ* 29, no. 4 (October 1967): 574–579.

———. "New Readings in Lamentations." *Bib* 59, no. 2 (1978): 174–197.

———. "Poetry, Hebrew." In *The Interpreter's Dictionary of the Bible*, edited by George Arthur Buttrick, 669–672. Nashville: Abingdon Press, 1962.

Dan, Joseph. "Alphabet, Hebrew." In *The Oxford Dictionary of the Jewish Religion*, edited by R. J. Zwi Werblowsky and Geoffrey Wigoder, 38–40. New York: Oxford University Press, 1997.

Daniels, Peter D. "Alphabet, Origin Of." In *Encyclopedia of Hebrew Language and Linguistics*, edited by Geoffrey Khan, 1:87–94. Leiden ; Boston: Brill, 2013.

Davidson, Robert. *Jeremiah, Volume 2, and Lamentations*.

DSBS. Louisville: John Knox Press, 1985.
De Vries, Simon J. "Acrostic of Nahum in the Jerusalem Liturgy." *VT* 16, no. 4 (October 1966): 476–481.
Dearman, J. Andrew. *Jeremiah and Lamentations*. NIVAC. Grand Rapids: Zondervan, 2002.
Dobbs-Allsopp, F. W. *Lamentations*. IBC. Louisville: John Knox Press, 2002.
———. *On Biblical Poetry*. New York: Oxford University Press, 2015.
———. "The Effects of Enjambment in Lamentations (Part 2)." *ZAW* 113, no. 3 (2001): 370–385.
———. "The Enjambing Line in Lamentations: A Taxonomy (Part 1)." *ZAW* 113, no. 2 (2001): 219–239.
———. "Tragedy, Tradition, and Theology in the Book of Lamentations." *JSOT*, no. 74 (June 1997): 29–60.
———. *Weep, O Daughter of Zion: A Study of the City-Lament Genre in the Hebrew Bible*. BibOr 44. Rome: Editrice Pontificio Istituto Biblico, 1993.
Driver, S. R. *An Introduction to the Literature of the Old Testament*. 9th ed. Edinburgh: T & T Clark, 1929.
Ellison, H. L. "Lamentations." In *The Expositor's Bible Commentary*, edited by Frank Ely Gaebelein, J. D Douglas, and Dick Polcyn, 695–733. Grand Rapids: Zondervan, 1976.
Emmendorffer, Michael. *Der Ferne Gott: Eine Untersuchung der Alttestamentlichen Volksklagelieder vor dem Hintergrund der Mesopotamischen Literatur*. FAT 21. Tübingen: Mohr, 1998.
Erickson, Amy, and Andrew R. Davis. "Recent Research on the Megilloth (Song of Songs, Ruth, Lamentations, Ecclesiastes, Esther)." *CurBR* 14, no. 3 (June 2016): 298–318.
Eshel, Ḥanan, and John Strugnell. "Alphabetical Acrostics in Pre-Tannaitic Hebrew." *CBQ* 62, no. 3 (July 2000): 441–458.

———. "It's Elementary: Psalms 9 and 10 and the Order of the Alphabet." *BRev* 17, no. 3 (June 2001): 41–44.

Ewald, Heinrich. *Die Dichter des alten Bundes*. Göttingen: Vandenhoeck & Ruprecht, 1866.

Fantuzzo, C. J. "Acrostic." In *The IVP Bible Dictionary Series: Dictionary of the Old Testament: Wisdom, Poetry, Writings*, edited by Tremper Longman, 1–4. Nottingham: Inter-Varsity Press, 2008.

Ferris, Paul Wayne. "Lamentations." In *Zondervan Illustrated Bible Backgrounds Commentary*, edited by John H. Walton, 4:372–399. Grand Rapids: Zondervan, 2009.

———. *The Genre of Communal Lament in the Bible and the Ancient Near East*. DissS 127. Atlanta: Scholars Press, 1992.

First, Mitchell. "Using the Pe-Ayin Order of the Abecedaries of Ancient Israel to Date the Book of Psalms." *JSOT* 38, no. 4 (June 2014): 471–485.

Fisch, Harold. *Poetry with a Purpose : Biblical Poetics and Interpretation*. Bloomington: Indiana University Press, 1990.

Fitzgerald, A. "Hebrew Poetry." In *The Jerome Biblical Commentary*, edited by Raymond E. Brown, Joseph A. Fitzmyer, and Roland E. Murphy, 238–244. Englewood Cliffs: Prentice-Hall, 1968.

———. "Poetry of the Old Testament." In *New Catholic Encyclopedia*, edited by Catholic University of America, 461–465. New York: McGraw-Hill, 1967.

Flesher, LeAnn Snow. "Lamentations." In *The IVP Women's Bible Commentary*, edited by Catherine Clark Kroeger and Mary J. Evans, 392–395. Downers Grove: Inter-Varsity Press, 2002.

Flesher, LeAnn Snow, Carol J. Dempsey, and Mark J. Boda, eds. *Why?... How Long? : Studies on Voice(s) of Lamentation Rooted in Biblical Hebrew Poetry*. New York: T & T

Clark, 2014.

Floyd, Michael H. "The Chimerical Acrostic of Nahum 1:2-10." *JBL* 113, no. 3 (September 1994): 421–437.

Fokkelman, J. P. *Major Poems of the Hebrew Bible*. 4 vols. Assen: Van Gorcum, 1998.

———. *Narrative Art and Poetry in the Books of Samuel: A Full Interpretation Based on Stylistic and Structural Analyses*. Vol. 1. 4 vols. SSN 20. Assen: Van Gorcum, 1981.

———. *Reading Biblical Poetry: An Introductory Guide*. Translated by Ineke Smit. Louisville: John Knox Press, 2001. = 福克尔曼 [J. P. Fokkelman]。《圣经诗歌导读》(*Reading Biblical Poetry*)。李隽译。文学释经系列。香港：天道书楼，2008。

———. *The Psalms in Form : The Hebrew Psalter in Its Poetic Shape*. TBS 4. Leiden: Deo Publishing, 2002.

Freedman, David Noel. "Acrostic Poems in the Hebrew Bible: Alphabetic and Otherwise." *CBQ* 48, no. 3 (July 1986): 408–431.

———. "Acrostics and Metrics in Hebrew Poetry." *HTR* 65, no. 3 (July 1972): 367–392.

———. "Another Look at Biblical Hebrew Poetry." In *Directions in Biblical Hebrew Poetry*, edited by Elaine R. Follis, 11–28. JSOTSup 40. Sheffield: JSOT Press, 1987.

———. "Patterns in Psalms 25 and 34." In *Priests, Prophets and Scribes: Essays on the Formation and Heritage of Second Temple Judaism in Honour of Joseph Blenkinsopp*, edited by Eugene Ulrich, 125–138. JSOTSup 149. Sheffield: JSOT Press, 1992.

———. "Pottery, Poetry, and Prophecy: An Essay on Biblical Poetry." *JBL* 96, no. 1 (March 1977): 5–26.

———. *Pottery, Poetry, and Prophecy : Studies in Early Hebrew Poetry*. Winona Lake: Eisenbrauns, 1980.

———. *Psalm 119: The Exaltation of Torah*. Biblical and Judaic

Studies 6. Winona Lake: Eisenbrauns, 1999.

———. "Strophe and Meter in Exodus 15." In *A Light unto My Path: Old Testament Studies in Honor of Jacob M. Myers*, edited by Howard N. Bream, Ralph D. Heim, and Carey A. Moore, 163–203. GTS 4. Philadelphia: Temple University Press, 1974.

———. "The Structure of Psalm 119." In *Pomegranates and Golden Bells : Studies in Biblical, Jewish, and Near Eastern Ritual, Law, and Literature in Honor of Jacob Milgrom*, edited by David Noel Freedman, David P. Wright, and Avi Hurvitz, 725–756. Winona Lake: Eisenbrauns, 1995.

Frevel, Christian. *Die Klagelieder*. NSKAT. Stuttgart: Katholisches Bibelwerk, 2017.

Fries, Albert. "Parallele zwischen den Klageliedern Cap. IV, V und der Maccabäerzeit." *ZAW* 13, no. 1 (1893): 110–124.

Fuerst, Wesley J. *The Books of Ruth, Esther, Ecclesiastes, the Song of Songs, Lamentations*. CBC. Cambridge: Cambridge University Press, 1975.

Gammie, John G. "Alter vs. Kugel: Taking the Heat in Struggle over Biblical Poetry." *BRev* 5, no. 1 (1989): 26–33.

Garr, W. Randall. "The Qinah: A Study of Poetic Meter, Syntax and Style." *ZAW* 95, no. 1 (1983): 54–75.

Geller, Stephen A. *Parallelism in Early Biblical Poetry*. Missoula: Scholars Press, 1979.

Gentry, P. "Lamentations." In *A New English Translation of the Septuagint*, edited by Albert Pietersma and Benjamin G. Wright, 932–941. New York: Oxford University Press, 2007.

Gerstenberger, Erhard S. "Elusive Lamentations: What Are They About?" *Interpretation: A Journal of Bible and Theology* 67, no. 2 (2013): 121–132.

———. "Praise in the Realm of Death : The Dynamics of

Hymn-Singing in Ancient Near Eastern Lament Ceremony." In *Lamentations in Ancient and Contemporary Cultural Contexts*, edited by Nancy C. Lee and Carleen Mandolfo, 115–124. SymS 43. Atlanta: Society of Biblical Literature, 2008.

———. *Psalms: Part 2 and Lamentations*. FOTL 15. Grand Rapids: Eerdmans, 2001.

Giese, Ronald L., Jr. "Strophic Hebrew Verse as Free Verse." *JSOT*, no. 61 (March 1994): 29–38.

Giffone, Benjamin. "A 'Perfect' Poem: The Use of the Qatal Verbal Form in the Biblical Acrostics." *Hebrew Studies* 51 (2010): 49–72.

Gillingham, S. E. *The Poems and Psalms of the Hebrew Bible*. Oxford ; New York: Oxford University Press, 1994.

Gladson, Jerry A. "Postmodernism and the Deus Absconditus in Lamentations 3." *Bib* 91, no. 3 (2010): 321–334.

Goldman, S. "Lamentations: Introduction and Commentary." In *The Five Megilloth: Hebrew Text & English Translation*, edited by A. Cohen, 66–102. Hindhead: Soncino Press, 1946.

Gordis, Robert. "Commentary on the Text of Lamentations." *The Seventy-Fifth Anniversary Volume of Jewish Quarterly Review* 58 (1967): 267–286.

———. "Conclusion of the Book of Lamentations (5:22)." *JBL* 93, no. 2 (June 1974): 289–293.

———. *The Song of Songs and Lamentations: A Study, Modern Translation and Commentary*. Rev. ed. New York: Ktav, 1974.

Gottlieb, Hans. *A Study on the Text of Lamentations*. ThS 12. Aarhus: Aarhus Universitet, 1978.

Gottwald, Norman K. *Studies in the Book of Lamentations*. SBT 14. London: SCM Press, 1954.

———. "The Book of Lamentatinos Reconsidered." In *The*

Hebrew Bible in Its Social World and in Ours, 165–173. SemeiaSt. Atlanta: Scholars Press, 1993.

Gous, Ignatius. "A Survey of Recent Research on the Book of Lamentations." *OTE* 5, no. 2 (1992): 184–205.

———. "Lamentations 5 and the Translation of Verse 22." *OTE* 3, no. 3 (1990): 287–302.

Gray, George Buchanan. "The Alphabetic Poem in Nahum." In *The Forms of Hebrew Poetry : Considered with Special Reference to the Criticism and Interpretation of the Old Testament*, 243–263. New York: Ktav, 1972.

———. *The Forms of Hebrew Poetry : Considered with Special Reference to the Criticism and Interpretation of the Old Testament*. New York: Ktav, 1972.

Green, Barbara. *Mikhail Bakhtin and Biblical Scholarship: An Introduction*. SemeiaSt 38. Atlanta: Society of Biblical Literature, 2000.

Greenstein, Edward L. "Aspects of Biblical Poetry." *Jewish Book Annual*, no. 44 (1986): 33–42.

———. "How Does Parallelism Mean?" In *A Sense of Text: The Art of Language in the Study of Biblical Literature*, edited by Leon Nemoy, 41–70. A Jewish Quarterly Review Supplement. Winona Lake: Eisenbrauns, 1982.

———. "The Book of Lamentations: Response to Destruction or Ritual or Rebuilding?" In *Religious Responses to Political Crisis*, edited by Henning Graf Reventlow and Yair Hoffman, 52–71. New York: T & T Clark, 2008.

———. "The Wrath of God in Lamentations." In *The Problem of Evil and Its Symbols in Jewish and Christian Tradition*, edited by Henning Reventlow and Yair Hoffman, 29–42. LHBOTS 366. Edinburgh: T & T Clark, 2004.

Grol, Harm W. M. van. "Classical Hebrew Metrics and Zephaniah 2-3." In *The Structural Analysis of Biblical and Canaanite Poetry*, edited by Willem van der Meer and

Johannes C. de Moor, 186–206. JSOTSup 74. Sheffield: JSOT Press, 1988.

Gross, Heinrich. "Klagelieder." In *Klagelieder, Baruch*, by Heinrich Gross and Josef Schreiner, 3–42. NEchtB. Wurzburg: Echter Verlag, 1986.

Gruber, Mayer I. "The Meaning of Biblical Parallelism: A Biblical Perspective." *Proof* 13, no. 3 (September 1993): 289–293.

Guest, John. *Jeremiah, Lamentations*. PreCom 19. Nashville: Thomas Nelson, 1988.

———. *The Communicator's Commentary. Jeremiah, Lamentations*. CCS 17. Waco: Word Books, 1988.

Guillaume, Philippe. "Lamentations 5: The Seventh Acrostic." In *Perspectives on Hebrew Scriptures VI*, edited by Ehud Ben Zvi, 327–332. Piscataway: Gorgias, 2010.

Guinan, Michael D. "Lamentations." In *The New Jerome Biblical Commentary*, edited by Raymond E. Brown, Joseph A. Fitzmyer, and Roland E. Murphy, 558–562. Englewood Cliffs: Prentice-Hall, 1990.

Gunkel, Hermann. *Introduction to Psalms: The Genres of the Religious Lyric of Israel*. Translated by James D. Nogalski. MLBS. Macon: Mercer University Press, 1998. Translation of *Einleitung in die Psalmen: die Gattungen der religiosen Lyrik Israels*. Göttingen : Vandenhoeck and Ruprecht, 1933.

———. *The Psalms: A Form-Critical Introduction*. Translated by Thomas M. Horner. BS 19. Philadelphia: Fortress Press, 1967.

Gwaltney, William C. "The Biblical Book of Lamentations in the Context of Near Eastern Lament Literature." In *Scripture in Context II: More Essays on the Comparative Method*, edited by William Hallo, James C. Moyer, and Leo G. Perdue, 191–211. Winona Lake: Eisenbrauns, 1983.

Habel, Norman C. *Jeremiah, Lamentations*. ConcC. Saint Louis: Concordia Publishing House, 1968.

Hall, Elizabeth Lewis. "Suffering in God's Presence: The Role of Lament in Transformation." *Journal of Spiritual Formation & Soul Care* 9, no. 2 (September 2016): 219–232.

Haller, Max von. *Die Fünf Megilloth: Ruth, Hoheslied, Klagelieder, Esther*. Handbuch zum Alten Testament. Erste Reihe 18. Tübingen: Mohr, 1940.

Harris, Beau, and Carleen Mandolfo. "The Silent God in Lamentations." *Int* 67, no. 2 (April 2013): 133–143.

Harrison, R. K. *Jeremiah and Lamentations: An Introduction and Commentary*. TOTC. Downers Grove: Inter-Varsity Press, 1973.

Heater, Homer. "Structure and Meaning in Lamentations." *BSac*, no. 595 (1992): 304–315.

Heide, Albert van der. *The Yemenite Tradition of the Targum of Lamentations : Critical Text and Analysis of the Variant Readings*. StPB 32. Leiden: Brill, 1981.

Heikens, Henk. "The Alphabet in Lamentations: A 'Dagmaat' Contribution." In *Give Ear to My Words : Psalms and Other Poetry in and around the Hebrew Bible : Essays in Honour of Professor N. A. van Uchelen*, edited by Janet Dyk, 189–196. Kampen: Kok Pharos, 1996.

Heim, Kunt M. "The Personification of Jerusalem and the Drama of Her Bereavement in Lamentations." In *Zion, City of Our God*, edited by Richard S. Hess and Gordon J. Wenham, 129–169. Grand Rapids: Eerdmans, 1999.

Henry, Matthew. "Lamentations." In *A Commentary on the Holy Bible. : Also Memoirs of His Life, Character and Writings*, 4:1060–1080. London; Edinburgh: Marshall Brothers, 1890.

Hens-Piazza, Gina. *Lamentations*. WisCom 30. Collegeville: Liturgical Press, 2017.

Hillers, Delbert R. *Lamentations: A New Translation with Introduction and Commentary*. 1972. 2nd rev. ed. New York: Doubleday, 1992.

———. *Lamentations: Introduction, Translation, and Notes*. AB 7A. Garden City: Doubleday, 1972.

Hobbins, John F. "Regularities in Ancient Hebrew Verse: A New Descriptive Model." *ZAW* 119, no. 4 (2007): 564–585.

Holladay, William L. "Hebrew Verse Structure Revisited (I): Which Words `Count?'." *JBL* 118, no. 1 (1999): 19–32.

———. "Hebrew Verse Structure Revisited (II): Conjoint Cola, and Further Suggestions." *JBL* 118, no. 3 (1999): 401–416.

Hoop, Raymond de. "Lamentations: The Qinah-Metre Questioned." In *Delimitation Criticism: A New Tool in Biblical Scholarship*, edited by M. C. A. Korpel and J. M. Oesch, 80–104. Assen: Van Gorcum, 2000.

Horst, Friedrich. "Die Kennzeichen der hebräischen Poesie." *Theologische Rundschau* 21, no. 2 (1953): 97–121.

House, Paul R. "Introduction to Rashi's Commentary on Lamentations." In *Great Is Thy Faithfulness?*, edited by Heath A. Thomas and Robin Allinson Parry, 83–87. Eugene: Pickwick, 2011.

———. "Lamentations." In *Song of Songs; Lamentations*, by Duane A. Garrett and Paul R. House, 267–473. WBC 23B. Nashville: Thomas Nelson, 2004.

———. "Outrageous Demonstrations of Grace: The Theology of Lamentations." In *Great Is Thy Faithfulness?*, edited by Heath A. Thomas and Robin Allinson Parry, 26–51. Eugene: Pickwick, 2011.

Hrushovski, B. "Prosody, Hebrew." In *Encyclopedia Judaica*, 13:1196–1240. New York: Keter Publishing House, 1971.

Huey, F. B. *Jeremiah, Lamentations*. NAC 16. Nashville: Broadman Press, 1993.

Hunter, Jannie. *Faces of a Lamenting City: The Development and Coherence of the Book of Lamentations*. BEATAJ 39. Frankfurt ; New York: Peter Lang, 1996.

Hurowitz, Victor. "Additional Elements of Alphabetical Thinking in Psalm Xxxiv." *VT* 52, no. 3 (2002): 326–333.

———. "An Often Overlooked Alphabetic Acrostic in Proverbs 24:1-22." *RB* 107, no. 4 (October 2000): 526–540.

———. "Proverbs 29.22-27: Another Unnoticed Alphabetic Acrostic." *JSOT*, no. 92 (March 2001): 121–125.

Isaacs, Elcanon. "The Metrical Basis of Hebrew Poetry." *The American Journal of Semitic Languages and Literatures* 35, no. 1 (1918): 20–54.

Jahnow, Hedwig. *Das hebräische Leichenlied im Rahmen der Völkerdichtung*. BZAW 36. Giessen: A. Töpelmann, 1923.

Janowski, Bernd. *Arguing with God: A Theological Anthropology of the Psalms*. Translated by Armin Siedlecki. Louisville: John Knox Press, 2013.

Johnson, B. "Form and Message in Lamentations." *ZAW* 97, no. 1 (1985): 58–73.

Joyce, Paul M. "Lamentations." In *The Oxford Bible Commentary*, edited by John Barton and John Muddiman, 528–533. Oxford: Oxford University Press, 2001.

Joyce, Paul M., and Diana Lipton. *Lamentations Through the Centuries*. WBBC. Chichester: Wiley-Blackwell, 2013.

Kaiser, Otto. "Klagelieder." In *Das Hohelied, Klagelieder, das Buch Ester*, by Otto Kaiser, Hans-Peter Müller, and James Alfred Loader, 113–198. 4 völlig neubearbeitete Aufl. ATD Teilbd. 16/2. Gottingen: Vandenhoeck & Ruprecht, 1992.

Kaiser, Walter C. Jr. *A Biblical Approach to Personal Suffering*. Chicago: Moody Press, 1982.

Kang, Shinman, and Pieter M. Venter. "A Canonical-Literary Reading of Lamentations 5." *HvTSt* 65, no. 1 (2009): 257–263.

Kim, Ee Kon. *The Rapid Change of Mood in the Lament*

       Psalms: A Matrix for the Establishment of a Psalm Theology. Seoul: Korea Theological Study Institute, 1985.
Knight, George Angus Fulton. *Esther, Song of Songs, Lamentations; Introduction and Commentary*. TBC. London: SCM Press, 1955.
Kodell, Jerome. *Lamentations, Haggai, Zechariah, Malachi, Obadiah, Joel, Second Zechariah, Baruch*. OTM 14. Wilmington: M. Glazier, 1982.
Kosmala, Hans. "Form and Structure in Ancient Hebrew Poetry (1964)." In *Poetry in the Hebrew Bible: Selected Studies from Vetus Testamentum*, edited by David E. Orton, 1–52. BRBS 6. Leiden ; Boston: Brill, 2000.
Köster, Johann F. B. "Die Strophen, oder der Parallelismus der Verse der hebraischen Poesie." *Theologische Studien und Kritiken* 4 (1831): 40–114.
Kotzé, Gideon. *The Qumran Manuscripts of Lamentations a Text-Critical Study*. Leiden ; Boston: Brill, 2013.
Kotzé, Gideon R. "Comments on the Expression of Hope in LXX Lamentations 5: 19-22." *OTE* 28, no. 1 (2015): 121–153.
Kraft, Charles F. "Poetic Structure in the Qumran Thanksgiving Psalms." *Biblical Research* 2 (1957): 1–18.
———. "Some Further Observations Concerning the Strophic Structure of Hebrew Poetry." In *A Stubborn Faith: Papers on Old Testament and Related Subjects Presented to Honor William Andrew Irwin*, edited by Edward C. Hobbs, 62–89. Dallas: Southern Methodist University Press, 1956.
———. *The Strophic Structure of Hebrew Poetry : As Illustrated in the First Book of the Psalter*. Chicago: University of Chicago Press, 1938.
Kramer, Samuel Noah. *Lamentation over the Destruction of Ur*. AS. Chicago: University of Chicago Press, 1940.
———. "Lametnation over the Destruction of Nippur: A Prelim-

inary Report." *ErIsr* 9 (1969): 89–93.

Krašovec, Jože. "The Source of Hope in the Book of Lamentations." *VT* 42, no. 2 (April 1992): 223–233.

Kraus, Hans-Joachim. *Klagelieder*. BKAT 20. Neukirchen-Vluyn: Neukirchener Verlag, 1968.

Kronholm, Tryggve. "The Nature of Classical Hebrew Prosody: With Particular Reference to Metrical Problems." In *Built on Solid Rock: Studies in Honor of Ebbe Egede Knudsen on the Occasion of His 65th Birthday April 11th 1997*, edited by Elie Wardini, 154–168. Oslo: Novus, 1997.

Kselman, John S. "Semantic-Sonant Chiasmus in Biblical Poetry." *Bib* 58, no. 2 (1977): 219–223.

Kugel, James L. "A Feeling of Déjà Lu." *JR* 67, no. 1 (1987): 66–79.

———. "Some Thoughts on Future Research into Biblical Style: Addenda to *The Idea of Biblical Poetry*." *JSOT*, no. 28 (February 1984): 107–117.

———. *The Great Poems of the Bible: A Reader's Companion with New Translations*. New York: Free Press, 1999.

———. *The Idea of Biblical Poetry : Parallelism and Its History*. New Haven: Yale University Press, 1981.

Kuist, Howard Tillman. *Jeremiah: Lamentations*. The Layman's Bible Commentary 12. London: SCM Press, 1961.

———. "Lamentaions." In *Jeremiah*, 139–148. LBC 12. London: SCM Press, 1975.

Kuntz, J. Kenneth. "Biblical Hebrew Poetry in Recent Research, Part I." *Cur* 6 (1998): 31–64.

———. "Biblical Hebrew Poetry in Recent Research, Part II." *Cur* 7 (1999): 35–79.

———. "Engaging the Psalms: Gains and Trends in Recent Research." *Cur* 2 (1994): 77–106.

———. "Recent Perspectives on Biblical Poetry." *RelSRev* 19, no. 4 (October 1993): 321–327.

La Sor, William Sanford. "An Approach to Hebrew Poetry through the Masoretic Accents." In *Essays on the Occasion of the Seventieth Anniversary of the Dropsie University (1909-1979)*, edited by A. I. Katsh and L. Nemoy., 327–353. Philadelphia: Dropsie University, 1979.

Lalleman, Hetty. *Jeremiah and Lamentations: An Introduction and Commentary*. TOTC 21. Downers Grove: Inter-Varsity Press, 2013.

Lanahan, William F. "Speaking Voice in the Book of Lamentations." *JBL* 93, no. 1 (March 1974): 41–49.

Landy, Francis. "Lamentations." In *The Literary Guide to the Bible*, edited by Robert Alter and Frank Kermode, 329–334. Cambridge, MA: Belknap Press, 1987.

———. "Poetics and Parallelism: Some Comments on James Kugel's *The Idea of Biblical Poetry*." *JSOT*, no. 28 (February 1984): 61–87.

———. "Recent Developments in Biblical Poetics." *Proof* 7, no. 2 (May 1987): 163–178.

Laurin, Robert B. "Lamentations." In *The Broadman Bible Commentary*, edited by Clifton Allen, 6:203–222. Nashville: Broadman Press, 1972.

Leatherman, Donn Walter. *An Analysis of Four Current Theories of Hebrew Verse Structure*. Ann Arbor: UMI, 1998.

Lee, Nancy C. *Lyrics of Lament: From Tragedy to Transformation*. Minneapolis: Fortress Press, 2010.

———. *The Singers of Lamentations: Cities under Siege, from Ur to Jerusalem to Sarajevo*. Leiden ; Boston: Brill, 2002.

Lee, Nancy C., and Carleen Mandolfo, eds. *Lamentations in Ancient and Contemporary Cultural Contexts*. SymS 43. Atlanta: Society of Biblical Literature, 2008.

Leeman, Saul. "The Atbash-Acrostic." *JBQ* 24, no. 1 (January 1996): 43–45.

Lenhardt, Peter. "Acrostics." In *The Oxford Dictionary of the*

Jewish Religion, edited by R. J. Zwi Werblowsky and Geoffrey Wigoder, 15. New York: Oxford University Press, 1997.

Levine, Etan. *The Aramaic Version of Lamentations*. New York: Hermon Press, 1976.

Lichtenstein, Murray H. "Chiasm and Symmetry in Proverbs 31." *CBQ* 44, no. 2 (April 1982): 202–211.

Linafelt, Tod. *Surviving Lamentations: Catastrophe, Lament, and Protest in the Afterlife of a Biblical Book*. Chicago: University of Chicago Press, 2000.

———. "Surviving Lamentations (One More Time)." In *Lamentations in Ancient and Contemporary Cultural Contexts*, edited by Nancy C. Lee and Carleen Mandolfo, 57–63. Atlanta: Society of Biblical Literature, 2008.

———. "The Refusal of a Conclusion in the Book of Lamentations." *JBL* 120, no. 2 (2001): 340–343.

Lindars, Barnabas. "Is Psalm 2 an Acrostic Poem ? " *VT* 17, no. 1 (January 1967): 60–67.

Löhr, Max. "Alphabetische und Alphabetisierende Lieder im Alten Testament." *ZAW* 25, no. 1 (1905): 173–198.

———. *Die Klagelieder des Jeremias*. 2 umgearbeitete Aufl. Göttingen: Vandenhoeck & Ruprecht, 1906.

Longman, Tremper. "A Critique of Two Recent Metrical Systems." *Bib* 63, no. 2 (1982): 230–254.

———. *Jeremiah, Lamentations*. NIBCOT 14. Peabody ; Carlisle: Hendrickson Publishers ; Paternoster Press, 2008.

———. *Jeremiah, Lamentations*. Grand Rapids: Baker Books, 2012.

Loretz, Oswald. *Colometry in Ugaritic and Biblical Poetry : Introduction, Illustrations and Topical Bibliography*. Altenburg: CIS-Verlag, 1987.

———. *Psalmstudien: Kolometric, Strophick und Theologie ausgewählter Psalmen*. Berlin: de Gruyter, 2002.

Lowth, Robert. *Lectures on the Sacred Poetry of the Hebrews (1787)*. 2 vols. Hildeshein: Georg Olms Verlag, 1969.

Lucas, E. C. "Poetics, Terminology Of." In *Dictionary of the Old Testament: Wisdom, Poetry & Writings*, edited by Tremper Longman and Peter Enns, 520–525. IVP Bible Dictionary Series. Downers Grove ; Nottingham: IVP Academic ; Inter-Varsity Press, 2008.

Lugt, Pieter van der. *Cantos and Strophes in Biblical Hebrew Poetry II: Psalms 42-89*. OtSt 57. Leiden ; Boston: Brill, 2010.

———. *Cantos and Strophes in Biblical Hebrew Poetry III : Psalms 90-150 and Psalm 1*. OtSt 63. Leiden ; Boston: Brill, 2014.

———. *Cantos and Strophes in Biblical Hebrew Poetry : With Special Reference to the First Book of the Psalter*. OtSt 53. Leiden ; Boston: Brill, 2006.

———. *Rhetorical Criticism and the Poetry of the Book of Job*. Leiden ; New York: Brill, 1995.

———. "Stanza-Structure and Word Repetition in Job 3-14." *JSOT*, no. 40 (February 1988): 3–38.

———. *Strofische structuren in de bijbels-hebreeuwse poëzie*. Kampen: Kok, 1980.

———. "Strophes and Stanzas in the Book of Job: A Historical Survey." In *The Structural Analysis of Biblical and Canaanite Poetry*, edited by Willem van der Meer and Johannes C. de Moor, 235–264. JSOTSup 74. Sheffield: JSOT Press, 1988.

———. "The Form and Function of the Refrains in Job 28: Some Comments Relating to the 'Strophic' Structure of Hebrew Poetry." In *The Structural Analysis of Biblical and Canaanite Poetry*, edited by Willem van der Meer and Johannes C. de Moor, 265–293. JSOTSup 74. Sheffield: JSOT Press, 1988.

Lunn, Nicholas P. *Word-Order Variation in Biblical Hebrew Poetry : Differentiating Pragmatics and Poetics*. Milton Keynes ; Waynesboro: Paternoster, 2006.

McDaniel, Thomas F. "Alleged Sumerian Influence upon Lamentations." *VT* 18, no. 2 (April 1968): 198–209.

Mackay, John L. *Lamentations: Living in the Ruins*. MenCom. Fearn: Mentor, 2008.

Magonet, Jonathan. *A Rabbi Reads the Psalms*. 1994. 2nd ed. London: SCM Press, 2004.

Maloney, Leslie D. *A Word Fitly Spoken: Poetic Artistry in the First Four Acrostics of the Hebrew Psalter*. StBibLit 119. New York: Peter Lang, 2009.

———. "Intertextual Links: Part of the Poetic Artistry within the Book I Acrostic Psalms." *ResQ* 49, no. 1 (2007): 11–21.

Mandolfo, Carleen R. *Daughter Zion Talks Back to the Prophets: A Dialogic Theology of the Book of Lamentations*. SemeiaSt 58. Atlanta: Society of Biblical Literature, 2007.

———. "Dialogic Form Criticism: An Intertextual Reading of Lamentations and Psalms of Lament." In *Bakhtin and Genre Theory in Biblical Studies*, edited by Roland Boer, 69–90. Atlanta: Society of Biblical Literature, 2007.

———. "Lamentations." In *Theological Bible Commentary*, edited by Gail R. O'Day and David L. Petersen, 237–239. Louisville: John Knox Press, 2009.

Marcus, Ralph. "Alphabetic Acrostics in the Hellenistic and Roman Periods." *JNES* 6, no. 2 (1947): 109–115.

Martens, E. A. "Lamentations." In *Isaiah, Jeremiah & Lamentations*, by Larry L. Walker and E. A. Martens, 555–593. CorBC 8. Wheaton: Tyndale House Publishers, 2005.

———. "Philological Studies in Lamentations." *Bib* 49, no. 2 (1968): 199–220.

Meek, Theophile James. "The Book of Lamentations." In *The*

Interpreter's Bible, edited by George Arthur Buttrick, 6:1–38. New York ; Nashville: Abingdon, 1956.

Meer, Willem van der, and Johannes C. de Moor, eds. *The Structural Analysis of Biblical and Canaanite Poetry*. JSOTSup 74. Sheffield: JSOT Press, 1988.

Meiden, L. van der. *De Klaagliederen van Jeremia*. Baarn: Bosch & Keuning, 1935.

Mendy, Gabriel. "The Theological Significance of the Psalm of Lament." *American Theological Inquiry* 8, no. 1 (August 2015): 61–71.

Miano, David, and David Noel Freedman. "Non-Acrostic Alphabetic Psalms." In *The Book of Psalms: Composition and Reception*, edited by Peter W. Flint and Patrick D. Miller, 87–96. VTSup 99. Leiden ; Boston: Brill, 2005.

Michalowski, Piotr. *The Lamentation over the Destruction of Sumer and Ur*. Winona Lake: Eisenbrauns, 1989.

Miller, C W. "The Book of Lamentations in Recent Research." *CurBR* 1, no. 1 (October 2002): 9–29.

Miller, Charles William. "Reading Voices: Personification, Dialogism, and the Reader of Lamentations 1." *BibInt* 9, no. 4 (2001): 393–408.

Miller, Cynthia L. "The Relation of Coordination to Verb Gapping in Biblical Poetry." *JSOT* 32, no. 1 (September 2007): 41–60.

———. "Vocative Syntax in Biblical Hebrew Prose and Poetry : A Preliminary Analysis." *Journal of Semitic Studies* 55, no. 2 (2010): 347–364.

Miller, Patrick D. "Meter, Parallelism, and Tropes: The Search for Poetic Style." *JSOT*, no. 28 (February 1984): 99–106.

———. *They Cried to the Lord: The Form and Theology of Biblical Prayer*. Minneapolis: Fortress Press, 1994.

Minkoff, Harvey. "As Simple as ABC: What Acrostics in the Bible Can Demonstrate." *BRev* 13, no. 2 (1997): 27–31,

46–47.

Möller, Hakan. "Strophenbau der Psalmen." *ZAW* 50, no. 1 (1932): 240–256.

Montgomery, James A. "Stanza-Formation in Hebrew Poetry." *JBL* 64, no. 3 (September 1945): 379–384.

Moor, Johannes C. de. "Fundamentals of Ugaritic and Hebrew Poetry." In *The Structural Analysis of Biblical and Canaanite Poetry*, edited by Willem van der Meer and Johannes C. de Moor, 1–61. JSOTSup 74. Sheffield: JSOT Press, 1988.

Mowinckel, Sigmund. *The Psalms in Israel's Worship*. 2 vols. Oxford: Basil Blackwell, 1967.

Müller, David Heinrich. *Die Propheten in ihrer ursprünglichen Form*. Wien: A. Hölder, 1896.

Munch, P. A. "Die alphabetische Akrostichie in der jüdischen Psalmendichtung." *ZDMG* 90, no. 3–4 (1936): 703–710.

Naegelsbach, C.W. Eduard. *Lamentations*. Translated by William H. Hornblower. COT 12. Edinburgh: T & T Clark, 1871.

Neary, Michael. "The Importance of Lament in the God/Man Relationship in Ancient Israel." *ITQ* 52, no. 3 (1986): 180–192.

Nel, Philip Johannes. "Parallelism and Recurrence in Biblical Hebrew Poetry: A Theoretical Proposal." *JNSL*, no. 18 (1992): 135–143.

Neusner, Jacob. *Israel after Calamity: The Book of Lamentations*. BJL. Valley Forge: Trinity Press International, 1995.

Newsom, Carol A. "Bakhtin, the Bible, and Dialogic Truth." *JR* 76, no. 2 (April 1996): 290–306.

———. "The Book of Job as Polyphonic Text." *JSOT* 26, no. 3 (March 2002): 87–108.

Nguyễn, Kim Lân. *Chorus in the Dark: The Voices of the Book of Lamentations*. HBM 54. Sheffield: Sheffield Phoenix

Press, 2013.

Niccacci, Alviero. "Analysing Biblical Hebrew Poetry." *JSOT*, no. 74 (June 1997): 77–93.

———. "The Biblical Hebrew Verbal System in Poetry." In *Biblical Hebrew in Its Northwest Semitic Setting : Typological and Historical Perspectives*, edited by Steven E. Fassberg and Avi Hurvitz, 247–268. Jerusalem: Hebrew University Magnes Press, 2006.

Nodder, Marcus. "What Is the Relationship between the Different Stanzas of Psalm 119?" *Churchman* 119, no. 4 (2005): 323–342.

Noegel, Scott B. "Polysemy." In *Encyclopedia of Hebrew Language and Linguistics*, edited by Geoffrey Khan, 3:178–186. Leiden ; Boston: Brill, 2013.

Nommik, Urmas. "The Idea of Ancient Hebrew Verse." *ZAW* 124, no. 3 (2012): 400–408.

Nowell, Irene. "Hebrew Poetry." In *New Catholic Encyclopedia*, edited by Catholic University of America, 692–695. New York : McGraw-Hill, 1967. 2nd ed. New York: Thomson-Gale, 2002.

———. *Song of Songs, Ruth, Lamentations, Ecclesiastes, Esther*. NCBC 24. Collegeville: Liturgical Press, 2013.

O'Connor, Kathleen M. "Lamentations." In *The New Interpreter's Bible*, edited by Leander E. Keck, 6:1011–72. Nashville: Abingdon, 2001.

———. *Lamentations and the Tears of the World*. Maryknoll: Orbis Books, 2002.

O'Connor, Michael Patrick. *Hebrew Verse Structure*. Winona Lake: Eisenbrauns, 1980.

Paffrath, Tharsicius. "Die Klagelieder." In *Die Klagelieder, Das Buch Baruch*, by Tharsicius Paffrath and Edmund Kalt, 17–53. HSAT. Bonn: Peter Hanstein Verlagsbuchhandlung, 1932.

Parry, Robin A. *Lamentations*. THOC. Grand Rapids: Eerdmans, 2010.

———. "Lamentations and the Poetic Politics of Prayer." *Tyndale Bulletin* 62, no. 1 (2011): 65–88.

Payane, J. B. "Acrostic." In *The Zondervan Encyclopedia of the Bible*, edited by Merrill Chapin Tenney and Moisés Silva, 42. Rev. ed. Grand Rapids: Zondervan, 2009.

Payne, Geoffrey. "Parallelism in Biblical Hebrew Verse: Some Secular Thoughts." *SJOT* 8, no. 1 (1994): 126–140.

Peake, Arthur S. *Jeremiah and Lamentations*. NCB. Edinburgh: T.C. & E.C. Jack, 1910.

Petersen, David L., and Kent Harold Richards. *Interpreting Hebrew Poetry*. GBS. Minneapolis: Fortress Press, 1992.

Peursen, Wido van. "New Directions in the Computational Analysis of Biblical Poetry." In *Supplements to Vetus Testamentum, Congress Volume Stellenbosch 2016*, edited by Louis C. Jonker, Gideon R. Kotzé, and Christl M. Maier, 378–394. Leiden ; Boston: Brill, 2017.

Pinker, Aron. "Nahum 1: Acrostic and Authorship." *JBQ* 34, no. 2 (April 2006): 97–103.

Plöger, Otto. "Die Klagelieder." In *Die Fünf Megilloth: Ruth, das Hohelied, Esther, der Prediger, die Klagelieder*, by Ernst Wurthwein, Kurt Galling, and Otto Plöger, 127–164. 2 Aufl. HAT 18. Tübingen: Mohr, 1969.

Polzin, Robert. *Moses and the Deuteronomist: Deuteronomy, Joshua, Judges*. New York: Seabury Press, 1980.

Provan, Iain W. *Lamentations*. NCB. Grand Rapids: Eerdmans, 1991.

———. "Past, Present and Future in Lamentations 3:52-66: The Case for a Precative Perfect Re-Examined." *VT* 41, no. 2 (April 1991): 164–175.

Raabe, Paul R. *Psalm Structures: A Study of Psalms with Refrains*. JSOTSup 104. Sheffield: JSOT Press, 1990.

Rah, Soong-Chan. *Prophetic Lament: A Call for Justice in Troubled Times*. ResS. Downers Grove: IVP Books, 2015.

Raphael, Rebecca. "That's No Literature, That's My Bible: On James Kugel's Objections to *The Idea of Biblical Poetry*." *JSOT* 27, no. 1 (September 2002): 37–45.

Reed, Walter L. *Dialogues of the Word: The Bible as Literature According to Bakhtin*. New York: Oxford University Press, 1993.

Re'emi, S. Paul. "The Theology of Hope: A Commentary on the Book of Lamentations." In *God's People in Crisis*, 73–134. ITC. Edinburgh ; Grand Rapids: Handsel Press ; Eerdmans, 1984.

Renkema, Johan. *Lamentations*. Translated by Brian Doyle. HCOT. Leuven: Peeters, 1998.

———. "The Literary Structure of Lamentations." In *Structural Analysis of Biblical and Canaanite Poetry*, edited by Willem van der Meer and Johannes C. de Moor, 294–396. JSOTSup 74. Sheffield: JSOT Press, 1988.

———. "The Meaning of the Parallel Acrostics in Lamentations." *VT* 45, no. 3 (July 1995): 379–383.

———. "Theodicy in Lamentations?" In *Theodicy in the World of the Bible*, edited by Antti Laato and Johannes C. de Moor, 410–428. Leiden ; Boston: Brill, 2003.

Renz, Thomas. *A Perfectly Broken Acrostic in Nahum 1?* AG 1088. New Jersey: Gorgias Press, 2012.

Revell, E. J. "Pausal Forms and the Structure of Biblical Poetry." *VT* 31 (1981): 186–199.

Reyburn, William David. *A Handbook on Lamentations*. UBSHT. New York: United Bible Societies, 1992.

Reynolds, Kent Aaron. *Torah as Teacher: The Exemplary Torah Student in Psalm 119*. VTSup 137. Leiden ; Boston: Brill, 2010.

Ridderbos, N. H. "The Psalms: Style-Figures and Structure."

OtSt 13 (1963): 43–76.

Robertson, O. Palmer. "The Alphabetic Acrostic in Book I of the Psalms: An Overlooked Element of Psalter Structure." *JSOT* 40, no. 2 (December 2015): 225–238.

Robinson, Theodore Henry. "Some Principles of Hebrew Metrics." *ZAW* 54, no. 1–2 (1936): 28–43.

———. *The Poetry of the Old Testament*. StTh. London: Gerald Duckworth, 1947.

Rong, Lina. *Forgotten and Forsaken by God (Lam 5:19-20) : The Community in Pain in Lamentations and Related Old Testamaent Texts*. Eugene: Pickwick, 2013.

Rudolph, Wilhelm. *Das Buch Ruth das Hohe Lied die Klagelieder*. KAT 17. Berlin: Evangelische Verlagsanstalt, 1970.

———. "Der Text der Klagelieder." *ZAW* 56, no. 1 (1938): 101–122.

Ryken, Philip Graham. *Jeremiah and Lamentations: From Sorrow to Hope*. PreW. Wheaton: Crossway Books, 2001.

Saalschütz, Jos L. *Von der Form der Hebräischen Poesie: Nebst einer Abhandlung über die Musik der Hebräer*. Konigsberg: A.W. Unzer, 1825.

Sachsse, E. "Untersuchungen zur hebräischen Metrik." *ZAW* 43, no. 1 (1925): 173–192.

Saebø, Magne. "Who Is 'The Man' in Lamentations 3? A Fresh Approach to the Interpretation of the Book of Lamentations." In *Understanding Poets and Prophets: Essays in Honour of George Wishart Anderson*, edited by A. Graeme Auld, 294–306. Sheffield: JSOT Press, 1993.

Salters, Robert B. *A Critical and Exegetical Commentary on Lamentations*. ICC. London: T & T Clark, 2010.

———. *Jonah & Lamentations*. OTG. Sheffield: Sheffield Academic Press, 1994.

———. "Lamentations 1:3 : Light from the History of Exegesis." In *Word in Season: Essays in Honour of William*

McKane, edited by James D. Martin and Philip R. Davies, 73–89. JSOTSup 42. Sheffield: JSOT Press, 1986.

———. "Searching for Pattern in Lamentations." *OTE* 11, no. 1 (1998): 93–104.

———. "Structure and Implication in Lamentations 1." *SJOT* 14, no. 2 (2000): 293–300.

———. "Text and Exegesis in Lamentations 4:21-22." In *Shai Le-Sarah Japhet: Studies in the Bible, Its Exegesis and Its Languages*, 327–337. Jerusalem: Bialik Institute, 2007.

———. "The Unity of Lamentations." *IBS* 23 (2001): 102–110.

———. "Using Rashi, Ibn Ezra and Joseph Kara on Lamentations." *JNSL* 25, no. 1 (1999): 201–213.

———. "Yahweh and His People in Lamentations." In *Covenant as Context: Essays in Honour of E.W. Nicholson*, edited by A. D. H. Mayes and Robert B. Salters, 347–369. Oxford ; New York: Oxford University Press, 2003.

Sama, Nafiian M. "Acrostic." In *Encyclopaedia Judaica*, 2:229–230. Jerusalem: Keter Publishing House, 1972.

Samet, Nili. *The Lamentation Over the Destruction of Ur*. MC. Winona Lake: Eisenbrauns, 2014.

Savarikannu, Balu. "A Polyphonic Reading of Lamentations 3." *JAET* 20, no. 2 (September 2016): 25–43.

Schäfer, R., J. de Waard, P. B. Dirksen, Y. A. P. Goldman, and M. Saebø. *Biblia Hebraica Quinta-Megilloth*. BHQ 18. Stuttgart: Deutsche Bibelgesellschaft, 2004.

Schildenberger, Johannes. "Bemerkungen zum Strophenbau der Psalmen." *Estudios Eclesiásticos* 34 (July 1960): 673–687.

Schökel, Luis Alonso. *A Manual of Hebrew Poetics*. SubBi 11. Rome: Editrice Pontificio Istituto Biblico, 1988.

Segert, Stanislav. "Die Methoden der althebräischen Metrik." *Communio Viatorum* 1, no. 4 (1958): 233–241.

Shea, William H. "Qînāh Meter and Strophic Structure in Psalm 137." *Hebrew Annual Review* 8 (1984): 199–214.

———. "The Qinah Structure of the Book of Lamentations." *Bib* 60, no. 1 (1979): 103–107.

Shepherd, Michael B. "Hebrew Acrostic Poems and Their Vocabulary Stock." *JNST* 36, no. 2 (2010): 95–108.

Skehan, Patrick William. "Acrostic Poem in Sirach 51:13-30." *HTR* 64, no. 2–3 (April 1971): 387–400.

———. "Broken Acrostic and Psalm 9." *CBQ* 27, no. 1 (January 1965): 1–5.

———. "Strophic Patterns in the Book of Job." *CBQ* 23, no. 2 (April 1961): 125–142.

———. "Strophic Structure in Psalm 72 (71)." *Bib* 40, no. 2 (1959): 302–308.

Smith, R. Payne. "Lamentations of Jeremiah." In *Holy Bible with Commentary*, edited by F. C. Cook, 5:582–606. London: John Murray, 1875.

Snodgrass, W. D. "The Use of Meter." *SouRev* 35, no. 4 (September 1999): 806–845.

Soll, William Michael. "Babylonian and Biblical Acrostics." *Bib* 69, no. 3 (1988): 305–323.

———. *Psalm 119: Matrix, Form, and Setting*. CBQMS 23. Washington: Catholic Biblical Association of America, 1991.

Spronk, Klaas. "Acrostics in the Book of Nahum." *ZAW* 110, no. 2 (1998): 209–222.

———. "The Line-Acrostic in Nahum 1: New Evidence from Ancient Greek Manuscripts and from the Literary Analysis of the Hebrew Text." In *The Impact of Unit Delimitation on Exegesis*, edited by Raymond de Hoop, Marjo C. A. Korpel, and Stanley E. Porter, 228–240. Leiden ; Boston: Brill, 2009.

Spuy, Roelie van der. "Hebrew Alphabetic Acrostics: Significance and Translation." *OTE* 21, no. 2 (2008): 513–532.

Stocks, Simon P. *The Form and Function of the Tricolon in the*

> *Psalms of Ascents: Introducing a New Paradigm for Hebrew Poetic Line-Form*. Eugene: Pickwick, 2012.

Stone, Mark P. "Vindicating Yahweh: A Close Reading of Lamentations 3.21-42." *JSOT* 43, no. 1 (2018): 83–108.

Streane, A. W. *The Book of the Prophet Jeremiah Together with the Lamentations*. Cambridge: Cambridge University Press, 1913.

Stuart, Douglas K. *Studies in Early Hebrew Meter*. HSM 13. Missoula: Scholars Press, 1976.

Suderman, W. Derek. "The Cost of Losing Lament for the Community of Faith: On Brueggemann, Ecclesiology, and the Social Audience of Prayer." *Journal of Theological Interpretation* 6, no. 2 (September 2012): 201–217.

Sugden, Edward H. *The Psalms of David: Translated into English Verse in Accordance with the Metres and Strophic Structure of the Hebrew*. Melbourne: Macmillan & Coltdin Association with the Melbourne University Press, 1924.

Tate, Marvin E. "Rethinking the Nature of Hebrew Poetry." In *Psalms 1-50*, by Peter C. Craigie, 271–414. 2nd ed. WBC 19. Nashville: Thomas Nelson, 2004.

Tatu, Silviu. "Graphic Devices Used by the Editors of Ancient and Mediaeval Manuscripts to Mark Verse-Lines in Classical Hebrew Poetry." In *Method in Unit Delimitation*, edited by Marjo C.A. Korpel, Josef M. Oesch, and Stanley E. Porter, 92–140. Leiden ; Boston: Brill, 2007.

Terrien, Samuel L. *The Psalms: Strophic Structure and Theological Commentary*. ECC. Grand Rapids: Eerdmans, 2003.

Thenius, Otto. *Die Klagelieder*. Leipzig: S. Hirzel, 1855.

Theodoret of Cyrus. *Commentary on the Prophet Jeremiah, Commentary on the Prophet Baruch, Commentary on the Book of Lamentations*. Translated by Robert Charles Hill. Brookline: Holy Cross Orthodox Press, 2006.

Thomas, Heath. *Until He Looks Down and Sees: The Message*

and Meaning of the Book of Lamentations. GroBS B 53. Cambridge: Grove Books, 2009.

Thomas, Heath A. "A Survey of Research on Lamentations (2002–2012)." *CurBR* 12, no. 1 (2013): 8–38.

———. "Holy Scripture and Hermeneutics: Lamentations in Critical and Theological Reflection." In *Great Is Thy Faithfulness?*, edited by Heath A. Thomas and Robin Allinson Parry, 1–25. Eugene: Pickwick, 2011.

———. "Lamentations in Isaiah 40-55." In *Great Is Thy Faithfulness?*, edited by Heath A. Thomas and Robin Allinson Parry, 55–63. Eugene: Pickwick, 2011.

———. *Poetry and Theology in the Book of Lamentations: The Aesthetics of an Open Text*. HBM 47. Sheffield: Sheffield Phoenix Press, 2013.

Thomas, Heath A., and Robin Allinson Parry, eds. *Great Is Thy Faithfulness? Toward Reading Lamentations as Christian Scripture*. Eugene: Pickwick, 2011.

Tiemeyer, Lena-Sofia. "Review: '*Perhaps There Is Hope*': Reading Lamentations as a Polyphony of Pain, Penitence, and Protest', Written by Miriam J. Bier." *VT* 67, no. 1 (2017): 142–144.

Tigay, Jeffrey Howard. "Lamentations, Book Of." In *Encyclopedia Judaica*, 10:1367–1375. Jerusalem: Keter Publishing House, 1972.

Tov, Emanuel. *Textual Criticism of the Hebrew Bible*. Minneapolis; Assen: Fortress Press; Royal Van Gorcum, 2001.

Treves, Marco. "Two Acrostic Psalms." *VT* 15, no. 1 (January 1965): 81–90.

Tull, Patricia K. "Bakhtin's Confessional Self-Accounting and Psalms of Lament." *BibInt* 13, no. 1 (2005): 41–55.

Tyler, J. Jeffery, Timothy George, and Scott M. Manetsch, eds. *Jeremiah, Lamentations*. RCS 11. Downers Grove: Inter-Varsity Press, 2018.

Unger, Merrill Frederick. "The Nature of Hebrew Poetry." *BSac*, no. 431 (July 1951): 282–285.

Van Hecke, Pierre J. P. "Lamentations 3,1-6: An Anti-Psalm 23." *SJOT* 16, no. 2 (2002): 264–282.

Van Rooy, Herrie F. "The Ancient Versions of Lamentations: Readings in Lamentations : Essays on the Text, Interpretation and Reception of Lamentations." *Scriptura* 110 (2012): 227–236.

Vance, Donald R. *The Question of Meter in Biblical Hebrew Poetry*. SBEC 46. Lewiston: Edwin Mellen, 2001.

Vermigli, Peter Martyr. *Commentary on the Lamentations of the Prophet Jeremiah*. Edited by D. Shute. Translated by D. Shute. SES 55. Kirksville: Trueman State University Press, 2002.

Vice, Sue. *Introducing Bakhtin*. Manchester: Manchester University Press, 1997.

Viljoen, Anneke. "Proverbs: Prose or Poetry?" *HvTSt* 71, no. 3 (2015): 1–5.

Villanueva, Federico G. *Lamentations*. ABCS. Carlisle: Langham Global Library, 2016.

———. *The "Uncertainty of a Hearing": A Study of the Sudden Change of Mood in the Psalms of Lament*. VTSup 121. Leiden ; Boston: Brill, 2008.

Waller, Daniel James. *Reduction to the First Idea: A Cognitive Approach to Biblical Hebrew Verse*. Kleine Untersuchungen zur Sprache des Alten Testaments und seiner Umwelt 18. Kamen, Westf: Spenner, Hartmut, 2015.

Watson, Wilfred G. E. "Chiastic Patterns in Biblical Hebrew Poetry." In *Chiasmus in Antiquity : Structures, Analyses, Exegesis*, edited by John W. Welch, 118–168. Provo: Research Press, 1998.

———. *Classical Hebrew Poetry: A Guide to Its Techniques*. 1984. 2nd ed. JSOTSup 26. Sheffield: JSOT Press, 1986.

———. "Internal or Half-Line Parallelism in Classical Hebrew Again." *VT* 39, no. 1 (January 1989): 44–66.

———. "Pivot Pattern in Hebrew, Ugaritic and Akkadian Poetry." *ZAW* 88, no. 2 (1976): 239–253.

———. "Problems and Solutions in Hebrew Verse: A Survey of Recent Work." *VT* 43, no. 3 (July 1993): 372–384.

———. "The Study of Hebrew Poetry: Past—Present—Future." In *Sacred Conjectures: The Context and Legacy of Robert Lowth and Jean Astruc*, edited by John Jarick, 124–154. LHBOTS 457. New York: T & T Clark, 2007.

———. *Traditional Techniques in Classical Hebrew Verse*. JSOTSup 170. Sheffield: Sheffield Academic Press, 1994.

———. "Trends in the Development of Classical Hebrew Poetry: A Comparative Study." *Ugarit-Forschungen* 14 (1982): 265–277.

Weber, Beat. "Akrostichische Muster in den Asaph-Psalmen." *Biblische Notizen* 113 (2002): 79–94.

———. "Toward a Theory of the Poetry of the Hebrew Bible: The Poetry of the Psalms as a Test Case." *Bulletin for Biblical Research* 22, no. 2 (2012): 137–188.

———. "Transitorische Ambiguität in Threni III." *VT* 50, no. 1 (2000): 111–120.

Webster, Edwin C. "Strophic Patterns in Job 3-28." *JSOT*, no. 26 (June 1983): 33–60.

———. "Strophic Patterns in Job 29-42." *JSOT*, no. 30 (October 1984): 95–109.

Weiser, Artur, Helmer Ringgren, and Walther Zimmerli. *Spruche, Prediger, Das Hohe Lied, Klagelieder, Das Buch Esther*. Göttingen: Vandenhoeck & Ruprecht, 1962.

Wenthe, Dean O. "Lamentations." In *Jeremiah, Lamentations*, by Dean O. Wenthe and Thomas C. Oden, 273–328. ACCS 12. Downers Grove: Inter-Varsity Press, 2009.

Westermann, Claus. *Die Klagelieder: Forschungsgeschichte*

und Auslegung. Neukirchen-Yluyn: Neukirchener Verlag, 1990.

———. *Lamentations: Issues and Interpretation*. Translated by Charles Muenchow. Edinburgh: T & T Clark, 1994.

———. *Praise and Lament in the Psalms*. Translated by Keith R. Crim and Richard N. Soulen. 1961. Rev. ed. Atlanta: John Knox Press, 1981.

———. "Role of the Lament in the Theology of the Old Testament." *Int* 28, no. 1 (January 1974): 20–38.

———. "Struktur und Geschichte der Klage im Alten Testament." *ZAW* 66, no. 1–2 (1954): 44–80.

Wiesmann, Hermann. *Die Klagelieder*. Frankfurt: Philosophische-theologische Hochschule Sankt Georgen, 1954.

Wilkins, Lauress. *The Book of Lamentations and the Social World of Judah in the Neo-Babylonian Era*. Bibl 6. Piscataway: Gorgias Press, 2010.

Williams, Ronald J. *Williams' Hebrew Syntax*. 3rd ed. Toronto: University of Toronto Press, 2007.

Wilt, Timothy Lloyd. "Alphabetic Acrostics: Perhaps the Form Can Be Represented." *The Bible Translator* 44, no. 2 (April 1993): 207–212.

Winterbottom, Michael. *On Lamentations*. CorCT 13. Turnhout: Brepols, 2013.

Wood, Fred M., and Ross McLaren. *Jeremiah, Lamentations*. HOTC 16. Nashville: Broadman & Holman, 2006.

Wright, Christopher J. H. *The Message of Lamentations: Honest to God*. BST. Downers Grove: IVP Academic, 2015.

Wright, John Stafford. *Lamentations, Ezekiel, Daniel*. Grand Rapids: Eerdmans, 1970.

Zenner, Johannes Konrad. *Die chorgesänge im Buche der Psalmen: ihre Existenz und ihre Form*. Freiburg im Breisgau: Herder'sche Verlagshandlung, 1896.

Zlotowitz, Meir, and Nosson Scherman. *Megillas Eichah* =

Lamentations: A New Translation with a Commentary Anthologized from Talmudic, Midrashic and Rabbinic Sources. 1977. 2nd ed. New York: Mesorah Publications, 1999.

Zogbo, Lynell, and Ernst R. Wendland. *Hebrew Poetry in the Bible: A Guide for Understanding and for Translating*. New York: United Bible Societies, 2000.

吴仲诚。《希伯来诗歌诠释：理论与实践》。李梅、洪淑君译。圣经诠释系列。香港：天道，2015。

唐佑之。《耶利米哀歌》。天道圣经注释。香港：天道，1995。

陈廷忠。《耶利米哀歌》。中文圣经注释。香港：基督教文艺出版社，2006。

高铭谦。《耶利米哀歌：悲哀质问与盟约盼望》。明道研经丛书。香港：明道社，2017。

杨东川。《阳光和阴霾：路得记和哀歌释义》。台北：道声，2016。

www.ingramcontent.com/pod-product-compliance
Lightning Source LLC
Chambersburg PA
CBHW021138080526
44588CB00008B/105